selbst ist der Mann

DAS GROSSE BUCH DER IDEEN FÜR DEN GARTEN

selbst ist der Mann

DAS GROSSE BUCH DER IDEEN FÜR DEN GARTEN

Praktische und schöne Dinge für Garten, Balkon und Terrasse

Mit genauen Anleitungen selbst preiswert bauen

MOEWIG

Allen Herstellern und Agenturen,
die Bildmaterial für dieses Buch zur Verfügung
gestellt haben, ganz herzlichen Dank.

Die Mehrzahl der in diesem Buch abgebildeten Fotos
und Zeichnungen stammt aus dem
monatlich erscheinenden Heimwerkermagazin
selbst ist der Mann
Köln.

www.MOEWIG.de

Printed in Germany

ISBN 3-8118-1561-X

Hinweis:
Die Anleitungen in diesem Buch sind
sorgfältig recherchiert und geprüft worden.
Dennoch ist jegliche Haftung für
Personen-, Sach- und Vermögensschäden
ausgeschlossen, soweit gesetzlich zulässig.
Insbesondere handelt es sich bei den
Ratschlägen und Empfehlungen dieses
Buchs um unverbindliche Auskünfte
gemäß § 676 BGB.

Vorwort

Nichts ist so beständig wie der Wandel. Auf den Garten trifft dieses Sprichwort im besonderen Maße zu. Nicht nur, dass Pflanzen wachsen und gedeihen, aufblühen und vergehen – auch die Gartengestaltung unterliegt der Veränderung. Neue Trends und Gestaltungswelten tragen dazu genauso bei wie der Zahn der Zeit, der durch die Witterung an allen Materialien nagt.

Gärten neu anzulegen oder umzugestalten ist so eine Herausforderung, der es sich immer wieder zu stellen gilt. Dabei gibt es kaum ein Gestaltungsfeld rund um die eigenen vier Wände, das eigene Bemühungen so belohnt wie der Garten: Bereits mit geringem Einsatz entstehen schöne Anlagen, die zum Verweilen, Entspannen und Genießen einladen.

Dieses Buch gibt nicht nur zahlreiche Anregungen, wie man Gärten schön gestalten kann – es zeigt auch detailliert auf, wie man diese Ideen umsetzt: von der Grundanlage des Gartens mit Terrassenbau oder Einfriedung über die Detailgestaltung mit Gartenteich oder Pflanzkübel bis hin zu kleinen Deko- oder Spielideen.

Mit den verständlichen und leicht nachzuvollziehenden Tipps und Arbeitsanleitungen der Profis von selbst ist der Mann, dem großen Heimwerker-Magazin, wird es zum Kinderspiel, die eigenen Ideen oder die Bauvorschläge dieses Buchs in die Tat umzusetzen. Vieles lässt sich dabei sogar ohne große Vorkenntnisse oder Vorerfahrungen einfach und schnell realisieren. Aussagekräftige Materialinformationen und genaue Einkaufslisten erleichtern zudem die Umsetzung.

Das Einzige, was man darüber hinaus benötigt, ist Lust und Laune, den Garten zu verschönern. In diesem Sinne: Viel Spaß und gutes Gelingen!

Inhalt

Terrassen und Wege

Zäune, Mauern und Pergolen

Wasser im Garten

Pavillon, Carport & Co

Spiel & Spaß für Kinder

Pflanzparadiese

Gartenmöbel

Dekoratives & Nützliches

Terrassen und Wege

Sie machen den Garten bewohnbar, gliedern ihn und setzen optische Akzente: Terrassen und Wege. Zugleich zählen sie zu den aufwändigsten Gestaltungsvorhaben, die man in Eigenleistung erbringen kann.

Dieses Kapitel stellt das ganze Spektrum der Bodengestaltung vor – vom Pflastern mit Beton- und Natursteinen über das Bauen von Terrassen aus Holz bis hin zum Anlegen von Wegen.

Terrassen schön gestalten

Die Gestaltung einer Terrasse hat maßgeblichen Einfluss auf die Gesamtwirkung des Gartens. Bei der Planung spielen nicht nur Größe und Belag eine wichtige Rolle, sondern auch die angestrebte Nutzung der Terrassenfläche.

Ein Sitzplatz im Garten findet sich unter jedem Baum und auf jeder Wiese. Doch erst eine Terrasse verwandelt den Garten in ein „Grünes Wohnzimmer". Sie ermöglicht nicht nur, Gartentisch und Stühle auf festen Grund zu stellen: Terrassen machen das Leben im Garten durch ihre vielseitigen Nutzungsmöglichkeiten interessanter und pflegeleichter. Dabei gilt: Je besser die Planung, desto optimaler die Nutzung.

Je genauer man den Bedarf im Vorfeld festlegt, desto einfacher fällt die Planung: Soll die Terrasse überwiegend als Rückzugszone einzelner oder als Treffpunkt mehrerer dienen? Kommt es auf einen großen Tisch oder auf eine gemütliche Sitzecke an? Will man hier auch Sonnenbaden oder ist eine Kinderspielfläche wichtig? Solche und ähnliche Fragen helfen zu erkennen, worauf es bei der Planung besonders ankommt.

Art und Größe der Terrasse prägen den gesamten Garten

Eine Terrasse ist kein Einzelobjekt – sie steht in direktem Bezug zum gesamten Garten. Mehr noch: Das Bild, das der Garten insgesamt vermittelt, wird von der Terrasse entscheidend beeinflusst. Gartenstile wie z. B. Japanischer Garten, Mediterraner Garten oder Bauerngarten lassen sich so durch die Gestaltung der Terrasse unterstreichen. Das gilt sowohl in Bezug auf die Formgebung und die Größe der Terrasse, als auch für die Art des Belags oder die Gestaltung der Umgebungsflächen wie z. B. einem Sichtschutz.

Die folgenden Ideenbeispiele zeigen, wie sich Terrassen harmonisch in verschiedene Gartenstile einfügen können. Dabei wird auch deutlich, wie wichtig Details wie z. B. die Art der Gartenmöbel oder die Form von Kübeln und Pflanzgefäßen für die spätere Gesamtwirkung sind. Eine gute Planung berücksichtigt so unter anderem vorhandene Möbel oder Möblierungsvorlieben genauso wie die Art der Bepflanzung.

TIPP GRÖSSE DES SITZPLATZES

Ganz gleich wie klein oder groß ein Garten ist: Die Mindestgröße einer Terrasse richtet sich nach dem Sitzplatz. Dabei rechnet man rund 1 m^2 pro Stuhl. Ein kleiner Gartentisch mit vier Stühlen beansprucht so eine Mindestfläche von 4 m^2. Bei kleineren Flächen kann man die Stühle nicht mehr ohne weiteres vom Tisch abrücken oder um sitzende Personen herumgehen. Die Form der Fläche ist von der Form des Tisches abhängig. Für runde Tische eignen sich am besten runde oder quadratische Flächen.

Idee 1: Mediterrane Terrasse

Zum Flair südlicher Sonne tragen vor allem die provenzalischen Fliesen bei, die etwas erhöht unter dem Sitzplatz verlegt wurden. Die Fläche fassen maßgenau zugeschnittene Hölzer aus dem Baumarkt ein. An dem Spalier hinter der Sitzfläche, das auch als Sichtschutz dient, ranken mediterrane Gewächse. Sie wachsen aus selbst gefertigten Pflanzkästen. Diese sind innen mit Teichfolie ausgekleidet, um das Holz zu schützen. Gleiches gilt für die zwei Wasserbecken im vorderen Bereich, die einen Pflanzkasten in der Mitte umschließen. Die ungewöhnliche Formgebung trägt entscheidend zu der attraktiven Optik bei.

Der breite Rahmen schließt die Kästen nicht nur schön ab, sondern kann zudem als Sitzfläche genutzt werden. Das gemütliche Gesamtbild unterstreichen des Weiteren in kleinen Gruppen zusammengefasste Steine in verschiedenen Größen. In den Kübeln vorn wachsen Pflanzen, die nicht winterfest sind wie der kleine Zitronenbaum ganz vorn. Die Kübel können in der kalten Jahreszeit innen überwintern.

Idee 2: Gemütliche Sitzecke

Es müssen nicht immer große Flächen gestaltet werden, um den Garten – oder auch die Terrasse – zu bereichern. Diesen kleinen Sitzplatz kann man auch auf einem größeren Balkon realisieren.

Das Rankgitter lässt sich ganz einfach aus Kanthölzern bauen und wird mit einem Drahtgitter versehen – eine sehr preiswerte Lösung. Neben der kleinen Bank steht ein niedriger Pflanztisch, der ebenfalls sehr einfach aus Baumarkthölzern gezimmert werden kann. Er hat die gleiche Optik wie der kleine Tisch, der bei Bedarf auch als Hocker Verwendung findet.

Eine Holzplatte auf dem Boden vor der Bank, die gegen eindringende Feuchtigkeit durch einen Lackanstrich geschützt wird, wirkt wie ein kleiner Teppich. Sie ist der optische Mittelpunkt, der entscheidend zu dem geschlossenen und damit gemütlichen Gesamteindruck beiträgt. Die mit unterschiedlich hohen Pflanzen bewachsenen Kübel, der Miniteich und die Kiesel vervollständigen das romantische Ensemble.

Idee 3: Japanische Terrasse

Diese ausgesprochen schöne Terrasse verbindet fernöstliches Flair mit einer in sich geschlossenen Gestaltung. Die aus Kanthölzern gefertigten Rahmen an den Seiten fassen das Ensemble zusammen und sorgen für das Bild eines in sich abgeschlossenen Raums.

An der rechten Seite befindet sich eine geschlossene Konstruktion: Das Holzgitter ist mit einem wetterfesten Vlies bespannt, das sehr transparent wirkt. Es fungiert als Sichtschutz, der zum einen unerwünschte Einblicke verhindert, zum anderen einen unattraktiven Ausblick auf Nachbargrundstücke kaschiert. Das Vlies wirkt wie eine luftige, lichtdurchflutete Wand.

Oben sind zwischen die Hölzer Seile gespannt. Auch sie haben eine Doppelfunktion: Zum einen stabilisieren sie die Rahmenkonstruktion, die ohne die Spannseile sehr wackelig wäre. Zum anderen können zwischen die Seile Stoffbahnen gespannt werden, die als Sonnenschutz fungieren.

Auf Wunsch lässt sich der Raum fast komplett schließen: Vorn ermöglicht ein Seilzugsystem, den seitlichen Vorhang zuzuziehen. So wird es zum Beispiel möglich, die Sonne ganz ohne Einblickmöglichkeit zu genießen.

Den optischen Mittelpunkt bildet ein großer Stein, der in ein geharktes Sandbett gelegt wurde. Den Solitär umfasst ein Quadrat aus Holzpaneelen, die auf Querhölzer aufgelegt sind. Die Futons lockern die strenge Gesamtkomposition auf.

Die Pflanzkübel sind mit für japanische Gärten typischen Gewächsen bepflanzt. Die Gesamtanordnung folgt dabei den Grundsätzen von Feng Shui, der fernöstlichen Gestaltungslehre. Die beiden Rankpflanzen links und rechts der Terrassentür dienen so z. B. als Wächter.

Ruhe vermittelt zudem die durchgängige Farbgestaltung: Pflanzkübel, Futons und die Liege rechts sind in Blautönen gehalten, die sehr schön mit der natürlichen Ausstrahlung des Holzes korrespondieren. Typische Accessoires wie der Figurenkopf rechts neben dem Eingang oder die behauenen Steine vorn rechts runden das Bild ab.

Idee 4: Geschützte Dachterrasse

Die drei Seiten der Terrasse fasst ein Holzrahmen ein, der auf der langen Seite durch zwei Pflanztürme aus Holz aufgelockert wird. Zum säulenartigen Eindruck tragen die dekorativ aufgesetzten Kugeln bei. Der Boden wurde mit Fertigelementen aus Holz belegt. Eine Reihe hat man dabei ausgespart. Stattdessen wurde Folie eingelegt und mit etwas Erde angefüllt. Hier wachsen Kräuter und flachwurzelnde Bodendecker. Die Tiefe der hinteren und seitlichen Pflanzkästen richtet sich nach dem Maß der Bodenelemente – so wurde Verschnitt vermieden. Das Rankgitter auf der rechten Seite dient als Sichtschutz und besteht aus Fertigelementen aus dem Baumarkt.

Idee 5: Kleines Refugium

Dieser Sitzplatz zum Entspannen, Lesen oder Träumen wird durch eine Wand aus Bambus geschützt. Die Rollware erhält man in gut sortierten Baumärkten oder Gartenzentren. Die Optik korrespondiert wunderbar mit den Rattanmöbeln. Vorn rechts entstand ein Pflanzpodest, das sich an einer Seite öffnen lässt: Hier findet der kleine Tisch bei Regen einen schützenden Unterschlupf.

Der kleine Tisch vorn links, der Pflanzkübel und das Podest sind aus dem gleichen Holz gefertigt – so ergibt sich ein harmonisches Gesamtbild. Die kleine Ecke lässt sich nicht nur in einem Garten realisieren – das Ensemble passt selbst auf einen kleinen Balkon.

Idee 6: Lauschiges Eckchen

Vier Stahlbänder, die als Bogen zwischen Wand und Boden montiert werden, bieten Glyzinien oder Weinreben eine ideale Kletterhilfe. Mit der Zeit sorgen die Pflanzen für eine natürliche Verschattung und lassen ein lauschiges Plätzchen entstehen. Die Terrasse selbst wird durch einen Weg aus großen Bruchsteinplatten in zwei Hälften geteilt. Die Bruchsteinplatten korrespondieren wunderbar mit dem Kieselboden. Die kreisrunden Ornamente in der Mitte der Böden unterstreichen den Gestaltungsanspruch. Es entsteht eine romantische Atmosphäre, die durch die kleinen Pflanzbeete vorn und die Kübel auf der Terrasse abgerundet wird.

Platten und Pflastersteine

Für das Pflastern von Terrassen und Wegen stehen drei Steinarten zur Verfügung: Betonpflaster, Pflasterklinker und Naturstein. Jedes dieser Materialien hat spezifische Vor- und Nachteile.

Die meisten Terrassen und Wege werden heute mit Betonsteinen gestaltet – und dies aus vielen guten Gründen: Da ist zunächst der Preis, Betonpflaster ist im Vergleich zu den aus Ton gebrannten Pflasterklinkern oder den Natursteinen wesentlich günstiger. Zwar gibt es auch bei dem industriell gefertigten Produkt hochwertige Designserien, die kräftig zu Buche schlagen – Standardsteine aber sind erschwinglich.

Der zweite große Vorteil: Es gibt die Steine in unzähligen Dekoren und Größen. Bei der Gestaltung eines Terrassenplatzes oder Weges sind so kaum Grenzen gesetzt. Die Hersteller bieten dabei so genannte Serien an, die verschiedene Steingrößen beinhalten. Neben den rechteckigen und quadratischen Grundformaten finden sich bei vielen Serien auch Steine in ungewöhnlichen Formgebungen wie z. B. trapez- oder rautenförmig. Besondere Beachtung verdienen die Rondellsteine: Sie sind so geformt, dass man aus ihnen leicht Viertel-, Halb- oder Vollkreise bilden kann.

Bei den Oberflächen, die die Optik maßgeblich beeinflussen, unterscheidet man drei Herstellungsvarianten: kugelgestrahlt, geschliffen und die Kombination aus kugelgestrahlt und geschliffen. Kugelgestrahlte Steine bringen die feine Struktur in dem Betonpflaster besonders zur Geltung. Geschliffene Oberflächen sind naturgemäß glatter und somit etwas glänzender. Viele dieser Steine wirken ähnlich wie Fliesen. Eine perfekte Optik bieten Steine, die zunächst geschliffen und anschließend mit feinen Stahlkugeln gestrahlt werden.

Je nach Oberflächenbearbeitung sind die Betonsteine unterschiedlich teuer. Kugelgestrahlte Steine sind am preiswertesten. Die geschliffene Variante schlägt mit rund 40 Prozent Aufpreis zu Buche. Die Bearbeitungskombination von geschliffenem und kugelgestrahltem Material ist unwesentlich teurer als die geschliffene Variante. Aber ganz gleich, für welche Oberfläche man sich entscheidet: Betonpflaster ist besonders widerstandsfähig und pflegeleicht.

Betonsteine lassen sich heute nur auf den zweiten Blick von anderen Materialien unterscheiden, z. B. der antik wirkende Stein „Bradstone Old Town“.

Durch die Kombination von verschiedenen Farben entstehen ausgefallene Oberflächen, wie hier bei der Serie „Belpasso“.

Durch unterschiedliche Oberflächenbehandlungen entfalten Steine auch innerhalb einer Serie verschiedene Wirkung – hier „Belpasso“ silikatbeschichtet.

Größere Platten wie hier der City-Pflasterstein in einem Terrakotta-Farbton beruhigen Flächen und passen sich gut moderner Architektur an.

Die natürliche Ausstrahlung von Pflasterklinker lässt sich unterstreichen, indem man das Material mit Holz und Naturstein kombiniert.

Pflasterklinker wird aus Ton gebrannt und zeichnet sich durch eine sehr natürlich wirkende Ausstrahlung aus. Die Oberflächen sind nicht immer einheitlich und unterscheiden sich in den Farbtönen. So entsteht ein abwechslungsreiches, lebendiges Bild, das Atmosphäre schafft.

Details haben entscheidenden Einfluss auf die Gesamtwirkung der Terrasse – vor allem die Formgebung der Ränder. Hier umschließt ein Zierband die mit blauen Fliesen umrandete Fläche. Es lebt vom Kontrast der dunklen und hellen Steine.

TIPP TERRASSENELEMENTE

Bei diesen Terrassenelementen sind immer vier Fliesen zu einer Einheit zusammengefasst. Die Quadrate werden durch eine verbindende Betonschicht auf der Unterseite (u.) zusammengehalten. Die Größe der Terrassenelemente beschleunigt das Pflastern. Zudem gibt es höhenverstellbare Stelzlager, mit denen die Fliesen auf ebenem Untergrund leicht justiert werden können (o.).

Pflasterklinker

Pflasterklinker gewinnen immer mehr Freunde. Das liegt nicht nur an der Materialqualität des gebrannten Tons, die vielen Gartenbesitzern sympathischer ist als Beton: Die Designauswahl hat sich in den letzten Jahren enorm vervielfacht. Nicht nur, dass es die Klinker in verschiedensten Formen und Rottönen gibt – die Steine sind auch in ungewöhnlicheren Farben wie z. B. in Blau erhältlich.

Zu den großen Vorteilen des Materials, das preislich auf der Höhe von qualitativ hochwertigeren Betonsteinen liegt, zählt, dass es sich sehr harmonisch in eine natürliche Gartengestaltung einfügt. Dabei harmoniert es besonders gut mit Natursteinen oder Holzelementen.

Die Oberflächen zeichnen sich durch eine lebendige, abwechslungsreiche Optik aus. Kaum ein Stein gleicht wirklich dem anderen – die Farbnuancierungen selbst innerhalb einer Serie reichen oftmals von einer sehr hellen bis zu einer sehr dunklen Anmutung. Beim Verlegen kommt es darauf an, die Steine bewusst auszuwählen und so anzuordnen, dass eine gleichmäßige Verteilung von hellen und dunklen Steinen entsteht.

Naturstein

Granit und Marmor, Grauwacke und Andesit, Basalt und Porphyr – die Auswahl an Natursteinen zur Gestaltung von Terrasse und Wegen ist groß. Das teure Material gibt es dabei in unzähligen Varianten – von der natürlich gebrochenen Natursteinplatte bis zum behauenen Pflasterstein. Diese werden in verschiedenen Standardgrößen angeboten – z. B. als 4 x 4, 8 x 8 oder 16 x 16 cm breite und lange Steine. Besonders reizvoll ist die Kombination von verschieden großen Natursteinen. So nimmt man z. B. für größere Flächen kleine Steine, die an den Seiten von größeren eingefasst werden.

Das Verlegen von Natursteinen ist nicht ganz so einfach wie das von Betonsteinen oder Pflasterklinkern. Die Steine haben nämlich zumeist keine einheitliche Höhe. Deshalb muss jeder Stein individuell in das Pflasterbett eingebracht werden, und das ist zeit- und arbeitsintensiv.

Zufahrten und größere Terrassenflächen vorm Haus lassen sich durch verschiedenfarbige Steine auflockern. Dabei reichen oft schon kleine, andersfarbige Elemente aus. Im Bildbeispiel unterbrechen Kreise aus dunklen Steinen die sehr großzügige, hellgraue Fläche. Sie betonen so das Muster.

Die gepflasterte Fläche rund um dieses Fachwerkhaus lebt von den starken Kontrasten der Steine sowie ihren changierenden Farbtönen.

Bei vielen Betonstein-Serien erleichtern speziell ausgeformte Steine auch anspruchsvolle Gestaltungen wie hier eine halbrunde Treppenform.

Diese streng gestaltete Zufahrt zu einem modernen Gebäude hat an den Seiten speziell zu den Steinen passende Pflastersteinleuchten erhalten.

Durch Abstandshalter wurde diese gepflasterte Fläche vor der Versiegelung des Bodens bewahrt – Regenwasser kann zwischen den Steinen versickern.

Pflastersteine reinigen

1

Für die Fleckenbeseitigung empfiehlt sich Spezialreiniger, der zunächst unverdünnt aufgetragen wird.

2

Durch kräftiges Schrubben mit der Bürste arbeitet man dann das Reinigungsmittel ein.

3

Dann wird Wasser zugegeben und erneut geschrubbt. Das Reinigungsmittel schäumt dabei auf.

4

Abschließend die gereinigte Platte abspülen. Dazu kann auch der Gartenschlauch genutzt werden.

Terrasse aus Betonpflaster

Betonpflaster ist preiswert, dekorativ und vielseitig. Es eröffnet bei Terrassen – aber auch bei der Weggestaltung – vielseitige Möglichkeiten und Dekore, besonders durch die Kombination von verschiedenen Steinen. Hier entsteht ein schöner Platz an der Sonne.

Der Arbeitsaufwand, der mit dem Pflastern verbunden ist, hängt nicht allein von der Größe der zu bearbeitenden Fläche ab, denn das Arbeiten gliedert sich in verschiedene Schritte:

- → Planung und Einkauf
- → Erdaushub
- → Einschottern und Verdichten
- → Einbringen des Pflasterbetts
- → Pflastern
- → Setzen von Randsteinen
- → Zuschnitt von Steinen
- → Grobreinigung der Fläche
- → Abrütteln
- → Einbringen des Fugenmaterials
- → Abschlämmen

Die Vielzahl der Schritte macht deutlich, dass das Pflastern einer Fläche eine zeitintensive Arbeit ist, die sich zudem nur bedingt als Einzelleistung erbringen lässt. Für die meisten Arbeiten benötigt man mehrere helfende Hände.

Planung und Einkauf

Vor dem Kauf des Materials sollte ein genauer Plan der künftigen Terrassenfläche vorliegen. Hierin muss nicht nur die Größe der zu pflasternden Fläche ausgewiesen sein, sondern auch die Art der Randgestaltung. Diese bestimmt, ob und wie viele spezielle Randsteine erforderlich sind. Bei der Materialbemessung ist zu berücksichtigen, ob der Kantenverlauf rechtwinklig erfolgt oder unregelmäßig oder schräg. Dann sind aufwändige Zuschnitte von Steinen erforderlich.

Mit dem Plan wendet man sich an den Händler. Dieser ist meist bei der Berechnung der benötigten Steinmenge behilflich. Empfehlenswerte Händler liefern die Steine an und nehmen auch nicht verarbeitetes Material wieder zurück. Neben den Steinen braucht man auch Schotter und Kies. An Schotter sind pro zu pflasternder Fläche rund 0,15 m^3 erforderlich, für den Sand oder Splitt benötigt man noch einmal 0,05 m^3.

Erdaushub

Der Boden unter der späteren Terrasse muss ungefähr 25 cm tief abgetragen werden. Dies ist bei größeren Flächen und verdichtetem Erdreich ohne professionelle Hilfe Schwerstarbeit. Bei größeren Flächen emp-

Einschottern

1 Als Erstes gilt es, den Boden mit Schaufel und Schubkarre abzutragen – eine Knochenarbeit, die der Bauherr hier mit Freunden erledigt.

3 Die Terrassenstufe gibt das Niveau vor. Schließlich soll hier ja keine Stolperfalle entstehen. Am besten mittelt man die Höhe mit Waage und Richtschnur aus.

2 Die Fläche sollte nach dem Abtragen weitgehend eben sein. Für den Aufbau ist eine Tiefe von rund 25 cm erforderlich.

4 Den Schotter lässt man sich am besten anliefern und – sofern möglich – direkt auf die vorbereitete Fläche kippen. Dann verteilt man ihn mit der Schubkarre.

Vor dem Pflastern eine typische Situation: Das Haus ist fertig, der Innenausbau weitgehend abgeschlossen und das Mobiliar eingeräumt. Zum Genuss des Sommers allerdings fehlt noch das richtige Plätzchen. Vor dem Wohnzimmer wartet eine wilde Wiese auf tatkräftiges Zupacken und Umgestalten.

Die Steine werden über den örtlichen Baustoffhandel auf Paletten geliefert. Die Transportkosten sind in die Kalkulation mit einzurechnen.

fiehlt es sich, den Boden ausbaggern zu lassen und das überschüssige Erdreich – sofern es nicht zufällig für andere Gartenanlagen genutzt werden kann – abfahren zu lassen.

Einschottern

Das Einbringen einer 10 bis 15 cm dicken Schotterschicht dient gleich einem doppelten Zweck: Zum einen gleicht man so größere Unebenheiten im Boden aus. Zum anderen fungiert der Schotter als Drainage. Das angelieferte Material bringt man mit einer Schubkarre auf die ausgehobene Fläche auf und verteilt den Schotter dann mit einer Schaufel. Abschließend wird die Schotterschicht mit einer Rüttelplatte verdichtet.

Pflasterbett

Als nächstes wird eine 3 bis 5 cm dicke Schicht aus Sand oder Splitt als Pflasterbett eingebracht. Diese Schicht wird anschließend abgezogen und gibt die Höhe und das Gefälle für die Steine vor. Deshalb muss hier besonders sorgfältig gearbeitet werden. Das Pflasterbett sollte vom Haus weg zum Garten hin rund zwei Prozent Gefälle aufweisen, damit Regenwasser gut abfließen kann. Um eine einheitliche Höhe zu gewährleisten, spannt man die Fläche mit Richtschnüren ab. Das Höhenmaß gibt der Eingangsbereich der Terrassentür vor. Nach dem groben Verteilen des Materials legt man Metallrohre in das Pflasterbett, richtet diese aus und zieht dann überschüssiges Material mit einer Latte ab.

5 *Der Schotter wird mit der Schaufel gleichmäßig verteilt. Da die Schicht auch als Drainage fungiert, sollte der Schotter die gesamte Fläche bedecken.*

6 *Um einen annähernd gleichen Höhenverlauf sicherzustellen, spannt man Richtschnüre und misst die Bodenhöhe mit einem Zollstock aus.*

7 *Abschließend wird die Schotterschicht mit einer Rüttelplatte verdichtet. Rüttelplatten kann man bei Maschinenverleihern tageweise mieten.*

Das Pflasterbett

1

Die Steine kann man entweder in feinen Splitt – oder wie hier – in Sand setzen. Das Material wird zunächst mit der Schaufel möglichst gleichmäßig verteilt.

2

Das Abziehen mit der Richtlatte erleichtert es wesentlich, wenn man Hilfsrohre in das Bett einlegt. Hier werden dazu Metallrohre verwendet.

3

Das Pflasterbett sollte 3 bis 5 cm dick sein. Das Maß hält man mit Richtschnüren ein, die zwischen Eisenpinnen gespannt werden.

4

An schwer zugänglichen Stellen – wie hier rund um den Eingang zum Haus – wird der Sand mit einer Kelle glatt abgezogen.

5

Das Pflasterbett zieht man mit einer Richtlatte ab. Das Höhenmaß geben die Richtschnüre vor. Wichtig ist, dass die Fläche mindestens 2 % Gefälle aufweist.

Zur Vorbereitung der Pflasterarbeiten müssen Steine vom Lagerort dorthin gebracht werden, wo sie verlegt werden. Am einfachsten wirft man sich die Steine zu – das erfordert etwas Übung. Eine Alternative ist der Transport mit der Schubkarre – dabei darf allerdings die eingeebnete Sand-oder Splittfläche nicht befahren werden.

TIPP EINSPINNEN

Die Höhen bestimmt man mit Pinnen und Maurerschnur – das Fachwort dafür lautet „Einspinnen". Das lichte Maß zwischen zwei Pinnen sollte 5 m betragen, maximal jedoch 8 m. Über größere Distanzen würde die Schnur durchhängen. Die Eisenpinne schlägt man mit einem Hammer in das Pflasterbett. Die Stangen sollten so fest verankert werden, dass sie nicht mehr wackeln. Jetzt spannt man die Schnur. Geeignet ist eine Maurerschnur – man kann aber auch andere, feste Schnüre verwenden. Da die Terrasse abschließend mit der Rüttelplatte verdichtet wird und sich der Boden dadurch absenkt, sollte die Schnur rund 15 mm über der angestrebten Pflasterhöhe gespannt werden. Man befestigt sie mit Doppelschlaufen an den Pinnen.

Pflastern

Die ersten Steine setzt man rechtwinklig von der Terrassentür. Da hier der Fugenverlauf der gesamten Terrasse vorbestimmt wird, gilt es, besonders sorgfältig zu arbeiten. Die Steine werden aneinander gesetzt und dann mit einem Pflasterhammer sowohl in die richtige Position als auch auf die richtige Höhe geklopft. Dabei auf ein gleichmäßiges Fugenbild achten. Wenn Fugen nicht perfekt verlaufen, kann man die Position mehrerer Steine mit einer Schaufelspitze korrigieren.

Randsteine

Die Randsteine werden in ein Bett aus Magerbeton gesetzt. Dazu eventuell einen kleinen Graben ausheben. Der Beton stabilisiert die Kante und verhindert das Ausbrechen einzelner Steine. Für den Magerbeton greift man am besten auf ein vorgemischtes Gebinde aus Zement und Kies zurück, das lediglich noch mit Wasser angemischt werden muss.

Bei keiner Terrasse lässt sich der Zuschnitt einzelner Steine vermeiden. Die auf Maß gefertigten Steine nutzt man, um Zwischenräume zu füllen. Hierzu ist eine Nasstrennmaschine erforderlich, die man bei speziellen Verleihfirmen tageweise mieten kann.

Endarbeiten

Ist die gesamte Fläche gepflastert, werden die Steine mit dem Wasserschlauch abgespritzt und grundgereinigt. Dann folgt das Verdichten der Fläche mit einer Rüttelplatte. An Stellen, die man mit der Platte nicht erreicht, arbeitet man mit dem Pflasterhammer nach.

Abschließend werden die Fugen gefüllt – üblicherweise benutzt man dazu Sand, der farblich zum Pflaster passt. Der Sand wird mit dem Besen verteilt und in die Fugen eingearbeitet. Dabei fegt man längs und quer über die Fugen. Schließlich schlemmt man das Fugenmaterial ein. Dazu am besten einen Wasserschlauch mit Brausekopf einsetzen und nur mit geringem Wasserdruck arbeiten. Bei hohem Druck besteht die Gefahr, dass man den Sand wieder aus den Fugen herausspült. Die fertige Fläche kann sofort genutzt werden.

Die hier verarbeiteten Steine sind an den Seiten mit Nocken versehen. Dies erleichtert nicht nur das Verlegen – die gesamte Fläche zeichnet sich durch eine hohe Verbundeigenschaft aus.

Fläche pflastern

1

Der Eingangsbereich um die Terrassentür gibt den rechten Winkel vor, an dem sich die gesamten Pflasterarbeiten ausrichten. Im Bildbeispiel hilft das Rost, die Steine richtig zu positionieren. Ansonsten richtet man sich nach dem Mauerverlauf. Mit einer langen Richtlatte kann man erkennen, ob die Mauer gerade verläuft.

2

Bevor man die Steine in das Pflasterbett setzt, zieht man den Untergrund noch einmal mit der Kelle glatt. Dabei auf die richtige Höhe achten.

5

Beim Pflastern gilt es nicht nur, den Verlegeplan zu berücksichtigen, die Steine rechtwinklig zueinander auszulegen und auf ein einheitliches Fugenbild zu achten. Genauso wichtig ist es, die Höhen richtig einzuhalten und eine möglichst ebene Fläche zu erzielen. Dabei orientiert man sich immer wieder an der Richtschnur.

3

Die ersten Steine müssen sehr sorgfältig ausgerichtet werden. Wenn hier Fehler unterlaufen, wirkt das gesamte Fugenbild unprofessionell.

6

Sobald man die erste Teilfläche fertig gestellt hat, ändert man die Arbeitsposition. Man wechselt vom Erdreich auf die bereits gepflasterte Fläche. So wird verhindert, dass man durch den eigenen Körper die zuvor mit der Richtlatte abgezogene Fläche beschädigt.

4

Jeder Stein wird mit einem Pflasterhammer sorgfältig in das Bett geklopft. Das Gummi verhindert, dass die Steine dabei beschädigt werden.

7

Mit Hilfe einer Schaufel lassen sich unsauber verlaufende Fugen geringfügig korrigieren, auch dann, wenn schon mehrere Steine gelegt wurden.

8

Die Randsteine werden in ein Mörtelbett aus Magerbeton gesetzt. So lässt sich ein späteres Ausbrechen der Randsteine auch bei starker Belastung verhindern.

9 *Der Magerbeton kann schon nach kurzem Anziehen mit Erdreich überdeckt werden. Der Beton trocknet dann allerdings etwas langsamer aus.*

Die gepflasterte Fläche zeichnet sich durch ihren klaren, regelmäßigen Fugenverlauf aus – das sichere Zeichen dafür, dass sauber und professionell gearbeitet wurde.

10 *Bei einem leicht schrägen oder unregelmäßigen Kantenverlauf wird zunächst auf der gesamten Länge der Randstreifen gesetzt.*

11 *Dann schneidet man die Steine zu, die den Raum zwischen Randsteinen und gepflasterter Fläche füllen. Je genauer gearbeitet wird, desto schöner das Bild.*

Steine passend zuschneiden

1 *Nicht alle Steine passen genau. Vor allem Steine am Rand müssen zugeschnitten werden. Zunächst zeichnet man den Schnittverlauf genau an.*

2 *Zum Zuschneiden benötigt man eine Nassschneidemaschine, die im Baustoffhandel oder bei speziellen Verleihfirmen ausgeliehen werden kann.*

3 *Nach dem Zuschnitt setzt man die Steine in die vorgesehene Flächenöffnung. Eventuell muss noch einmal nachgearbeitet werden.*

4 *Der Zuschnitt kostet Zeit. Bei verwinkelten Flächen oder unregelmäßigen Randsteinverläufen dauert dies oft länger als das Pflastern der großen Fläche.*

Abschlussarbeiten

1 *Nachdem die eigentlichen Pflasterarbeiten abgeschlossen sind, wird die Fläche gründlich gereinigt. Vor allem Erdflecken müssen beseitigt werden.*

2 *Dazu spritzt man die gesamte Fläche gründlich mit Wasser ab. Am besten arbeitet man mit einem harten Strahl. Eventuell mit Schrubber nacharbeiten.*

3 *Jetzt werden die Steine verdichtet. Auch hierzu setzt man die Rüttelmaschine ein. Dabei darauf achten, dass alle Teilflächen gleichermaßen verdichtet werden.*

4 *An schwer zugänglichen Stellen, die mit der Rüttelmaschine nicht erreicht werden können (wie z. B. rund um ein Fallrohr), muss per Hand verdichtet werden.*

5 *Die Fugen füllt man nun mit Quarzsand, der farblich gut zu den hellen Steinen passt. Den Sand mit dem Besen längs und quer einarbeiten.*

6 *Die fertig gepflasterte Terrasse muss nun noch mit etwas Wasser eingeschlämmt werden. Das verdichtet die Fugen.*

Einige Wochen später: Der Rasen an der Terrassenseite zum Garten hin ist gewachsen, Kübelplanzen wurden aufgestellt und die Stühle um den Gartentisch gruppiert – jetzt kann der Sommer kommen.

Terrassenfundament aus Beton

Eine Betonplatte als Terrassenuntergrund sorgt für einen stabilen Boden, so z. B. wenn die Terrasse verfliest werden soll. Aber auch bei Holzterrassen schafft Beton optimale Voraussetzungen für die Montage.

Überschaubare Flächen wie z. B. der Untergrund einer kleineren Terrasse oder Punktfundamente für Zäune oder Pergolen lassen sich relativ einfach selbst herstellen. Das Arbeiten ist allerdings kraftaufwändig.

Zwei Materialvarianten stehen zur Wahl: Entweder mischt man den Beton aus Sand, Kies, Zement und Wasser selbst zusammen oder aber man greift auf Fertigbeton/Estrich-Mischungen zurück. Diese Gebinde sind zwar etwas teurer, dafür erleichtern sie aber das Arbeiten erheblich. Vor allem stellt sich nicht das Problem des Anlieferns von Sand und Kies. Pro Quadratmeter muss bei 1 cm Höhe mit ca. 20 kg Fertiggebinde kalkuliert werden.

Eine Bodenplatte sollte mindestens 15 cm stark sein – besser 25 cm. Bei kleineren Flächen ist das Einbringen von Stahlmatten zur Verstärkung in der Regel nicht notwendig.

Vor dem Betonieren empfiehlt es sich, eine saubere Schalung herzustellen. Damit Wasser gut abfließen kann, sollte die Fläche zwei Prozent Gefälle zum Garten hin aufweisen. Am einfachsten geht es, wenn die Schalung so hergestellt wird, dass ihre Kanten zum Abziehen des Betons genutzt werden können (siehe Bild 6). Bei dieser Art der Arbeitsvorbereitung können die Schalbretter gleich so ausgerichtet werden, dass die Platte später das gewünschte Gefälle aufweist.

Bodenplatte betonieren

1

Die gebrauchsfertige Mischung wird in eine große Wanne oder – wie hier – in eine Schubkarre geschüttet. Bei größeren Mengen empfiehlt sich ein Mischer.

2 *Auf den Verpackungen ist angezeigt, wie viel Wasser zugegeben werden muss. Die Menge füllt man zunächst in einem Eimer ab und gibt sie dann zu.*

3 *Mit einer Schaufel werden nun Fertigbeton und Wasser gründlich miteinander vermischt. Das erfordert – vor allem bei größeren Mengen – Kraft.*

4 *Das Gemisch sollte zügig auf die Fläche aufgebracht werden. Eine Plastikplane verhindert, dass sich Erde und Beton vermischen.*

5 *Der Beton wird dann auf der Fläche verteilt. Die Arbeitsschritte werden solange wiederholt, bis die gesamte Schalung mit Beton gefüllt ist.*

6 *Nach dem Füllen wird der Beton mit einer Latte über der Schalung plan abgezogen. Diese Arbeit führt man am besten zu zweit aus.*

7 *Die fertige Fläche wird mit einer Folie rund sieben Tage abgedeckt und ab und zu gewässert. Abschließend bringt man einen abdichtenden Anstrich auf.*

Punktfundament

1 *Für ein Punktfundament ist ein mindestens 60 cm tiefes Loch erforderlich, damit der Beton frostsicher ist und bei Minustemperaturen nicht zerspringt.*

2 *Der fertig angemischte Beton wird mit einer Schaufel in das Loch gefüllt und zwischendurch immer wieder durch Stampfen mit einem Kantholz verdichtet.*

3 *Wird das Punktfundament als Halterung für einen Pfosten benötigt, setzt man den entsprechenden Anker in den frischen Beton und richtet ihn genau aus.*

Terrasse aus Holzrosten

Eine alte Terrasse zu renovieren ist immer dann ein aufwändiges Unterfangen, wenn der alte Belag entfernt werden muss. Aber es geht auch anders: Mit Holzrosten lässt sich ein fester alter Untergrund einfach und schnell mit einem neuen Belag überziehen.

Vorher: Der alte Terrassenbelag ist in die Jahre gekommen. Die Betonsteine sind zum Teil verwittert und recht unansehnlich.

Die Terrasse ist in die Jahre gekommen: Der alte Belag hat seinen ursprünglichen Glanz verloren und entspricht nicht mehr dem Geschmack der Zeit. Das Problem stellt sich vor allem bei Terrassen, die in den 70er- oder 80er Jahren mit Betonplatten gestaltet wurden. Das Entfernen der Steine ist nicht nur sehr zeit- und kraftaufwändig – der alte Belag muss auch noch entsorgt werden.

Doch dies kann man sich sparen: Bei der Umgestaltung mit Holzrosten ist das Entfernen der alten Steine überflüssig. Im Gegenteil: Der alte feste Untergrund ist wesentliche Voraussetzung, um die Roste perfekt montieren zu können. Das heißt nicht, dass man die Roste nicht auch bei der Neuanlage einer Terrasse einsetzen kann. Dann allerdings muss für einen ausreichend stabilen Untergrund gesorgt werden.

Die Roste, die verschiedene Hersteller anbieten, werden im Prinzip nur auf den vorhandenen Boden aufgelegt, ausgerichtet und miteinander verschraubt. Besonders einfach und schnell gestaltet sich die Montage, wenn zum System höhenverstellbare Nivellierfüße zählen, so genannte Catsteps. Dann müssen die Roste beim Verlegen nicht aufwändig mit Keilen oder speziellen Unterbauten in die Waagerechte gebracht werden.

Niveauausgleich mit Catsteps

Bei den hier vorgestellten Rosten montiert man an jedem der 90 x 90 cm großen Roste fünf dieser Füße, die bis zu 4 cm Höhendifferenz ausgleichen können. Der große Vorteil bei diesem allerdings nicht ganz preiswerten System: Die Füße können auch nachträglich von oben justiert werden. Die Roste sind an den Befestigungspositionen durchgebohrt. So kann man von oben mit einem Inbusschlüssel die Höhe der Roste nachträglich verändern.

Stabilität erhalten die Roste, wenn sie miteinander zu einer durchgehenden Fläche verschraubt werden. Dazu sollte man unbedingt Edelstahlschrauben verwenden – normal verzinkte Schrauben rosten zu schnell durch. Achtung: Bei einigen Systemen gehören die Schrauben zum Lieferumfang, bei anderen muss man sie zusätzlich kaufen.

TIPP GRUNDMONTAGE DER ROSTE

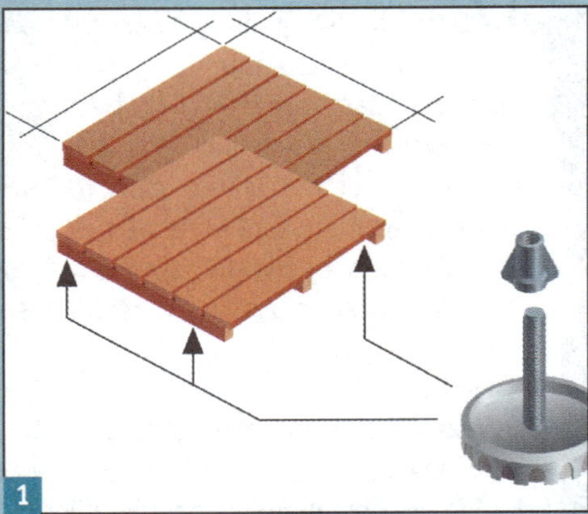

1 *Die 90 x 90 cm großen Elemente sind 9 cm hoch und lassen sich mit Nivellierfüßen zudem um 4 cm in der Höhe ausrichten.*

2 *Die Nivellierfüße werden in die vorbereiteten Bohrungen der Querriegel eingeschlagen.*

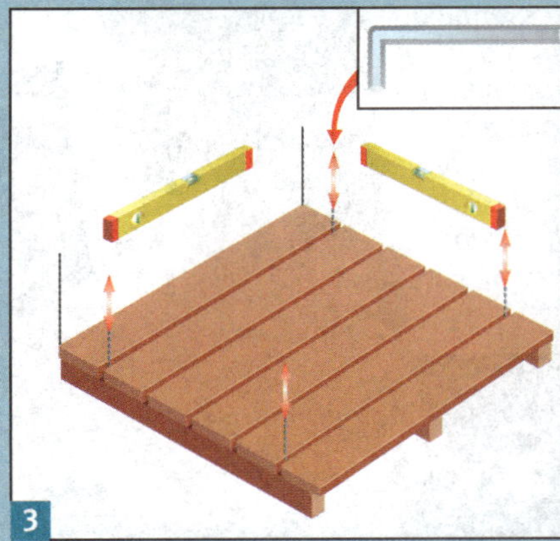

3 *Der Rost wird zunächst mit den äußeren Füßen ausgerichtet. Dann den Fuß in der Mitte justieren.*

4 *Um mehr Flächenstabilität zu erhalten, werden die Querriegel der im Schachbrettmuster angelegten Roste mit Edelstahl-Schrauben (5,0 x 90 mm) untereinander verbunden.*

5 *Die sichtbaren Außenkanten kaschiert man mit umlaufenden Bodenhölzern (21 x 145 mm) und verschraubt sie an den Außenkanten der Roste.*

Vor Beginn der Arbeit sollten alle benötigten Teile komplett vorhanden sein. Dazu gehören nicht nur die Roste an sich, sondern auch Außenkanten, Nivellierfüße und Schrauben. Am besten lässt man sich beim Kauf vom Händler alle benötigten Teile zu einer Lieferung zusammenstellen.

Zur attraktiven Gesamtoptik tragen maßgeblich die Abschlussleisten bei, die an die offene, sichtbare Kante der Terrasse gesetzt werden. Die Leisten sind aus dem gleichen Holz wie die Roste.

Hochwertige Holzterrassen mit Catsteps bestehen aus Bangkirai, einem sehr harten Holz. Der Vorteil: Es muss nicht gestrichen werden. Mit der Zeit nimmt es allerdings einen dezenten Silberglanz an. Will man diesen vermeiden, kann man einen Schutzanstrich aufbringen, der jedoch immer wieder erneuert werden muss. Preiswerter sind Roste aus Douglasie, die wiederum geschützt werden sollten. Beide Hölzer stammen aus Baumkulturen.

Während sich größere Flächen sehr schnell aufbauen lassen, erfordert der Zuschnitt der Roste an Ecken oder Kanten sowie rund um Fallrohre oder Pfosten Zeit. Die Deckbeplankung der Roste lässt sich

Roste verlegen und ausrichten

1

Die hier verarbeiteten Roste erhalten fünf Nivellierfüße. Sie gehören zum Lieferumfang des Systems und müssen nicht gesondert zugekauft werden.

2

Die Füße bestehen aus drei Teilen: Zunächst wird die Mutter (in der Mitte oben) mit dem Hammer eingeschlagen. Dann dreht man den eigentlichen Fuß …

3

… ca. 1 cm ein und setzt dann die Hartgummiabdeckung auf. Sie schützt den Fuß gegen aufsteigende Erdfeuchtigkeit und sorgt für Rutschfestigkeit.

4

Nach dem Einsetzen aller fünf Füße in einen Rost richtet man die Catsteps zunächst einheitlich auf eine Höhe aus, z. B. auf 3 cm.

5

Diese Roste bestehen aus sehr hartem Bangkirai. Um später die Roste leichter miteinander verschrauben zu können, empfiehlt es sich vorzubohren.

6

Jetzt dreht man den Rost um und bringt ihn in seine endgültige Position. Mit Wasserwaage und Inbusschlüssel nimmt man die Feinjustierung vor.

7

Jeder neue Rost wird sofort mit einem bereits verlegten Rost verschraubt. Dazu benutzt man nicht rostende Edelstahlschrauben.

8

Für den Erfolg der Arbeit ist es entscheidend, dass alle Roste exakt in der Waage liegen. Beim Ausrichten mit der Wasserwaage werden nicht nur einzelne Roste überprüft, sondern auch das Niveau des gesamten Verbundes. Ein Gefälle muss man nicht berücksichtigen, da Regenwasser zwischen den Hölzern ablaufen kann.

TIPP ROSTE KÜRZEN

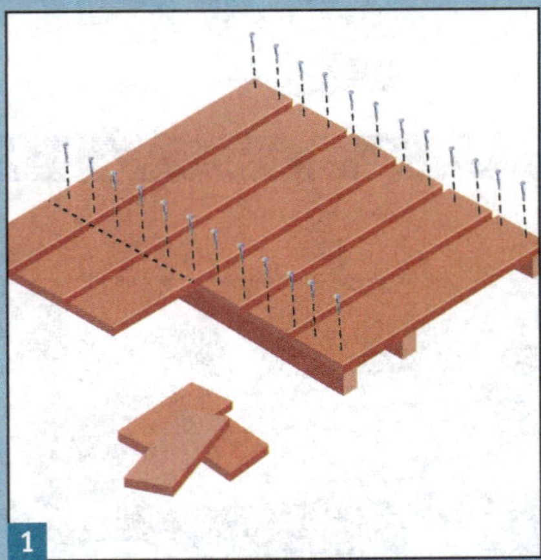

1 *Wenn in Richtung der Auflagehölzer gekürzt werden soll, müssen diese entsprechend versetzt werden.*

2 *Wird allerdings quer zu den Auflagehölzern gekürzt, kann das Element ohne Demontage zersägt werden.*

abschrauben – so können die Tragehölzer exakt auf Maß gekürzt werden. Wird der Rost in Längsrichtung der Beplankung gekürzt, ist die Demontage der Deckbeplankung allerdings nicht notwendig – der Rost kann einfach mit einer Kreis- oder Stichsäge durchtrennt werden.

Nach dem Zuschnitt und Einpassen der Roste werden auch die umlaufenden Abschlussleisten auf die richtige Länge gekürzt. Eine perfekter Eindruck ergibt sich, wenn man die Abschlussleisten nicht nur im sichtbaren Bereich zu den umgebenden Grünflächen anbringt. Die Umrandung wirkt erst dann richtig vollständig, wenn man die Hölzer auch an Begrenzungsflächen zur Fassade hin befestigt.

Balken aussparen

1 *Bei vielen Flächen müssen die Roste rund um Balken oder Rohre ausgenommen werden, wie hier um einen Stützbalken herum.*

2 *Dafür nimmt man einen Holzrost komplett auseinander, misst die erforderliche Aussparung genau aus und zeichnet die Schnittkanten auf dem Holz an.*

3 *Die Hölzer schneidet man mit einer Stichsäge aus. Langsames Sägen verhindert ein Ausreißen des Holzes. Dann den Holzrost wieder zusammensetzen.*

4 *Hier ist der Anschluss ans Haus zu sehen. Auch dafür muss ein Holzrost maßgeschneidert werden.*

5 *Der Balken ist perfekt in den Holzrost integriert. Etwas Luft rund um den Balken sorgt dafür, dass Regenwasser gut ablaufen kann.*

Die fertige Aussparung rund um den Balken wirkt sehr professionell.

Abschlusskanten

1 *Die Abschlusskanten werden auf die Roste geschraubt. Auch hier setzt man am besten wieder Edelstahlschrauben ein, da diese nicht rosten. Die Schrauben sollten ganz im Holz versenkt werden, um eventuelle Verletzungsgefahren vollständig zu vermeiden.*

2 *An Ecken setzt man die Abschlusskanten stumpf voreinander. Auch hier empfiehlt sich wieder vorzubohren, vor allem auch, um Holzsplitter zu vermeiden.*

Anschlüsse

1 *Entlang der Hausmauer und der Terrassentür sollte ein ca. 7 cm breiter Streifen verbleiben. Dort, wo es nötig ist, kürzt man die Roste mit der Kreissäge.*

3 *Schräg verlaufende Hausecken erfordern, dass die Roste im passenden Winkel abgesägt werden. Auch hierzu nutzt man wieder die Kreissäge.*

5 *Die Leisten sorgen für einen optisch sauberen Anschluss zur Fassade hin. Hier muss man sie aber nicht verschrauben – kleben reicht völlig aus.*

2 *Kleinere Ecken, wie hier am Rahmen der Terrassentür, spart man mit der Stichsäge aus. Hier wurde der Mauerverlauf exakt nachempfunden.*

4 *Nach dem Einpassen des zugesägten Rostes wird ermittelt, wie breit die Abschlussleiste zum Haus hin sein sollte. Dann Leiste zuschneiden.*

6 *Den verbleibenden Streifen zur Hauswand hin füllt man mit Kies. Dieser schließt die Kante optisch sauber ab und dient zudem als Drainage.*

Deck aus Holzbohlen

Holzterrassen lassen sich preiswert und individuell aus Kanthölzern für die Unterkonstruktion und Bohlen für die Beplankung errichten. Hier kamen thermobehandelte Laub- und Nadelhölzer zum Einsatz.

Der Blick auf das komplette Deck verdeutlicht die Ausmaße. Die in den Garten ragende Ecke rechts lockert die strenge Grundanlage auf.

So einfach sich der Aufbau einer Terrasse aus Systemhölzern wie Rosten oder Clip-System gestaltet, so hat diese Materialwahl doch einen kleinen Nachteil: Die vom Hersteller vorgefertigten Holzelemente sind relativ teuer. Preiswerter hingegen wird der Aufbau, wenn man zu Standardhölzern greift – also zu Kanthölzern für die Unterkonstruktion und Bohlen für die Beplankung – und aus diesen ein Holzdeck baut.

Für den Aufbau eines Terrassendecks ist letztlich jede Holzart geeignet – vorausgesetzt, dass sie gründlich gegen Feuchtigkeit geschützt wird. Harthölzer wie Bangkirai, Zeder oder Lärche sind dies von Natur aus, die preiswerten Fichten- und Tannenhölzer hingegen müssen behandelt werden. Eine gute Wahl sind thermobehandelte Laub- und Tannenhölzer, wie sie im Bildbeispiel zum Einsatz kommen. Zwar dürfen auch diese keinem direkten Erdkontakt ausgesetzt werden: Durch die Wärmebehandlung aber sind sie langlebiger und widerstandsfähiger gegen Schimmel, Bläue oder holzschädigende Pilze. Die Hersteller versprechen zudem, dass ihr Quell- und Schwindverhalten besser sei als bei unbehandeltem Holz.

Eine Alternative stellen kesseldruckimprägnierte Hölzer dar. Wichtig ist aber in jedem Fall, dass das preiswerte Material regelmäßig mit Schutzanstrichen gegen den fortschreitenden Verfall geschützt wird.

Die Unterkonstruktion

1 Mit einer Kapp- und Gehrungssäge lassen sich die 45 x 65 mm großen Kanthölzer leicht und schnell auf die gewünschte Länge kürzen.

2 Mit dem Auslegen der Kanthölzer beginnt man am Haus. Verwendet werden thermobehandelte Konstruktionshölzer in 420 mm Länge.

3 Am einfachsten lassen sich die Hölzer mit Winkelverbindern zusammenfügen. Diese verschraubt man mit verzinkten Spanplatten-Schrauben.

Die fertige Unterkonstruktion: Querstreben, die im Abstand von 80 cm gesetzt sind, verhindern später, dass die Bohlen durchbiegen.

4 Dort, wo Hölzer schräg aufeinander treffen, hilft eine Schmiege, den Winkel zu bestimmen und für den Gehrungsschnitt auf das Holz zu übertragen.

Die Beplankung

1 Damit das Holz Temperaturschwankungen ausgleichen kann, sollte man bei der Beplankung einen Abstand von mindestens 2 cm zum Haus hin wahren.

2 Selbstgefertigte Distanzhölzer vereinfachen es, ein gleichmäßiges Fugenbild zu erreichen. Hölzchen mit 3 mm Breite sind ideal.

Mit einer Kapp- und Gehrungssäge lassen sich die Bohlen leicht auf die benötigte Länge kürzen. So ist die Beplankung an einem Tag erstellt.

3 Zur Befestigung der Planken setzt man am besten nicht rostende Edelstahlschrauben ein. Die Köpfe sollten komplett im Holz versenkt werden.

4 Außen lässt man die Bohlen überstehen. Erst nach dem Fertigstellen des gesamten Decks werden die Ränder dann mit einer Kreissäge auf eine Länge gekürzt.

Terrassenaufbau mit Clip-System

Unter den vielfältigen Angeboten an Systemkomponenten für den Terrassenaufbau aus Holz sticht das Clip-System heraus: Es ermöglicht die Planken fest zu montieren, ohne dass Schraubverbindungen sichtbar bleiben.

Das Clip-System

Auf die Unterkonstruktionshölzer wird die erste Planke aufgelegt. Dann den Clip an die Nut der Planke ansetzen und leicht einschieben.

Abschließend den Clip von oben mit den zugehörigen Schrauben fest anziehen. Da das Holz relativ weich ist, muss nicht vorgebohrt werden.

Jetzt das zweite Holz unter den Clip schieben. Dabei darauf achten, dass die Hölzer bündig liegen und an den Außenseiten eine Linie bilden.

Auf diese Art und Weise lässt sich die Holzterrasse sehr schnell und einfach aufbauen. Die Clips sorgen dabei für ein sehr gleichmäßiges Fugenbild.

Der Holzboden harmoniert sehr gut mit den Sichtschutzelementen aus Holz an der Terrassenseite.

Das hier vorgestellte Holzterrassen-System mit Clipbefestigung bietet der Hersteller in zwei Materialvarianten an: aus teurerem Bangkirai und preiswerterem Kiefernholz. Dieses ist kesseldruckimprägniert und somit grundlegend gegen Feuchtigkeit geschützt. An die Lebenszeit von mindestens 25 Jahren, mit der Bangkirai aufweisen kann, reicht die Kiefernaufbauart allerdings nicht heran.

Der hier gezeigte Aufbau aus einzelnen Konstruktionshölzern, Traversen und Bodenhölzern lässt viel Gestaltungsfreiheit. Hier wurden die Bohlen abwechselnd quer und längs zueinander verlegt, was die Gesamtgestaltung sehr auflockert. Es geht allerdings noch einfacher: Der Handel führt auch fertig vormontierte Roste in einer Größe von 59 x 118 cm.

Voraussetzung für die Montage ist wie bei den auf den Seiten zuvor vorgestellten Systemen ein tragfähiger, befestigter Untergrund. So eignet sich das Clip-System besonders gut dazu, eine alte Terrasse in neuem Glanz erscheinen zu lassen.

Montage mit Clips

1 *Die Hölzer für die Unterkonstruktion und die Abschlusstraversen werden zunächst ausgelegt und dann mit Montagewinkeln miteinander verbunden.*

2 *Die Winkel schraubt man mit einem Akkuschrauber fest. Da das Holz weich ist, geht dies relativ mühelos. Vorbohren ist nicht erforderlich.*

3 *Die Montagewinkel sind feuerverzinkt. Die Nut in den Systemhölzern vereinfacht es, die Winkel sauber und gerade zu verschrauben.*

Das Holzterrassen-System mit Clipbefestigung ist bestens geeignet, um alte Terrassen zu renovieren. Für die Gesamtkonstruktion ist ein fester Untergrund von entscheidender Bedeutung. Gegossene Betonböden eignen sich weniger als altes Pflaster, weil Regenwasser nicht direkt versickern kann.

4 An den Stellen, an denen mehrere Profile direkt voreinander stoßen, arbeitet man mit einem doppelten Unterzug, der verschraubt wird.

5 Dort, wo die Konstruktion über den vorhandenen Bodenbelag hinaus ragt, legt man preiswerte Gehwegplatten aus Beton unter.

6 Dieses Unterlegen ist oft nicht ganz einfach. Hier musste kraftaufwändig störendes Wurzelwerk mit Spitzhacke und Spaten entfernt werden.

7 Der fertig verschraubte Aufbau im Detail: Abschlusstraversen und Unterkonstruktionshölzer liegen bündig auf der Gehwegplatte auf.

8 Nach dem Verschrauben der gesamten Unterkonstruktion wird geprüft, ob alles in der Waage liegt oder eventuell mit Holzkeilen nachgearbeitet werden muss.

9 Das Beplanken der vorgefertigten Bohlen mit den Clips geht schnell von der Hand, weil die Bohlen zunächst nur aufgelegt werden müssen.

10 Nachdem die Bretter mit den Clips aufgelegt wurden, kann von oben verschraubt werden. Vor dem Verschrauben richtet man die Planken noch einmal an den Seiten so aus, dass sich ein gerader Verlauf ergibt. Das Eindrehen der Schrauben geht mit einem kräftigen Akkuschrauber gut von der Hand.

Wege schön gestalten

Wege erschließen das Grundstück, machen es nutzbar und gliedern den Garten. Die Gestaltungsmöglichkeiten sind vielfach. Besondere Bedeutung kommt dabei dem Eingangsbereich zu – dem meist genutzten Weg rund ums Haus.

Bruchsteinplatten vermitteln sehr viel Natürlichkeit. Sie lassen sich schön mit Beeteinfassungen aus größeren Natursteinen kombinieren. Die leicht abgerundete Wegführung unterstreicht das Gefühl, einen alten, gewachsenen Weg vor sich zu haben. Nachteilig an der Lösung ist, dass die Platten uneben sind.

Bei der Planung eines Weges denkt man zuallererst an die Wahl des Bodenbelags. Doch für die Gesamtoptik sind viele verschiedene Faktoren entscheidend, allen voran, wie deutlich sich die Wegstrecke von angrenzenden Flächen abhebt. Bei der Gestaltung gilt es also vor allem auch die Wegbegrenzungen – z. B. durch Randsteine oder Beete – genau zu berücksichtigen.

Weitere wichtige Planungskriterien sind die Breite und der Verlauf. Nicht nur, dass Bodenbeläge ganz anders wirken, wenn sie zu einer größeren oder einer kleineren Wegfläche zusammengeführt werden: Die emotionale Wirkung und der Nutzwert unterscheiden sich. Großzügig angelegte Wege wirken so beispielsweise repräsentativ, während kleine verschlungene Pfade eine romantische Ausstrahlung besitzen.

Auch für die Alltagstauglichkeit ist die Breite der Wege entscheidend: Solche, die zum Haus führen oder oft begangen werden, sollten so breit gestaltet werden, dass Personen problemlos aneinander vorbei oder nebeneinander her gehen können. Kleinere Wege im Garten jedoch, die weitaus weniger genutzt werden, können schmaler angelegt sein.

Zu bedenken ist auch die Pflege des Bodenbelags: Kies wirkt so zwar sehr natürlich, ist aber wesentlich schlechter zu reinigen als beispielsweise eine glatt gepflasterte Fläche.

Besondere Beachtung verdient in diesem Zusammenhang auch das Thema Sicherheit: Vor allem der Zugang zum Hauseingang sollte so gestaltet werden, dass sich keine Stolperfallen ergeben. Ein zu glatter Belag vergrößert die Gefahr, bei Regen oder Schnee auszurutschen. Schließlich gilt es bei der Planung zu bedenken, wie der Weg so ausgeleuchtet werden kann, dass auch Fremde ihn im Dunkeln leicht finden und sicher begehen können.

Stimmige Gesamtgestaltung

Die Auswahl des Belagmaterials erleichtert es, wenn man sich an der Architektur des Hauses und der Art der Fassade orientiert: So gliedert sich ein geschwungener Weg mit natürlichem Belag besonders gut an ein altes, romantisches oder rötlich verklinkertes Haus an. Zu einer modernen, sachlichen Architektur passen hingegen besonders gut große, flächige Wegplatten oder aber weißer Kies.

Die Bildbeispiele auf dieser und der folgenden Seite zeigen an einem einheitlichen Grundriss verschiedene Gestaltungsideen auf, wie man Wegführungen im Vorgarten eines Reihenhauses ausführen kann. Bei allen fünf Vorschlägen ist eine Sitzgelegenheit vorgesehen – und das nicht nur aus optischen Gründen: Ein Stuhl oder eine Bank erleichtern es, Schuhe zu wechseln. Besonders Kinder nutzen solche Sitzgelegenheiten gerne, um z. B. Inliner an- oder schmutzige Schuhe auszuziehen.

Diese preiswerte Lösung bezieht ihre Spannung aus dem Wechselspiel von Gehwegplatten und in Beton verlegten Kieselsteinen. Durch die geradlinige Gestaltung passt sich der Eingangsbereich gut der modernen Architektur an.

Dem Ideal des streng geometrisch angelegten Gartens ist dieser Belag nachempfunden. Dem klassischen Vorbild großer Gartenanlagen entsprechen die Buchsbaumhecken und die Formgehölze. Ein Rankgitter komplettiert das Ensemble.

Zu den klassischen Varianten zählt der Kiesweg, der ohne großen Aufwand angelegt werden kann. Im Bildbeispiel säumen ihn Hochbeete, die von Holzpalisaden gesäumt sind. Diese verhindern, dass Erdreich auf den Kies gelangen kann.

Dass sich rechteckige Platten und Findlinge gut miteinander kombinieren lassen, belegt dieses pflegeleichte Gestaltungsbeispiel. Die Steinplatten wurden in unterschiedlichen Farben gewählt. Zu den Findlingen passen Gräser und Farne.

Gartenweg pflastern

Ganz gleich, ob ein Weg quer durch den Garten oder zum Hauseingang führt: Pflaster ist der ideale Untergrund. Nicht nur, dass die Gestaltung mit Steinen der Fantasie keine Grenzen setzt: Pflaster ist langlebig und lässt sich leicht pflegen.

Das Pflastern von Wegen unterscheidet sich nur unwesentlich von dem einer Terrasse (siehe auch Seite 14 ff.). Der wichtigste Unterschied besteht in der Gestaltung der Begrenzung: Beim Pflastern von Wegen werden zunächst immer erst die Randsteine gesetzt und ausgerichtet. An ihnen orientiert sich dann die Wegfläche.

Bei den Materialien bieten sich wiederum Steine aus Beton oder gebranntem Ton – so genannter Pflasterklinker – an. Im Bildbeispiel wurde Betonstein in unterschiedlicher Form, unregelmäßigem Kantenbruch und verschiedenen Farbschattierungen ausgewählt und verarbeitet. Die Fläche, die dabei entsteht, wirkt sehr lebendig und abwechslungsreich.

Bei der Gestaltung der Wegränder gibt es grundsätzlich zwei Alternativen: Man setzt entweder den Randstreifen aus den gleichen Steinen wie beim Weg. Dann befinden sich die Steine auf dem gleichen Niveau. Die Alternative ist, größere Steine zu benutzen, die etwas über das Wegniveau herausragen. Dies hat gleich zwei Vorteile: Zum einen wirkt der Weg in sich geschlossener, da er sich deutlich von den Umgebungsflächen abhebt. Zum anderen verhindern höhere Steine, dass Erde von Beeten auf den Weg gelangen kann.

Hier wurden beide Varianten der Randgestaltung miteinander kombiniert. Auf der rechten Seite des Hauszugangs setzte man große Palisadensteine aus gekollertem Material. Gekollert bedeutet: Die Steine werden während der Produktion in einer rotierenden Trommel gegeneinander bewegt. Dadurch brechen die Ränder aus – der Stein erhält eine natursteinähnliche Oberflächenoptik. Durch die Größe der Steine entsteht nicht nur eine deutliche Abgrenzung – die Steinränder können Kindern auch als Sitz- und Spielfläche dienen. Auf der anderen Seite läuft der Weg ebenerdig zum Beet hin aus, auf Randsteine wurde verzichtet.

Für das Pflastern ist ein ebener, fester Untergrund Voraussetzung. Dieser wird zunächst mit einer 10 bis 15 cm Drainageschicht aus Kies oder Lava bedeckt – eine Arbeit, die hier schon vom Bauträger erbracht wurde. Dann folgt eine Schicht aus Sand, Splitt oder einer Kombination von beidem als eigentliches Pflasterbett. Zusammen mit der Steinhöhe von rund 10 cm ergibt sich eine Gesamtaufbauhöhe von rund 30 bis 35 cm. Die Randsteine werden zu einem Drittel ihrer Höhe eingegraben und in ein Bett aus Magerbeton gesetzt.

TIPP MÜLLTONNENPLATZ

Bei der Planung eines Gartenweges sollte man unbedingt an einen Platz für Mülltonnen denken, der sich bündig an den Weg anschließt. Die Größe richtet sich nach der oder den Tonnen – in den verschiedenen Regionen Deutschlands wird der Müll zum Teil in bis zu drei verschiedenen Behältern gesammelt. Der Übergang von Tonnenplatz und Weg sollte eben sein – so lassen sich vor allem volle Müllbehälter leichter schieben.

Vor dem Pflastern: die typische Bausituation eines Reihenhausneubaus. Der Vorgarten ist grob planiert und wartet auf seine Ausgestaltung.

Das Pflaster lässt man sich am besten vom Händler anliefern. Das Material wird auf Paletten ausgeliefert, die der Händler – sofern vereinbart – auch wieder abholt. Gute Händler nehmen zudem nach Fertigstellung der Pflasterarbeiten überschüssige Steine wieder zurück und verrechnen diese mit der Kaufsumme.

Randsteine setzen

1 *Die Randsteine, die hier zugleich als Palisaden für die Beeteinfassung dienen, werden zunächst vor dem geplanten Randstreifen ausgelegt.*

4 *Die Randsteine werden nur exakt nach der Richtschnur gesetzt. Damit die Steine sicher stehen, werden sie in Magerbeton gebettet. Am einfachsten gestaltet sich das Anmischen, wenn man auf Fertigbeton/-estrich zurückgreift. Die einzelnen Steine werden dann mit einem Pflasterhammer in Position gebracht.*

2 *Um die Randsteine setzen zu können, wird ein Graben ausgehoben. Die Tiefe richtet sich nach der Steinhöhe und sollte mindestens ein Drittel von dieser betragen. Alternativ kann man die Randsteine auch in ein Mörtelbett setzen.*

5 *Aus optischen Gründen wurden hier auch Randsteine vor die Hauswand gesetzt. Man kann das Pflaster auch direkt bis an die Wand laufen lassen. Die Steine nehmen den Verlauf der Hauswand auf. Der Spalt zur Wand wird hinterfüllt.*

3 *Vor dem Setzen der ersten Steine spannt man eine Maurerschnur, die die gewünschte Höhe vorgibt und für einen geraden Verlauf sorgt.*

6 *Hinter den gesetzten Steinen bringt man zudem etwas Magerbeton als Stütze zum Beet hin auf. So stehen die Randsteine sicherer.*

7 *Nachdem mehrere Steine in Reihe gesetzt wurden, kontrolliert man den Stand noch einmal mit der Wasserwaage.*

8 *Sind alle Randsteine gesetzt, wird der Weg mit einem Splitt-Sand-Gemisch gefüllt. Dabei ein Gefälle von 2 % zur Straße hin berücksichtigen.*

Weg pflastern

1 Vor dem Setzen der ersten Pflastersteine spannt man wiederum eine Maurerschnur, die als Richtschnur den Höhenverlauf vorgibt.

2 Beim Ermitteln der endgültigen Höhe sind vor allem Lichtschächte und Stufenmaße zu berücksichtigen wie z. B. die Rosthöhe vor dem Eingang.

3 Um die Trag- bzw. Ausgleichsschicht aus Sand und Splitt perfekt abziehen zu können, werden Metallschienen in den Untergrund gedrückt und ausgerichtet.

4 *Mit der Wasserwaage kontrolliert man nun, ob sich die Schienen genau im Wasser befinden und arbeitet eventuell noch einmal nach.*

5 Über den Metallschienen wird nun das Sand-Splitt-Gemisch mit einer passenden Richtlatte abgezogen. Anschließend das überschüssige Material entfernen.

6 Jetzt geht es ans Pflastern. Bei dem hier verwendeten Material entsteht dank unterschiedlicher Steinfarben eine sehr abwechslungsreiche Oberfläche.

7 Jeder Stein wird mit dem Pflasterhammer in seine endgültige Position geklopft. Dabei auf eine einheitliche Höhe achten.

8 Zum Schluss arbeitet man feinen, trockenen Sand als Füllmaterial in die Fugen ein. Abschließend wird abgerüttelt und eingeschlämmt.

Der fertige Weg – ein gelungener und attraktiver Hauszugang.

Wege im Landhausgarten

Der Landhausgarten lebt von seiner romantischen Atmosphäre – und zu der tragen maßgeblich natürliche, historisch wirkende Baustoffe bei. Und genau diesen Eindruck vermittelt die Weggestaltung mit Betonbodenplatten in alter Natursteinoptik.

Die hier verlegten Bradstone Gartenplatten „Old Town“ vermitteln den Eindruck, als ob sie aus Naturstein bestehen und schon seit Jahrhunderten den Landhausgarten zieren würden.

Eigentlich ist es kaum zu glauben, dass die Wege in diesem Garten mit modernen Betonsteinplatten neu angelegt wurden. Die Platten, die es in Steinformaten 60 x 60, 45 x 60, 30 x 60, 45 x 45, 30 x 45 und 30 x 30 cm gibt, wirken nicht nur wie Naturstein, sondern vermitteln zudem den Eindruck, dass sie schon seit hundert Jahren den Landhausgarten begehbar machen. Das liegt natürlich nicht nur an den Betonplatten, die es von verschiedenen Herstellern gibt. Zum romantischen Gesamteindruck tragen selbstverständlich auch die Pergola, die kleinen Mauern und die Bepflanzung bei. Dass die Gartengestaltung von einem Profi realisiert wurde, erkennt man auch an den unterschiedlichen Wegen: Unterhalb der Pergola sind die Betonplatten zu einer bündigen Fläche zusammengelegt. Außerhalb hingegen bilden sie lediglich Trittsteine in einem Kiesweg. Der kleine Trick, die Platten unterschiedlich zu verlegen, lockert die Gartengestaltung auf und sorgt für mehr Abwechslung. Damit die Platten auf dem Kiesweg auch über Jahre hinweg plan liegen bleiben, ist der gleiche Unterbau wie bei anderen Gartenwegen erforderlich.

In einem Teil des Gartens werden die Betonplatten nur als Trittsteine eingesetzt – unterhalb einer Pergola hingegen sind sie flächig verlegt.

Weggestaltung mit Gartenplatten

Auf dem verdichteten Untergrund legt man zunächst Metallrohre aus, die die Wegführung begrenzen. Die Breite sollte auf das Plattenmaß abgestimmt sein.

Dann entsteht die Tragschicht, eine 5 bis 10 cm dicke Sand- oder Kiesschicht. Material mit der Schubkarre einbringen und gleichmäßig verteilen.

Die Metallrohre dienen als Führung zum Abziehen der Tragschicht mit der Richtlatte. Dazu müssen die Rohre zuvor sorgfältig ausgerichtet werden.

Der flächig verlegte Weg unter der Pergola zeichnet sich durch verschiedene Steingrößen und ein gleichmäßiges Fugenbild aus.

4

Die Betonplatten lassen sich sehr leicht aneinander fügen. Ein zuvor erstellter Verlegeplan erleichtert es, unterschiedliche Formate zu kombinieren.

Spannungsreicher Kontrast: Die großen Wegplatten und der feine Kies.

5

Beim Verlegen der Platten ist auf ein gleichmäßiges Fugenbild zu achten. Nach dem Auflegen mit der Wasserwaage prüfen, ob die Platten plan liegen.

6

Beim Verlegen eines größeren Wegstückes arbeitet man sich schrittweise vor: Zunächst nur einen Teil belegen, dann nächsten Teilabschnitt abziehen.

7

Der Blick von einer erhöhten Position zeigt, ob die Fugen gleichmäßig ausfallen. Ansonsten noch einmal bei einzelnen Platten nacharbeiten.

8

Zum Abschluss werden bei dieser Weggestaltung die Fugen mit einem Sand-Zement-Gemisch gefüllt und dann eingeschlämmt.

Zäune, Mauern und Pergolen

Sie grenzen Grundstücke ab und geben dem Garten eine Form: Zäune, Mauern und Pergolen. Ob direkt an der Grenze zum Nachbarn, am Übergang von der Terrassenfläche zum Garten oder zwischen Beeten – durch ihre Gestaltung prägen sie den Garten entscheidend mit.

Dieses Kapitel zeigt, wie man aus Holz und Stein Begrenzungen attraktiv gestaltet und so auch für entsprechenden Sichtschutz sorgt.

Spalierzaun errichten

Er ist der Klassiker unter den Zäunen: der Spalierzaun. Im Eigenbau lassen sich Pfosten und Spaliere so setzen, dass sie den Verlauf der Grundstücksgrenze perfekt aufgreifen.

Durch unterschiedliche Höhen lässt sich mit der hier vorgestellten Konstruktion der Spalierzaun dem Grundstück perfekt anpassen.

Zaun errichten

An den vorgesehenen Pfostenpositionen ein ca. 80 cm tiefes Erdloch ausheben. Ein Erdlochbohrer, den man sich ausleihen kann, ist dabei hilfreich.

Gerade bei größeren Grundstücken ist es oft nicht einfach, eine passende Eingrenzung zu finden, vor allem dann nicht, wenn die Grenze unregelmäßig verläuft oder ein leicht abfallender Garten einzufassen ist. Der hier vorgestellte Konstruktionsvorschlag lässt sich perfekt an die örtlichen Gegebenheiten anpassen. Nicht nur, dass der Zaun in verschiedenen Höhen und Breiten errichtet werden kann: Er lässt sich auch als Pergola oder grüne Sichtschutzwand umfunktionieren. Dazu siedelt man Rankpflanzen oder Hecken an, die sich am Spalier entfalten können und so nicht zuletzt auch als Sichtschutz dienen.

Je mehr Querlatten man einsetzt, desto geschlossener wirkt der Zaun. Umgekehrt sorgen wenige Spaliere für Transparenz.

Durch provisorisches Einsetzen der Pfosten prüft man, ob das Erdloch eine ausreichende Tiefe hat und der Pfosten gerade im Loch sitzen kann.

Jetzt wird Pfosten für Pfosten einbetoniert. Dazu Beton anmischen. Dann den Pfosten in das Erdloch stecken. Beton bis zu einem Drittel des Lochs einfüllen und verdichten. Ein weiteres Drittel mit Beton füllen und verdichten. Dann den Pfosten mit der Wasserwaage ausrichten. Abschließend das Loch ganz füllen.

Die Latten für die Querverbinder und die Abdeckbretter werden genau auf Maß gekürzt. Das Streichen des Zauns erleichtert man sich, indem man die Querverbinder und die Abdeckbretter mindestens einmal vorstreicht. Böcke leisten dabei wertvolle Hilfe, vor allem auch, weil sie für eine angenehme Arbeitshöhe sorgen.

Die Pfosten werden vor der Montage der Querverbinder und der Abdeckbretter mit Holzschutzfarbe gestrichen. Als Farbe greift man am besten zu entsprechenden Standardprodukten. Sie lassen sich gut mit einer Langhaar-Rolle auftragen. Statt mit Farbe kann man das Holz auch mit Lasur oder Öl gegen Feuchtigkeit schützen.

Um sich das exakte Ausrichten der Querriegel zu erleichtern, schraubt man an einem Pfosten eine kurze Hilfslatte an. Dann das lange Querholz auflegen und mit der Wasserwaage ausrichten. Die genaue Position der Befestigung wird an den einzelnen Pfosten angezeichnet.

Die Querhölzer werden angeschraubt. Am besten eignen sich Edelstahlschrauben 5,0 x 90 mm. Vorbohren erleichtert die Montage.

Ist der letzte Querverbinder gesetzt, kürzt man die Pfosten auf die richtige Höhe ein. Dazu wird ein Fuchsschwanz verwendet.

Die Abdeckbretter sägt man so zu, dass sie an den Zaunenden oder an Versprüngen ca. 2 cm überstehen. Die Kanten dann schleifen.

Entscheidenden Einfluss auf die optische Wirkung hat auch die Farbe des Zauns. Im Bildbeispiel wurde er in klassischem Weiß lackiert und hebt sich so deutlich von den grünen Gewächsen ab. Durch eine offenporige Lasur in einem Holzton oder aber durch eine Behandlung mit Holzöl hingegen ordnet sich der Zaun dem Garten unter. Aber ganz gleich, für welche Variante man sich entscheidet: Ein Schutzanstrich ist in jedem Fall erforderlich.

Zu der schönen Optik tragen maßgeblich die 145 mm breiten Abdeckbretter oben auf dem Zaun bei. Konstruktiv sind sie nicht erforderlich – aber durch den deutlichen Überstand über den Pfosten entfalten sie eine dachartige Wirkung – die Konstruktion erscheint wesentlich geschlossener.

Zum Anschrauben der Abdeckbretter empfehlen sich 4,0 x 60 mm Edelstahlschrauben. Auch hier erleichtert man sich das Fixieren durch Vorbohren.

An stumpfen Verbindungen zeichnet man sich die genaue Position der Schnittstelle an und kann so die Abdeckbretter genau zusägen.

Pergola errichten

Einkaufszettel

Pos.	Anz.	Bezeichnung	Maße in mm	Material
①	*	Pfosten	2900 lang	Kiefer 90 x 90 mm**
②	*	Pfosten	1900 lang	druckimprägniert
③	*	Querverbinder	***	Kiefer 26 x 46 mm
④	*	Abdeckbretter	***	Kiefer 21 x 145 mm

Sonstiges: Spanplatten-Schrauben (Edelstahl).
* = Anzahl nach Bedarf
** = vorhandene Riffelungen eventuell abhobeln
*** = Längen nach Bedarf

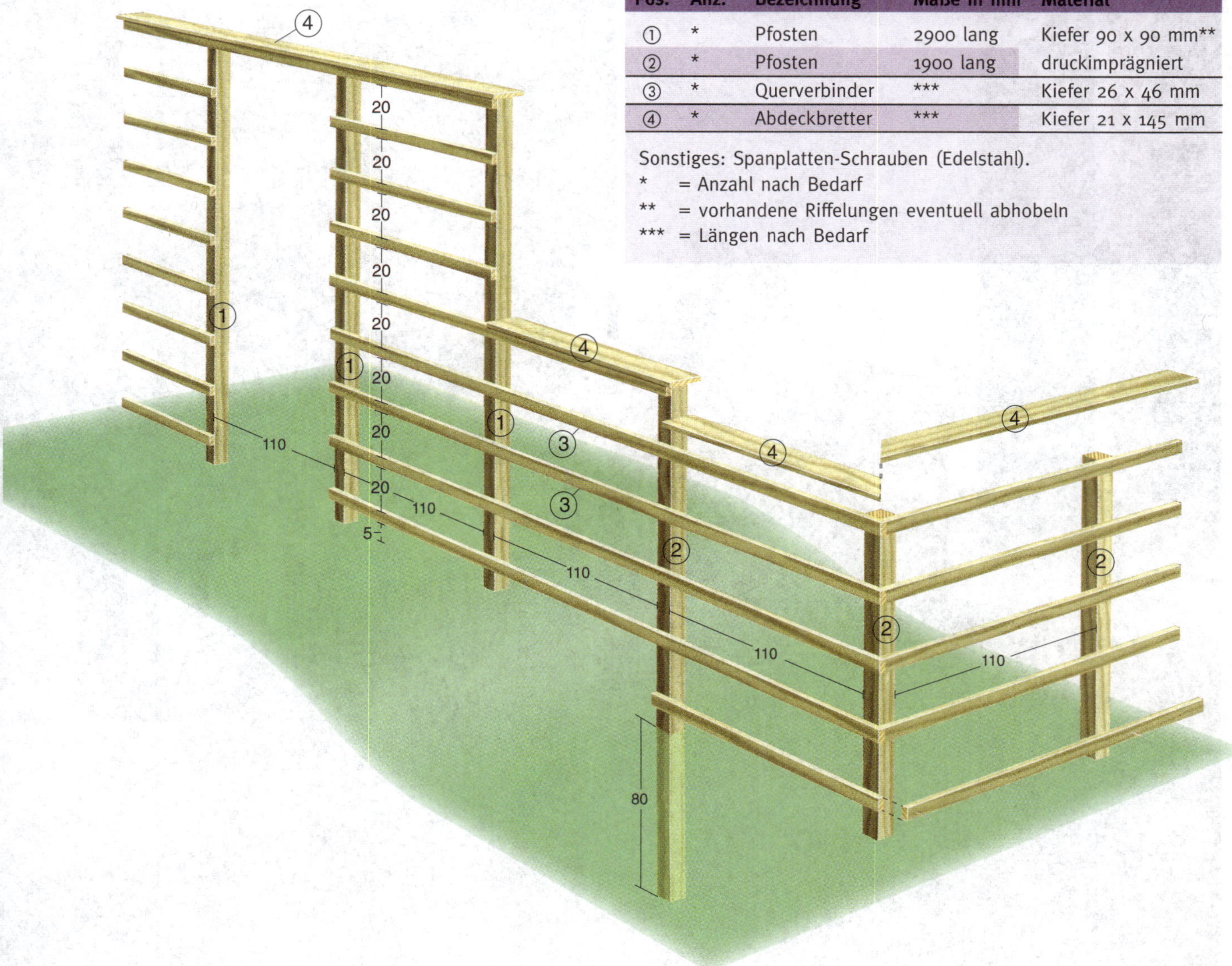

Pergola mit Sichtschutz

Sichtschutzelemente formen aus Gärten und Terrassen geschlossenere Räume, in denen man sich geschützt fühlt. Hier umschließt eine Pergola aus Bangkirai die Terrassenfläche und gibt den Sichtschutzelementen so einen edlen Rahmen.

Vor dem Errichten der Pergola besteht keinerlei Sichtschutz zum Nachbarn.

Geschützt sollte sie sein, die Terrasse, und doch offen genug, um Blicke in den Garten frei zu geben – das war der Anspruch, mit dem hier eine Pergola rund um eine L-förmige Holzfläche gezogen wurde. Durch das geschickte Platzieren einzelner Sichtschutzelemente entstanden auf der großen Fläche kleinere, geschlossenere Räume, die Blicke in die und aus der Nachbarschaft vermeiden.

In die Planung wurden die Fenster und Türen des Hauses geschickt einbezogen. Diese gaben die Befestigungsposition der Querträger vor, die sich von den Hauswänden bis zu den Pergolapfosten spannen. Jedes Detail der Konstruktion wurde im Vorfeld genau bedacht. Dazu zählen vor allem Anordnung und Verbindungen von Pfosten und Trägern.

Nach einem genauen Plan erstellt man zunächst die Punktfundamente, die die U-Anker für die Pfosten aufnehmen. Hier wurden zwei Varianten realisiert: Ein Teil der Pfosten wurde in die Holzterrasse gesetzt. Dazu war es erforderlich, vor dem Beplanken der Terrasse die Punktfundamente zu gießen. Die Terrassenbohlen sägte man dann im Bereich der U-Anker passgenau aus. An der anderen Terrassenseite hingegen wurde die gängige Variante gewählt, die Punktfundamente vor die Terrassenkonstruktion zu setzen. Rings um die sichtbar bleibenden Flächen pflanzte man später Bodendecker, Gehölze oder Stauden.

Die Breite der Terrasse orientiert sich an der Breite der Sichtschutzelemente. Die Pfostenabstände wurden so gewählt, dass sie Standardelemente in 180 cm Breite aufnehmen können. Da die gesamte Pergolakonstruktion und die Bodendielen aus Bangkirai gefertigt wurden, entschied man sich auch bei den Sichtschutzelementen für das gleiche Holz. Die perfekt verarbeiteten, aber auch sehr teuren Sichtschutzkonstruktionen sind in der Spitze mit einem Gitterelement aus galvanisiertem, pulverbe-

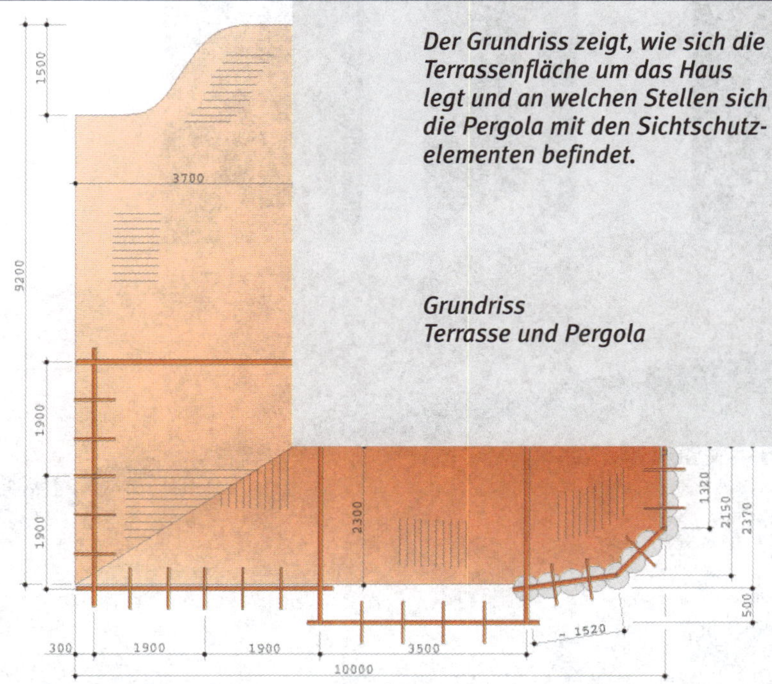

Der Grundriss zeigt, wie sich die Terrassenfläche um das Haus legt und an welchen Stellen sich die Pergola mit den Sichtschutzelementen befindet.

Grundriss Terrasse und Pergola

schichtetem Metall gefüllt. Dies lockert die Holzwand auf und trägt maßgeblich dazu bei, dass der Eindruck einer verbretterten Wand vermieden werden konnte. Der hohe Preis der Elemente – und auch der gesamten Konstruktion – zahlt sich aber langfristig aus. Die Bangkiraihölzer sind sehr witterungsbeständig und halten Jahrzehnte.

Beim Kauf der Hölzer wurden diese bereits auf die passenden Maße zugesägt. Das gilt sowohl für die 90 x 90 mm breiten Kanthölzer für die Pergolapfosten wie für die 42 x 90 mm breiten Reiter.

Während die Hölzer aus dem Holzfachmarkt stammen, wurden die Materialien wie Anker, Winkelverbinder und Schrauben im Baumarkt gekauft. Den Antransport der Hölzer nahm ebenfalls der Holzhändler vor.

Die einzelnen Punktfundamente sind vorbildlich geschalt worden. So bilden sie einen sauberen Auflagepunkt für die Pfosten. Nach dem Aushärten des Betons schlägt man die Holzschalung ab. Dort, wo die Punktfundamente sichtbar bleiben, kann man sie mit Betonfarbe anstreichen.

Der Terrassenboden ist fertig verlegt. Rechts sind die Punktfundamente für die Pfosten deutlich zu erkennen.

Die einzelnen Punktfundamente befinden sich exakt auf einer Linie. So stellt man sicher, dass es beim Aufstellen des Zauns keine Probleme gibt.

Die Konstruktion im Detail

Die Skizze unten verdeutlicht den Aufbau der Pergola: Reiter erhalten Ausklinkungen (oben links). An den Ecken werden die Auflagerbalken exakt über den Pfosten ausgeklinkt (oben Mitte). Die Verbindung von Mittelstütze, Querträger und Wandanschluss (oben rechts) erfordert genaues Arbeiten. Der nach vorn versetzte Längsträger hängt unter dem Querträger.

Im Bereich des Bodens überdecken die Bohlen die Punktfundamente (unten links). Die Bohlen werden so ausgeschnitten, dass die Pfosten bündig auf dem Boden zu stehen scheinen. Auf der Längsseite der Terrasse befinden sich die Pfosten außerhalb des Holzbodens. Hier bleiben die Punktfundamente sichtbar (unten rechts).

Materialbedarf

Bangkirai 25 x 145 mm:
ca. 61 x 3,66 m lang und 33 x 4,27 m lang (Beplankung)

Bangkirai 90 x 90 mm:
ca. 26 x 2,44 m lang, 2 x 3,66 m lang und 29 x 3,96 m lang (Unterkonstruktion und Aufbau)

Bangkirai 42 x 90 mm:
ca. 5 x 3,96 m lang (Pergola-Reiter)

Kleinmaterialien:
9 schwere Stützenschuhe 91 mm inkl. Befestigungsmaterial; Winkelverbinder inkl. Befestigungsmaterial (Auflager Hauswand); Befestigungsmaterial für Auflagerbalken/Pfosten; Spanplatten-Schrauben aus Edelstahl.

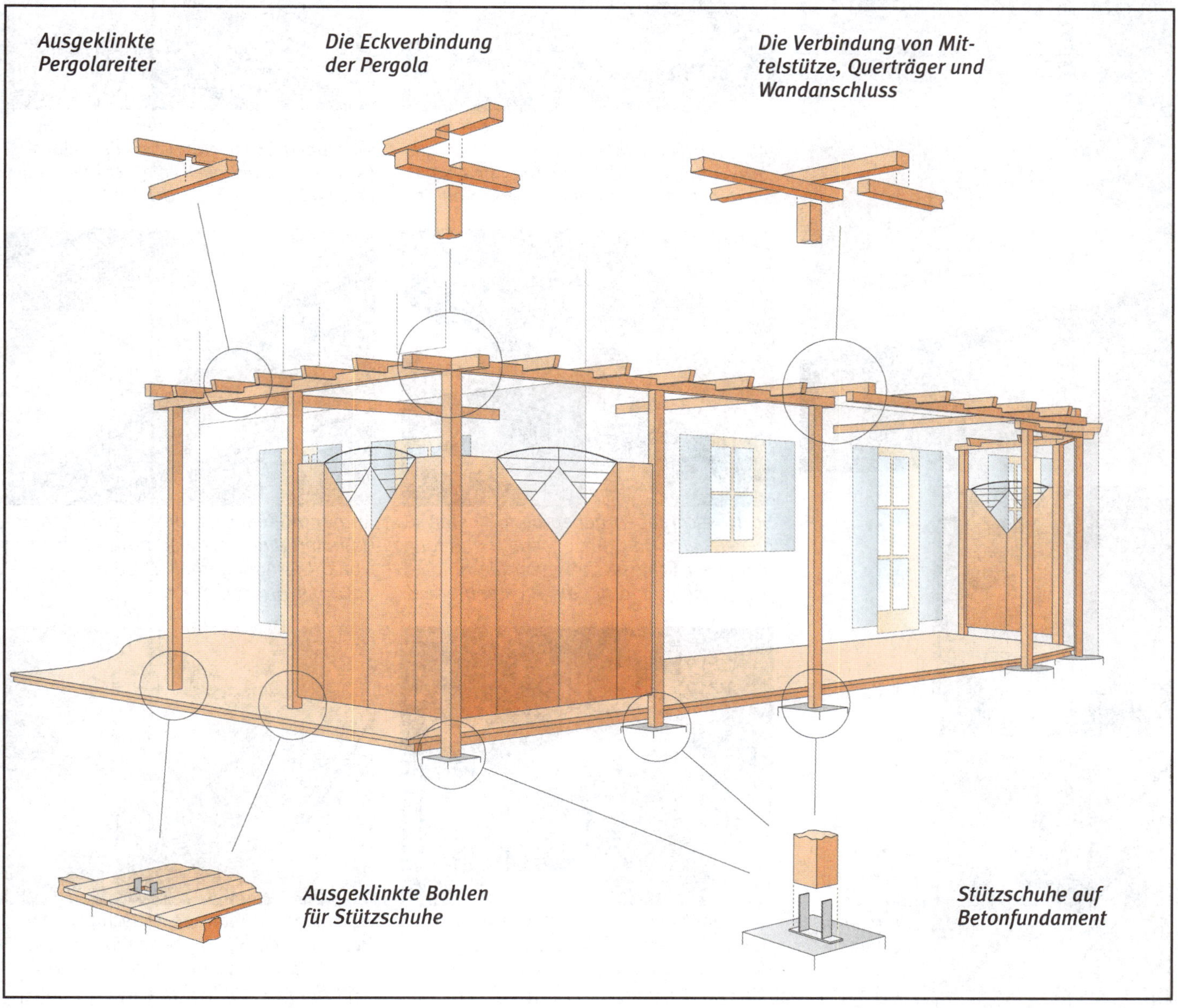

Auf der einen Seite der Terrasse werden die Punktfundamente, die die U-Anker für die Pergolapfosten aufnehmen, von den Terrassenbohlen verdeckt.

Ein Teil der Pfostenanker ist in die Terrasse eingelassen.

Die Pfosten werden von U-Ankern gehalten, die man in die Punktfundamente eindübelt.

Pergola errichten

1 *Zunächst richtet man die auf die richtige Länge zugesägten Pfosten sehr sorgfältig aus. Mit der Wasserwaage prüft man den Stand auf beiden Seiten.*

2 *Die U-Anker spannt man provisorisch mit einer Schraubklemme ein. Dann durchbohrt man den Pfosten mit einem ausreichend langen und breiten Bohrer.*

3 *Schlossschrauben geben dem Pfosten ausreichend Halt. Pro Pfosten benötigt man zwei Schlossschrauben, die rund 3 cm länger sind als die Pfostenbreite.*

4 *Vor dem Setzen des nächsten Pfostens überprüft man mit der Wasserwaage, ob die Auflagerflächen der Hölzer exakt in der Flucht liegen.*

5 *Nachdem alle Pfosten gesetzt sind, befestigt man die Auflagerbalken. Diese werden mit langen Sechskant-Holzschrauben befestigt.*

6 *Vor dem Einschrauben der Sechskantschrauben bohrt man vor. Andernfalls ist es nahezu unmöglich, die Schrauben in den Balken hinein zu drehen.*

7 *An den Außenecken der Pergola sorgen Überblattungen für eine professionelle Optik. Die Auflagerbalken sägt man dazu bis zur Hälfte ein.*

8 *Dann stemmt man die Ausschnitte mit Hammer und Beitel vorsichtig aus. Die Schnittflächen werden anschließend mit dem Beitel sorgfältig geglättet.*

Blick auf die fertige Pergola von der Rasenfläche aus.

Zur Straßenseite hin lädt eine Bank zum Verweilen ein.

Sichtschutzelemente

Der Handel führt ein breites Sortiment an Sichtschutzelementen. Deren Breite orientiert sich zumeist an einem 60er-Raster. Standardbreiten sind dementsprechend 60, 120 und 180 cm. Die Höhe beträgt in der Regel 180 cm. Die Auswahl unterscheidet sich nicht nur im Design, sondern vor allem auch in der Verarbeitung. Preiswerte Elemente sind oft dünn oder nur grob gegen Feuchtigkeit geschützt. Teurere Varianten hingegen sind nicht nur liebevoller ausgestaltet, sondern zumeist auch besser verarbeitet – sei es, dass hochwertigere Materialien verwendet wurden oder, dass die Oberflächen besser geschützt sind. Empfehlenswert sind vor allem Wände, die durch ihre Gestaltung den Eindruck einer verbretterten Wand minimieren.

Dank der präzisen Vorarbeit lassen sich die beiden Auflagerbalken sehr leicht über dem Pfosten ineinander legen. Nun verschraubt man sie mit dem Pfosten.

Das exakte Ausrichten der unhandlichen, großen und schweren Sichtschutzelemente vereinfacht man sich, indem man unten Klötzchen provisorisch unterlegt.

Die Sichtschutzelemente werden mit speziellen Winkeln befestigt, die man im Baumarkt erhält. Auch hier sollte vorgebohrt werden.

Die Winkel befestigt man sowohl an den Pfosten als auch an den Rahmen der Elemente. Zum Verschrauben nicht rostende Schrauben verwenden.

Als nächstes geht es an die Montage der Sichtschutzwände. Vor dem Befestigen überprüft man zunächst, ob die Elemente exakt in die vorgegebene Öffnung passen. Anderfalls muss man entweder die Pfosten in den U-Ankern noch einmal etwas versetzen oder die Rahmen der Sichtschutzelemente abhobeln.

Jetzt geht es an die Befestigung der Querträger am Haus. Man misst erst die Höhe genau aus und legt dann die vertikale Position fest.

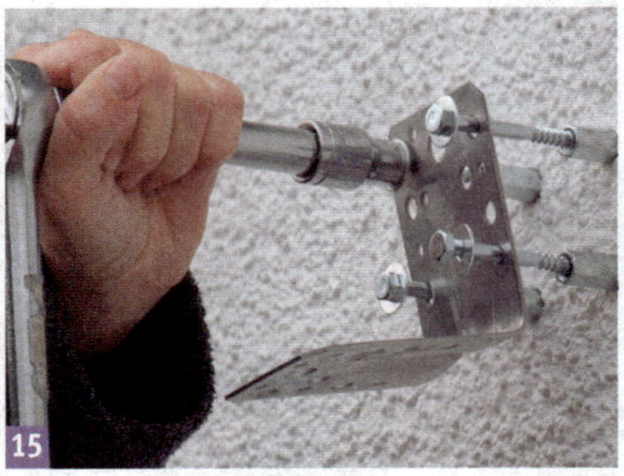

Als Auflager verwendet man Winkelverbinder, die nach Möglichkeit Pfostenbreite haben sollten. Diese werden mit Dübeln in der Wand verschraubt.

16

Zum Schutz vor Feuchtigkeit zieht man zwischen Balken und Winkelverbinder eine PVC-Folie oder ein Stück Plastik ein.

17

Abschließend die Reiter von oben in den Balken verschrauben. Dabei darauf achten, dass sich alle Reiter im gleichen Abstand zueinander befinden.

In der Ecke der L-förmigen Terrasse laden zwei Sitzbänke zum gemütlichen Verweilen ein. Sie wurden aus Resthölzern der Pergola-Konstruktion und Reststücken der Terrassenbohlen gefertigt und gliedern sich so optisch perfekt ein.

Die Pergola zieht sich nicht an der gesamten Terrassenfläche entlang, sondern begrenzt nur einen Teil. Dies lockert den Gesamteindruck auf.

Pergola auf Säulen

Jahrhundertelang trugen allein gemauerte Säulen Pergolabalken. Die schöne Optik lässt sich heute leicht nachempfinden: Formsteine aus Beton, die nur gestapelt werden müssen, machen das Errichten zum Kinderspiel.

Vor dem Ausbau: Man braucht schon viel Fantasie, um sich hier einen blühenden Garten vorzustellen.

Der Landhausgarten ist ein Inbegriff der Romantik – ein Ort, an dem es sich bestens entspannen und genießen lässt. Für die Romantik sorgen dabei nicht nur sorgfältig ausgesuchte Pflanzen, sondern vor allem auch eine passende Gesamtgestaltung. Besonders gut gliedern sich dabei aus Naturstein gemauerte Säulen als Träger für Pergolabalken ein – oder zumindest Säulen aus Materialien, die genau diesen Eindruck erwecken.

Im Bildbeispiel wurden die Säulen aus Betonsteinen errichtet, die trocken verlegtem Schiefer zum Verwechseln ähnlich sehen. Die Produktserie nennt sich „Schistone". Die 14 cm hohen Elemente, die so aussehen, als ob sie aus mehreren Natursteinschichten bestehen, haben eine quadratische Grundform von 40 cm Länge und Breite. Das Besondere dabei: Die Steine verfügen unten über eine Nut, die den Aufbau der Säulen sehr vereinfacht. So müssen die Säulen nämlich nicht im klassischen Sinne gemauert, sondern nur aufeinander gestapelt werden. Eine dünne Mörtelschicht zwischen den Betonfertigprodukten reicht zum Errichten kleinerer Säulen völlig aus. Bei einer Höhe von über 2 m – wie im Bildbeispiel – ist allerdings eine stabilere Konstruktion gefragt. Deshalb füllt man den Hohlraum der Säulen mit Beton. Für zusätzliche Stabilität sorgt eine Armierung aus passend zugeschnittenen Matten oder Stäben.

Zum Programm gehören auch Mauerkronen, also Abdeckplatten, die oben auf die Säulen gelegt werden. Diese verklebt man mit handelsüblichem Dünnbettmörtel. Sie sorgen für einen dekorativen Abschluss und beugen Feuchteproblemen vor.

Ganz einfach ist der Aufbau einer solchen Säulen-Pergola dennoch nicht. Besondere Bedeutung kommt den Vorarbeiten zu, allen voran dem Ausmessen des Grundstücks und der genauen Definition der Säulenstandorte. Diese sollten sich exakt in einer Flucht befinden und denselben Abstand zueinander aufweisen. Auch die Höhen der Säulen müssen gleich sein. Andernfalls liegen oben die Holzbalken schief auf, was den optischen Gesamteindruck nachhaltig stört.

Der Gartenplan: Der höher gelegte Pergolagang bildet das eigentliche Zentrum des Gartens.

Die Vorarbeiten

Zunächst misst man das Grundstück sorgfältig aus und erstellt dann einen genauen Gartenplan.

Um die Orientierung im Gelände zu erleichtern, schlägt man angespitzte Pfosten in den Boden.

Provisorisch angenagelte Hilfsbretter vereinfachen es, die Gräben für die Fundamente zu ziehen.

Alle Fundamente müssen frostsicher sein – die Gräben also mindestens 80 cm tief ausnehmen.

Säulen aufbauen

Den ersten Stein betoniert man am besten gleich beim Erstellen der Punktfundamente mit ein. Die Stange dient als Armierung.

Um die Steine exakt gerade aufschichten zu können, baut man eine Hilfskonstruktion aus Latten, die sorgfältig mit der Wasserwaage ausgerichtet wird.

Dank der Nut an der Steinunterseite lassen sich die Betonelemente sehr einfach stapeln. Dabei immer wieder den Sitz mit der Wasserwaage überprüfen.

Um die Säulen standsicher mit Beton zu verfüllen, ist eine Armierung unerlässlich. Hier werden passend zugeschnittene Mattenstücke verwendet.

Als Füllmaterial empfiehlt sich eine Fertigmischung, der man nur noch Wasser zusetzen muss. Den Beton nach dem Einfüllen durch Stampfen verdichten.

Bei hohen Säulen wie dieser wird abschnittsweise gearbeitet: Nach gut einem Meter Säulenaufbau erst Beton einbringen und dann weiterbauen.

Das Aufsetzen der Balken

1 *Nachdem alle Säulen bis auf die richtige Höhe aufgemauert sind, legt man zunächst die Balken provisorisch auf und überprüft Länge und Ausrichtung.*

2 *Dort, wo sich Längs- und Querbalken treffen, verbindet man die Hölzer mit Winkelverbindern. Diese werden einfach in die Balken geschraubt.*

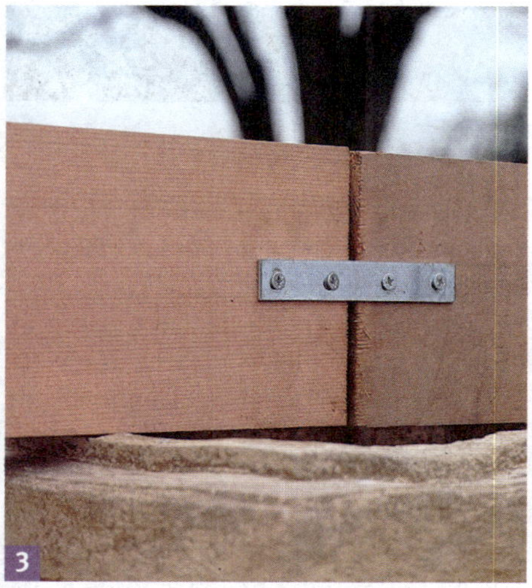

3 *Den Aufbau einer großen Pergola erleichtert es, wenn man keine allzu langen Balken einsetzt, sondern mehrere kurze miteinander verbindet.*

4 *Die letzte Steinreihe muss man entsprechend der Balkenlage ausklinken. Ein Reststück dient dabei als Maß. Geschnitten wird auf dem Boden.*

5 *Diese Pergola erhält zusätzliche Querbalken, die nicht auf Säulen aufliegen. Die Längsbalken an den Verbindungsstellen durchbohren.*

6 *Um die Querbalken verschrauben zu können, fixiert man diese zunächst provisorisch mit Zwingen und richtet sie dann sorgfältig aus.*

7 *Für die Verbindung setzt man große Holzschrauben ein. Damit die Köpfe nicht hervorstehen, führt man zuvor Sackbohrungen aus.*

8 *Zum Abschluss legt man die Abdeckplatten auf die Säulen. Diese werden mit Dünnbettmörtel auf den Säulensteinen verklebt.*

Mauern aus Z-Blocks

Zu der Säulen-Pergola passen Beeteinfassungen vom gleichen Hersteller. Aufgrund ihrer Z-Form lassen sich die Steine sehr leicht zu einer stabilen Verbindung zusammensetzen.

Z-Blocks nennen sich die Steine zum Aufbau der Mauer. Sie ermöglichen eine schnelle, stabile Verbindung.

Damit Mauern stabil und sicher sind, müssen die Steine in der Regel versetzt zueinander geschichtet werden. Z-Blocks vereinfachen hingegen das Mauern: Dank ihrer speziellen Form greifen auch nebeneinander gesetzte Steine sicher ineinander. Zum Programm gehören neben den Mauersteinen auch Grund-, Eck- und Abschlusssteine. Das System eignet sich dabei nicht nur, um Beete einzufassen – genauso gut können damit auch Wasserbecken oder Grillplätze dekorativ gestaltet werden. Die Steine in Schieferoptik haben allerdings einen kleinen Nachteil: Die Systemsteine sind relativ teuer.

Beeteinfassung errichten

1 Die Beeteinfassungen benötigen einen stabilen Untergrund. Für das Fundament muss man so einen 15 cm tiefen und 30 cm breiten Graben ausheben.

2 Der Graben wird mit Beton gefüllt. Nach dem Aushärten setzt man die erste Z-Block-Reihe in eine 5 mm dicke Mörtelschicht und richtet sie dann aus.

Die hier verbauten Z-Steine stammen aus dem Bradstone-Programm und nennen sich „Madoc“.

3 Liegen die Grundsteine, baut man die Mauer Schicht für Schicht weiter auf. Zwischen die 58,5 x 10 x 14 cm großen Z-Blöcke kommt eine 3 mm dicke Mörtelschicht. Hat die Mauer die gewünschte Höhe erreicht, legt man abschließend spezielle Abdeckplatten (47,5 x 12,5 x 4 cm) auf. Auch sie werden mit Mörtel fixiert.

4 Der Blick auf die Mauer von der Beetseite aus: Die Wände sind glatt. Die 3 mm Zwischenräume sind deutlich zu erkennen.

Beeteinfassung mit Betonsteinen

Das Mauern mit Naturstein ist aufwändig und teuer. Einfacher und preiswerter lassen sich Beeteinfassungen mit Betonsteinen realisieren, die in Farbe und Form erst auf den zweiten Blick von Natursteinen zu unterscheiden sind.

Mit den Systemsteinen kann man nicht nur gerade Mauern errichten, sondern auch Rundungen und Treppen formen.

Warum Dinge kompliziert machen, wenn es auch einfach geht? Das Errichten einer Mauer aus Naturstein fällt vielen Menschen recht schwer, weil jeder Stein ausgesucht und individuell gesetzt werden muss. Bei Betonsteinen ist dies anders: Sie sind alle gleich groß und perfekt aufeinander abgestimmt. Dass eine Beeteinfassung aus solch wesentlich preiswerteren Steinen ihrem natürlichen Vorbild nicht nachstehen muss, belegt dieses Beispiel.

Die Systemsteine sind in mehreren Grundvarianten erhältlich: Der Vollblock ist 10 cm hoch, 22 cm tief und 29,5 cm breit. An seinem Grundmaß orientieren sich die weiteren Steingrößen, zu denen halb so hohe und halb so breite Steine gehören. Zudem sind die Vollsteine nicht alle mit einer einheitlichen Oberfläche ausgestattet – durch Unterteilung der sichtbaren Front entsteht der Eindruck, dass nicht ein Block, sondern mehrere Steine geschichtet wurden.

Steiler abfallendes Gelände lässt sich sehr schön mit stufenförmig angeordneten Mauern abfangen.

Die Steine sind zudem trapezförmig geformt und laufen nach hinten schräg zu. Das ermöglicht, schnell und einfach Rundungen auszubilden und so z. B. die Mauer auch wellenförmig anzulegen. Die Steinvielfalt runden genau abgestimmte Abdeckplatten ab, die ebenfalls trapezförmig ausgeführt sind. Einen geraden Verlauf der Abdeckung erzielt man, indem man die Steine um 180° versetzt zueinander auf die Mauer auflegt.

Die Steinlagen muss man nicht mit Mörtel verbinden – das System lässt sich trocken aufbauen. Wichtig dabei: Da durch die trapezförmige Ausgestaltung der Vollsteine bei einem geraden Mauerverlauf größere Zwischenräume entstehen, müssen diese vor dem Auflegen der nächsten Steinreihe mit Kies verfüllt werden.

Für zusätzliche Stabilität sorgt, dass jede Steinlage um 15 mm nach hinten versetzt in die darunter liegende Steinreihe greift. Dadurch entsteht eine Schräge von exakt acht Grad zum Hang hin. Zu beachten ist, dass das System nur dazu geeignet ist, Beete abzufangen. Die Einfassungen sollten nicht höher als sechs Steinlagen aufgebaut werden. Wer ein höheres Beet abfangen möchte, kann durch ein stufenförmiges Anlegen mehrerer Mauern größere Höhen überwinden. Die Statik ist nicht dafür ausgelegt, andere Böschungsmauern – so etwa im Bereich von Einfahrten oder Gebäuden – aufzubauen, geschweige denn, sie hohen Belastungen wie beispielsweise durch das Ständerwerk eines Carports oder einer Überdachung auszusetzen.

Im Gegensatz zur eigentlichen Mauer sollten die Abdeckplatten in ein Dünnmörtelbett gelegt werden. Dies verhindert ein Verrutschen der Steine. Man kann allerdings auch auf die Abdeckplatten gänzlich verzichten, vor allem dann, wenn die Mauer später von Pflanzen überwuchert wird.

Die Trapezform der Grundsteine ermöglicht es, problemlos Rundungen und Wellen zu erzeugen.

Mauer errichten

1

Vor Beginn der Mauerarbeiten ebnet man die Böschung ein und hebt am Fuß einen 40 cm breiten und mindestens 20 cm tiefen Graben aus.

2

Böschung und Graben werden nun mit Vlies ausgeschlagen. Den Graben dann mit Kies füllen und die ersten Steine an Hand einer Richtschnur auslegen.

3

Das Vlies verhindert, dass sich Kies und Erdreich miteinander verbinden und sich das Drainagerohr, das nun eingelegt wird, mit Erde zusetzt.

4 *Die Steine werden trocken aufeinander gestapelt. Dabei Kreuzfugen vermeiden und durch verschiedene Steinformen ein interessantes Mauerbild schaffen.*

5 *Die Abdeckplatten oben auf der Mauer werden in eine Dünnbett-Mörtelschicht gesetzt, damit sie nicht verrrutschen können.*

6 *Ist die Mauer gezogen, füllt man den verbleibenden Spalt zum abgedeckten Erdreich komplett mit Kies. Hier der Schnitt durch die fertige Mauer.*

Stützmauer mit Rundung

Auch dieses Mauersystem kommt ohne Mörtel aus – die Steine werden wie eine Trockenmauer einfach aufeinander geschichtet. Lediglich die Abdeckplatten fixiert man mit Kleber, damit sie nicht verrutschen können. Um die Steine gerade setzen zu können, ist ein Streifenfundament erforderlich. Wenn dieses nicht exakt ausgeformt ist, kann man die unterste Steinreihe in Mörtel setzen und so kleine Höhenunterschiede perfekt ausgleichen. Für das Gestalten der Rundung benötigt man keine Spezialsteine: Die Elementsteine lassen sich leicht mit Hammer und Meißel so bearbeiten, dass sich eine Rundung ergibt. Die Abdeckplatten für die Mauerkrone hingegen sind als Rundvariante erhältlich und müssen nicht mehr bearbeitet werden.

Für diese Stützmauer ist ein Streifenfundament erforderlich, das den Radius der Rundung vorgibt.

Die Steine muss man mit Hammer und Meißel spalten, um eine Rundung ausführen zu können.

Um Staunässe zu vermeiden, wird hinter der Mauer eine Drainage aus Kies und Sand erzeugt.

Zu dem Steinsystem bietet der Fachhandel spezielle Abdecksteine an. Damit die Steine sicher und fest aufliegen, werden sie auf beiden Seiten des Mauerstegs mit handelsüblichem Kleber fixiert.

Mauerwerk aus Naturstein

Einst waren sie selbstverständlich, heute sind sie ein kleiner Luxus: Mauern aus behauenem Naturstein, den man – wie Ziegel oder Kalksandstein – mit Mörtel zu einer geraden Wand vermauert.

Vorher: Die Waschbetonplatten, die die Terrasse einfassen, wirken unattraktiv.

Den behauenen Naturstein bieten verschiedene Hersteller an, darunter auch kleinere, regionale Steinbrüche. Das Material ist zu größeren Quadern verarbeitet, die auf Paletten angeliefert werden. Anders als beispielsweise bei Ziegelsteinen sind die Natursteine allerdings nicht alle gleich groß. Neben den Quadern benötigt man so auch behauene kleinere Steine, um Zwischenräume füllen zu können. Selbstverständlich kann man größere Steine auch selbst mit Hammer und Meißel bearbeiten und auf die benötigten Größen bringen – eine Arbeit, die allerdings Geschick und Erfahrung voraussetzt.

Die Mauer benötigt eine frostsichere Gründung. Dazu legt man ein Streifenfundament an, das 80 cm tief im Boden sitzen sollte. Nur bei einer solchen Tiefe ist sichergestellt, dass der Beton bei starkem Frost nicht platzt. Die Oberkante des Fundaments sollte ca. 10 cm unterhalb der Bodenoberfläche liegen. Andernfalls läuft man Gefahr, dass ein Betonstreifen sichtbar bleibt, was den Gesamteindruck der Mauer erheblich abwertet.

Als Mörtel sollte man ausschließlich frostsichere Gebinde verwenden. Außerdem gilt es darauf zu achten, dass die Fertigprodukte für das Verarbeiten von Naturstein geeignet sind. Beim Mörteln ist es unvermeidlich, dass auch Masse auf die später sichtbare Oberfläche der Steine gerät. Hier sollte der Mörtel umgehend abgewaschen werden, um hässliche Flecken (Betonschleier) schon im Ansatz zu verhindern.

Streifenfundament gießen

Der Beton für das Streifenfundament dieser Mauer wird aus Sand, Kies und Zement zusammengemischt – man kann aber auch Fertigprodukte verwenden.

Der hier mit einem Mischer angesetzte Beton wird in den 80 cm tief ausgehobenen Graben geschüttet und gleichmäßig verteilt.

Wichtig ist, den Beton zu verdichten. Dazu benötigt man einen Stampfer. Statt wie hier mit einem Hammer kann man auch mit einem Kantholz arbeiten.

Mit einer langen Wasserwaage oder einem Richtscheit, auf den man die Waage auflegt, wird überprüft, ob der Streifen ein einheitliches Niveau hat.

1 *Die Rückseite der Mauer zur Terrasse hin soll mit Beton verfüllt werden. Dazu fängt man das Erdreich zunächst mit Schalungsbrettern ab.*

2 *Die erste Reihe Steine wird anhand einer Richtschnur gerade ausgerichtet. Die Steine setzt man in ein Mörtelbett auf das Fundament.*

4 *Sitzen die Steine in ihrer endgültigen Position, werden sowohl die waagerechte Lager- als auch die senkrechte Stoßfuge mit Mörtel verfüllt. Den Mörtel drückt man mit einem Fugeneisen in die Ritzen. Überschüssiges Material vor allem auf der Sichtseite sofort entfernen, damit kein Betonschleier entsteht.*

3 *Gleichhohe Steine werden sorgfältig ausgesucht und nebeneinander gesetzt. Die Steine klopft man mit einem Hammer in die richtige Position. Dann überprüft man sowohl vertikal als auch horizontal mit der Wasserwaage, ob die Steine auch genau richtig sitzen. Eventuell muss noch einmal nachgearbeitet werden.*

5 *Nach dem Setzen der ersten Steinreihe füllt man den Raum zwischen Schalungsbrettern und Mauer sofort mit Beton auf.*

6 *So wird es möglich, den Beton hinter der Mauer fachgerecht zu verdichten. Mit einem Kantholz schlägt man von oben auf den Beton.*

7 *Jetzt kommt die zweite Lage Steine an die Reihe. Auch hier wird mit der Wasserwaage sorgfältig geprüft, ob die Steine auch gerade sitzen.*

8 *Für das Mauern einer Rundung gibt es spezielle, vorgeformte Steine. Diese mussten hier allerdings dem Radius der Mauer angepasst werden.*

9 *Beim Mauern einer Rundung verfährt man genau so wie bei einer Geraden: Steine in Mörtelbett setzen, ausrichten und Stand überprüfen.*

10 *Hat die Mauer die Höhe der Terrasse erreicht, entfernt man die Schalungsbretter. Dann werden die weiteren Steinreihen gesetzt.*

11 *Der Blick auf die fast fertige Mauer von der Terrasse aus. Unten ist das Streifenfundament zu erkennen. Hier wird noch ein Terrassenbelag aufgebracht.*

12 *Bei dieser Mauer wurde eine glatte Oberfläche gewünscht. Dazu links und rechts der Mauer Schalbretter anbringen und Fläche mit Beton abziehen.*

13 *Nach dem Aushärten entsteht eine plane Betonfläche. Alternativ kann man die Fläche auch unbehandelt belassen oder aber mit Abdeckplatten verkleiden.*

14 *Abschließend wird verfugt: Dazu drückt man Mörtel in noch sichtbare Ritzen des Mauerwerks und zieht die Fugen mit einem Fugeneisen glatt ab.*

Holzbrüstung

Brüstungen haben dieselbe Funktion wie Zäune: Sie grenzen Flächen ab und bieten Sicherheit. Die hier gezeigten Brüstungselemente zur Sicherung eines Kellerabgangs lassen sich so auch zum Grundstückszaun umfunktionieren.

Vorher: Die einfache Lattenkonstruktion sichert den Kellerabgang zwar ausreichend ab, ist aber keine Zierde für den Garten.

Schöne, dekorative Zaunelemente und Geländer sind teuer. Aber wie das Bildbeispiel zeigt, kann man mit viel Eigenleistung Lösungen erarbeiten, die den professionellen Produkten in nichts nachstehen.

Die Konstruktion ist recht aufwändig, weil die Felder der Zaunelemente liebevoll gestaltet wurden. Das Material selbst belastet den Geldbeutel nicht übermäßig. Als Ausgangsmaterial dienen recht preiswerte druckimprägnierte Kiefernhölzer, 50 x 25 und 31 x 31 mm groß. Nur der Handlauf wurde aus einer teureren Hartholzleiste gefertigt (70 x 20 mm).

Den hohen Arbeitsaufwand verursachen der genaue Zuschnitt und Gehrungsschnitte der Innenhölzer. Zunächst fertigt man die Kreuze an, die durch eine Überblattung perfekt aufeinander sitzen. Die Ecken der Kreuze werden mit 90° Winkeln angespitzt. Die Kunst dabei ist, die Hölzer exakt abzulängen und zu bearbeiten. Damit die Optik perfekt wirkt, sollte millimetergenau gefertigt werden. Das setzt sehr viel handwerkliche Erfahrung und eine gute Maschinenausstattung voraus. Vorteilhaft ist, dass sich die Felder vorfertigen lassen – z. B. an kalten Winterabenden.

Im Bildbeispiel wurde ein in die Jahre gekommenes, unansehnliches Geländer durch ein neues ersetzt. Von Vorteil war dabei, dass man die Bodenverankerung der alten Brüstung für die neue weiterverwenden konnte. Die Metallpfosten schnitt man gut 10 cm über der Bodenbefestigung ab. Die Schnittstellen wurden entgratet und das Metall mit Rostschutzfarbe neu gestrichen. Ein Blindstopfen aus Gummi sorgte schließlich für einen sauberen Abschluss.

Wenn man allerdings eine Brüstung neu aufbauen oder ein ähnliches Geländer als Gartenzaun errichten möchte, muss man eine andere Bodenbefestigung wählen. Geeignet sind zum Beispiel H-Anker, in die die unteren Rahmenhölzer eingeschraubt werden. Alternativ kann man auch ein schmales Streifenfundament gießen, in das dann das Geländer von oben mit Abstandshaltern eingeschraubt wird.

Das fertige Geländer steht professionellen, teuren Lösungen in nichts nach. Statt es zu lackieren, kann der Holzton erhalten bleiben.

Der Bau der Brüstung

1 *Die auf Maß zugeschnittenen Hölzer des Gitterrahmens legt man zunächst so aus, wie sie später miteinander verbunden werden sollen. So lassen sich die Stellen, an denen Überblattungen erfolgen müssen, genau anzeichnen. Die Markierungen werden zusätzlich mit einem Maßband oder Zollstock überprüft.*

6 *Als nächstes werden die 24 Rahmenteiler zugesägt. In einer Gehrungslade die 310-mm-Hölzer an beiden Seiten um 45° einkürzen.*

2 *Jede der markierten Stellen wird mit einer Stichsäge vier- bis fünfmal bis zur Hälfte der Latte eingesägt. Dann das Holz mit einem Beitel herausstemmen.*

4 *Die Endungspfosten unter Leimzugabe mit Spanplatten-Schrauben (5 x 90 mm) fixieren. Erst danach die oberen und unteren Kanthölzer fixieren.*

7 *Jetzt die Rahmenteiler auf die vorgefertigten Kreuze montieren. Auf geraden Sitz achten. Die Leisten unter Leimzugabe mit den Kreuzen verschrauben.*

3 *Nun die Überblattungen säubern. Zum Verbinden wasserfesten Holzleim verwenden. Die Hölzer mit Zwingen fixieren, bis der Leim angebunden hat.*

5 *Die Diagonalstreben mit einer Mittellinie versehen und zwischen den Eckpunkten ausrichten. Die Ecklinien dann markieren und ausschneiden.*

8 *Nun werden die Kreuze von oben und unten durch die Rahmenteiler am Rahmen verschraubt. An den äußeren Enden die Streben fixieren.*

Die fertigen Teile liegen bereits zur Befestigung an den Metallpfosten. Bohrpositionen für die Schrauben anzeichnen und mit 6-mm-Bohrer ausbohren.

Die fertigen Teile werden jetzt mit Schlossschrauben an den Verankerungen befestigt. Zwingen helfen dabei, die Elemente zu fixieren.

Abschließend wird der Handlauf montiert. Damit die Optik perfekt ist, wird das Holz noch einmal komplett abgeschliffen und dann lackiert.

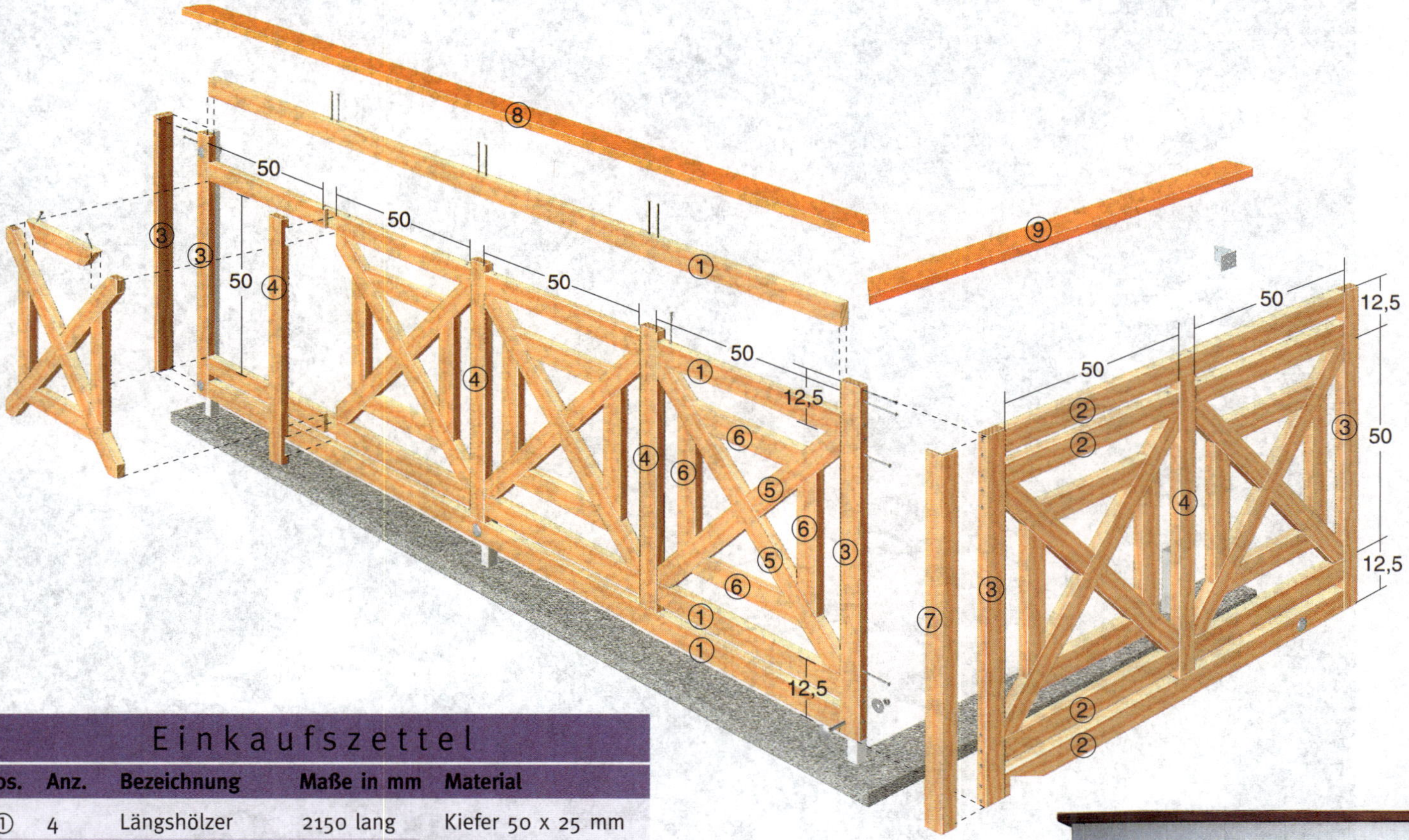

Einkaufszettel				
Pos.	**Anz.**	**Bezeichnung**	**Maße in mm**	**Material**
①	4	Längshölzer	2150 lang	Kiefer 50 x 25 mm
②	4	Querhölzer	1050 lang	druckimprägniert
③	5	Stützhölzer	750 lang	
④	4	Rahmenteiler	650 lang	
⑤	12	Diagonalstreben	707 lang	
⑥	24	Rahmenhölzer	310 lang	
⑦	1	Eckleiste	750 lang	Kiefer 31 x 31 mm
⑧	1	Handlauf	2350 lang	Hartholz
⑨	1	Handlauf	1175 lang	70 x 20 mm

Sonstiges: 5 Schloss-Schrauben M6 mit Scheiben und selbstsichernden Sechskant-Muttern (die Schraubenlänge ist abhängig von der Dicke vorhandener Stützen); 1 Winkelverbinder 50 x 50 x 50 mm; Spanplatten-Schrauben; wasserfester Holzleim.

Der Aufwand, den die Gestaltung des Geländers erfordert, wird mit einem hochwertigen Erscheinungsbild belohnt.

Wasser im Garten

Ob stiller Gartenteich oder plätschernder Bachlauf, sprudelnder Stein oder kleiner Pool – das Gestaltungsspektrum mit Wasser im Garten ist breit. Es schafft dabei neue Lebensräume für Flora und Fauna, bietet Entspannung und Spaß.

Dieses Kapitel gibt vielfältige Anregungen, wie man das Urelement in die eigene Gartengestaltung einbeziehen kann und stellt die wichtigsten Arbeitsschritte Bild für Bild vor.

Wasser: Faszinierendes Element

Ob Balkon, kleiner Garten oder große Freiflächen: Platz für die Gestaltung mit Wasser findet sich überall unter freiem Himmel. Hier einige Anregungen, wie sich das Urelement auf seine schönste Art in den Garten einbinden lässt.

Der Springbrunnen ist der große Klassiker unter den Gestaltungsvarianten mit Wasser. Eine Umwälzpumpe saugt das Nass auf und presst es über Fontänenaufsätze nach oben. Je nach Leistung der Pumpe und Art des Fontänenaufsatzes entstehen ganz unterschiedliche Wasserspiele (siehe auch großes Bild links).

Der natürliche Bachlauf ist das große Vorbild vieler Gestaltungsvarianten mit Wasser im Garten. Mit Beleuchtung wirkt er auch nachts dekorativ.

Der Quellstein benötigt wenig Raum und passt sich perfekt in viele Gartengestaltungen ein.

Quellen können ganz unterschiedliche Gesichter zeigen: Links ein großes Quellbecken, oben ein modernes Wasserspiel mit Quellcharakter.

Kleiner Folienteich mit Naturstein

Mit Teichfolie wird der Traum vom kleinen Wasserparadies im Garten ganz nach den eigenen Vorstellungen Wirklichkeit. Hier entsteht ein kleines Teichparadies aus Folie und Naturstein.

Grob behauener Naturstein bildet das Baumaterial für den Teich.

Gartenteiche stehen auf der Beliebtheitsskala vieler Gartenbesitzer ganz oben. Sie bereichern den Garten nicht nur um eine stille Wasserfläche, sondern bieten Wasser- und Uferpflanzen sowie Fischen und anderen Wassertieren ideale Lebensbedingungen.

Der auf diesen Seiten vorgestellte Teich sollte nach dem Wunsch der Garteneigentümer perfekt zu einem Heidehochbeet am Ende des kleinen Reihenhausgrundstücks passen. Die Wahl fiel auf einen mit Naturstein angelegten Folienteich, der das leicht abfallende Grundstück perfekt nutzt und in der Form und der Gestaltung individuell ausgeprägt sein sollte.

Die Anlage eines Folienteichs gliedert sich in vier Schritte: Zunächst wird eine entsprechend große Grube ausgehoben. Wichtig dabei: Sie sollte leicht terrassiert sein, um im Uferbereich anderen Wasserpflanzen Wachstumsbedingungen bieten zu können als in der tieferen Zone der Teichmitte. Der Grubenboden muss sorgfältig von spitzen Gegenständen wie Steinen oder Ästen gereinigt werden. Diese stellen eine ernsthafte Gefahr für die Folie dar. Herausragende Spitzen können sehr schnell zu Leckagen führen.

Um die Teichfolie weiter zu schützen, bieten sich verschiedene Alternativen an. Standard ist, auf den fertig modellierten Teichgrund ein spezielles Teichvlies in überlappenden Bahnen auszulegen, um die Folie besser zu schützen. Teppichbodenreste erfüllen allerdings denselben Zweck. Auf Vlies oder Teppichbodenreste kann man allerdings verzichten, wenn man zu einer besonders reißfesten Folie greift, die aber etwas teurer als die Standardware ist.

Ist der Untergrund ausreichend vorbereitet, legt man die Teichfolie aus. Diese ist in verschiedenen Stärken und Breiten als Rollware erhältlich. Zwar kann man mehrere Teichfolienbahnen auch zu einer größeren Fläche zusammenkleben, einfacher ist es aber, mit einer ausreichend breiten Folie zu arbeiten. Die Teichfolie wird über den Rand des Teichs hinausgelegt und erst ganz am Ende der Arbeiten abgeschnitten. Beim Aus-

Kleine Folienteiche wie dieser finden auch auf kleinen Grundstücken Platz.

Teich anlegen

1 *Bevor die ersten Steine gesetzt werden, säubert man den Untergrund gründlich von spitzen Gegenständen. Die ersten Natursteine für die Trockenmauer werden quer zum Teich gelegt, um eine möglichst breite Basis zu schaffen. Schließlich muss die Mauer später relativ hohem Wasserdruck Stand halten.*

2 *Auf Mörtel wird beim Anlegen der Mauer verzichtet. Stattdessen füllt man Mutterboden zwischen die Steinlagen. Dazu kann man Aushub verwenden.*

4 *Am Uferrand wird im Mauerbereich eine weitere Steinlage aufgelegt und dann die überstehende Teichfolie passgenau abgeschnitten.*

3 *Nach dem Fertigstellen der Mauer wird Vlies eingelegt und dann Teichfolie übergezogen. Damit sich alles gut setzt, den Teich zu einem Drittel füllen.*

5 *Beim fertigen Wasserbecken ist keine Folie mehr sichtbar. Die oberste Natursteinlage verdeckt sie gänzlich. Der Teich wird jetzt vollständig mit Wasser gefüllt. Vor dem Bepflanzen wird einige Tage beobachtet, ob sich Leckagen gebildet haben. An heißen Tagen gilt es zu berücksichtigen, dass ein Teil des Wassers verdunstet.*

legen muss man darauf achten, dass kein Erdreich ins Wasser gelangen kann. Umgekehrt darf kein Wasser aus dem Teich in den Garten fließen.

Dann folgt die Gestaltung des Uferbereichs. Ziel ist es dabei, einen möglichst natürlichen Eindruck zu vermitteln. Als störend empfindet man vor allem, wenn Teichfolie am Uferrand zu sehen ist. Dies lässt sich verhindern, indem man um den Teichrand herum ausreichend große Natursteine platziert.

Um das abfallende Grundstück abzufangen, wurden im Bildbeispiel Natursteine nicht nur zur Uferbefestigung eingesetzt, sondern auch um eine Trockenmauer zur Terrasse hin zu errichten. Durch geschicktes Stapeln der Steine konnte auf den Einsatz von Mörtel verzichtet werden. Die Zwischenräume der Mauer sind allein mit Mutterboden gefüllt, der ideale Pflanzvoraussetzungen bietet.

Beim Bepflanzen des Teichs selbst gilt es darauf zu achten, dass sich einzelne Pflanzen nicht zu stark ausbreiten und so den Teich dominieren können. Am besten setzt man die Wasserpflanzen in Teichkörbe, die das Auswuchern verhindern. Diese Körbe gibt es in verschiedenen Größen.

Beim Anpflanzen sollte man zu spezieller Teicherde greifen. Bodenaushub oder Blumenerde sind nicht geeignet, da diese zu viele Nährstoffe enthalten, die das biologische Gleichgewicht des Teichs belasten.

Die Bepflanzung

Die Wasserpflanzen werden nicht direkt auf den Teichboden gesetzt, sondern in Teichkörbe gepflanzt. So hält man ihr Wachstum unter Kontrolle. Viele Wasserpflanzen breiten sich schnell aus – so reicht es aus, sie vereinzelt einzusetzen.

Hinter dem Teich wird Torfsubstrat zu einem Hochbeet angeschüttet. Es bietet Heide- und Moorpflanzen, die hier wachsen sollen, idealen Nährboden.

In die Ritzen der Trockenmauer werden kleine Steingewächse eingesetzt. Sie lockern das Bild der Teichumrandung natürlich auf.

Nach dem Bepflanzen des Hochbeets wird gewässert. Rhododendren fühlen sich hier sehr wohl. Beim Gießen der Steingewächse in der Trockenmauer ist Fingerspitzengefühl gefragt – ein zu heftiger Wasserstrahl spült sie leicht aus den Ritzen.

Der fertig angelegte und bepflanzte Teich überzeugt durch seine individuelle Gestaltung.

Hochteich bauen

Hochteiche überzeugen durch zwei wesentliche Vorteile: Die aufwändigen Erdarbeiten beim Anlegen eines Teichs entfallen und der Rand des Teichs kann als Sitzfläche genutzt werden. So entsteht ein idealer Beobachtungsposten für Flora und Fauna im Wasser.

Die Teichränder sind in Teilbereichen so verbreitert worden, dass ausreichend Platz für bequeme Sitzkissen entsteht.

Hochteiche stellen eine weitere interessante Alternative dar, Wasserflächen in die Gartengestaltung einzubinden. Sie schließen sich zumeist unmittelbar an eine Terrassenfläche an. Das hat gleich mehrere Vorteile: Man ist der Wasserfläche sehr nah. Beim Sitzen im Gartenstuhl befindet sich die Wasseroberfläche fast auf Augenhöhe. Das Leben im Teich ist so sehr präsent und lässt sich bestens beobachten.

Die hochgezogene Teichmauer fasst eine Terrasse nicht nur optisch attraktiv ein – sie kann auch als Sitz- oder Abstellfläche genutzt werden. Besonders Kinder schätzen die kleine Mauer als Spielfläche – aber Vorsicht: Der Teich bildet eine ernsthafte Gefahr. Wer ihn kindersicher ausgestalten will, spannt entlang der Teichumfassung am besten ein festes, reißfestes Netz direkt über die Wasserfläche. Das Netz verhindert, dass Kinder ins Wasser fallen können.

Die Bildstrecke zeigt die Anlage eines sehr großen Hochteichs, der fast die gesamte Gartenfläche füllt. Bei einem solchen entsteht enormer Druck auf die Seiteneinfassungen. Zur Terrassenseite hin begrenzt eine Kantholzlage den Teich. Diese allein

Die große Teichanlage im Überblick: Rechts die Terrasse mit der zum Teil breiteren Teicheinfassung, die nicht nur statische Funktion hat, sondern auch als Sitzfläche dient. Auch die Pflanzkästen unten sind aus statischen Gründen erforderlich.

hätte aber dem Druck nicht standgehalten. So wurde in Teilbereichen der Rand mit Holzkisten ausgebaut, die zum einen als Pflanzkästen genutzt werden, zum anderen als Sitzgelegenheit. Bei kleineren Teichanlagen ist solch eine Verstärkung nicht unbedingt notwendig.

Die Kantholzlage ruht auf einem Betonsockel, der maßgenau ausgegossen wurde. Statt eines solchen Streifenfundaments kann man auch L-Betonsteine einsetzen, die zu einer kleinen Wand aufgestellt werden. Das ist zwar einfacher in der Herstellung, aber auch etwas teurer.

Flora und Fauna

Um Fischen einen idealen Lebensraum bieten zu können, wurde der Teich in der Mitte vertieft. An seiner tiefsten Stelle misst er gut 1 m. Eine solch tiefe Grube ist bei kleineren Teichen allerdings nicht erforderlich. Die Wasserhöhe sollte aber in jedem Fall mindestens 40 cm betragen. Andernfalls wird es schwierig, das biologische Gleichgewicht im Teich aufrecht zu erhalten.

Eine wesentliche Rolle bei der Planung dieses Teichs spielten die Wachstumsvoraussetzungen für Wasserpflanzen. Der Teichgrund wurde deshalb zum Teil mit Bepflanzungsmatten ausgelegt. Zugleich wurden große Pflanzkörbe bepflanzt und vor dem Fluten in den Teich eingesetzt. Die speziellen Töpfe verhindern, dass sich einzelne Pflanzen im Teich zu stark ausbreiten.

Teich anlegen

1 *Da in diesen Hochteich auch Fische eingesetzt werden sollten, wurde ein Teil der Teichfläche tiefer ausgegraben. Rund um den Teich goss man einen Betonsockel, der eine einheitliche Höhe vorgab. Links diente er zugleich als Fundament für eine Sichtschutzwand. Zur Terrasse hin liegt eine Balkenlage auf.*

2 *Um die Holzkonstruktion vor Fäulnis zu schützen und für dichte Übergänge an den Ecken zu sorgen, wurde Teichfolie zwischen Erdreich und Rand eingezogen.*

3 *Nach dem sorgfältigen Reinigen von spitzen Gegenständen, Steinen und Ästen, kamen Vliesbahnen, die überlappend gelegt wurden, in die Grube.*

Einige Monate später lebt die Flora im Teich auf

4 *Das Vlies bedeckt die gesamte Teichfläche. Überschüssiges Material an den Rändern muss nicht abgeschnitten, sondern kann zurückgeklappt werden.*

Jetzt wird die Teichfolie eingelegt. Am besten wartet man mit dieser Arbeit auf einen sonnigen, heißen Tag. Je wärmer die Teichfolie nämlich wird, desto elastischer verhält sie sich. Sie legt sich dann besser um die Ausformungen im Teich. Für die Arbeit benötigt man die Unterstützung mehrerer Personen.

Nach dem Anfüllen mit einem Drittel der Wassermenge wurden Pflanztöpfe aufgestellt. Sie verhindern unkontrolliertes Wachstum einzelner Pflanzen.

Zur Stabilisierung der Folie und als Pflanzsubstrat wurde Kies auf den Teichgrund aufgebracht. Dazu sollte nur gereinigter Kies verwendet werden, da dieser das biologische Gleichgewicht im Teich nicht belastet. Beim Einbringen sollte man sehr vorsichtig zu Werke gehen, um Beschädigungen der Folie zu vermeiden.

Spezielle Bepflanzungsmatten bieten Wassergewächsen ideale Wachstumsbedingungen, da diese sich im Geflecht der Matte verwurzeln können. Die hier verwendete Kokosmatte wurde zum Teil noch einmal mit Schotter abgedeckt, um ein Verrutschen beim Fluten zu verhindern.

Bereits einige Wochen später beginnt sich das Leben im Teich voll zu entfalten.

Quellstein in Holzterrasse

Dieser Quellstein scheint förmlich aus der Holzterrasse heraus zu wachsen. Er unterbricht die großzügige Fläche, bereichert den Garten und trägt so maßgeblich zum harmonischen Gesamteindruck bei.

Besonders die Kinder haben Spaß an diesem kleinen, aber feinen Wasserspiel.

Es sind die kleinen Dinge, die einen Garten schön und individuell erscheinen lassen. Dieser Quellstein, der mitten in ein Holzdeck integriert wurde, gehört ganz sicherlich zu diesen Elementen, ohne die ein schöner Garten kaum denkbar ist.

Die Konstruktion ist relativ einfach: Anstelle einiger Holzroste, aus denen die Terrasse aufgebaut ist (siehe auch Seite 38 ff.), wird eine Kunststoffwanne im Boden versenkt. Zu der Spezialwanne gehört ein Deckel, der stabil genug ist, um den Quellstein zu tragen. Eine Umwälzpumpe wird in das Becken gelegt – Wannendeckel und Quellstein sind so konstruiert, dass sich die Wasser zuführenden Schläuche sehr leicht einführen lassen. Rings um den Quellstein müssen dann nur noch ein paar Zierkiesel drapiert werden. Für einen sauberen Abschluss sorgen die umliegenden Holzroste.

Die Wannen, die dazugehörige Wassertechnik und die Quellsteine bietet der Handel in verschiedenen Größen an. Hier wurde eine Wanne mit 1 m Durchmesser eingebaut. Am besten greift man zu Komplettsets mit allen Zubehörteilen.

Anlegen des Quellsteins

Das Loch für das Wasserbecken wird erst ausgehoben, wenn die Unterkonstruktion des gesamten Holzdecks errichtet ist.

So lässt sich das Loch genau so breit und tief ausheben, wie es für das Einsetzen der Kunststoffwanne erforderlich ist.

Das Wasserbecken muss so versenkt werden, dass der Rand bündig unter der Lattenkonstruktion sitzt. Dann die Wannenränder mit Erde füllen.

Diese Aufsicht zeigt die gesamte Unterkonstruktion der Terrasse mit dem eingebauten Wasserbecken. Schon jetzt wirkt die Gesamtanlage harmonisch.

Bevor es nun an die Installation der Wassertechnik geht, wird die Terrasse fertig gestellt. Dazu die Holzroste mit der Unterkonstruktion verschrauben.

Als nächstes wird die Umwälzpumpe für den Einbau vorbereitet. Dazu die Schläuche mit den Zubehörteilen an die Pumpe anschließen.

Der Aufbau des Quellsteinbrunnens

- **A** GFK-Becken
- **B** GFK-Abdeckung
- **C** Springbrunnenpumpe
- **D** Betonfundament
- **E** Schlauch mit Zubehör
- **F** Quellstein mit Bohrung
- **G** Sandbett

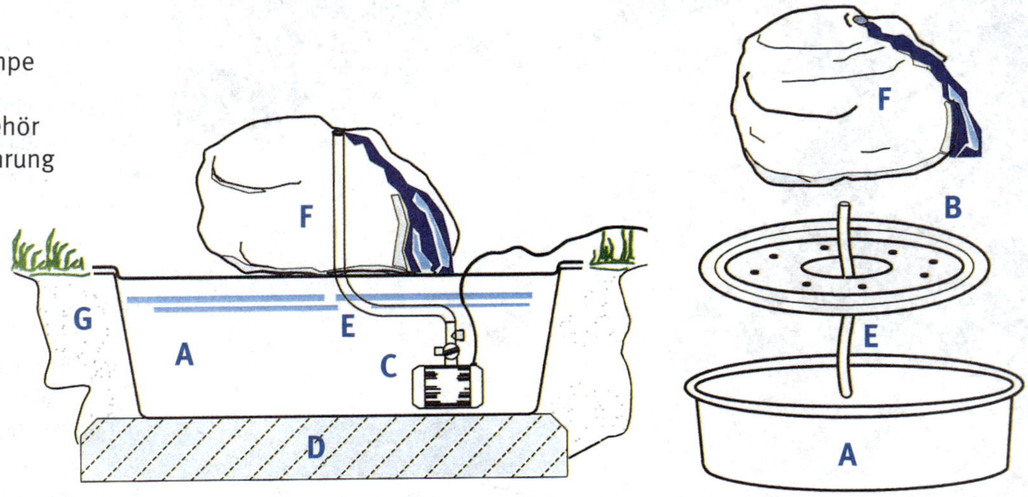

Der Quellstein ist so positioniert, dass er zwar in der Mitte der Terrasse liegt, nicht aber den Weg zum Sitzplatz im hinteren Teil des Gartens versperrt.

7 *Das Becken mit Wasser füllen und dann die Pumpe im Becken versenken. Ein Probelauf stellt sicher, dass die Wassertechnik richtig funktioniert.*

8 *Dann die Abdeckplatte auf die Wanne aufsetzen, Schlauch durch den Quellstein führen und diesen in der Mitte positionieren. Ränder mit Kiesel füllen.*

9 *Der fertige Teich: Die umliegenden Holzroste sorgen für einen sauberen Abschluss und fassen den Quellstein mit den Kieseln dekorativ ein.*

Rondell mit Quellstein

Aufwändig, aber sehr schön ist die Terrasse aus Podesten und Stegen gestaltet. Optischer Mittelpunkt ist ein Quellstein, der in ein Holzrondell eingelassen ist. Die komplette Konstruktion wurde selbst entworfen und gebaut.

Das Rondell im hinteren Teil des Gartens bildet den optischen Mittelpunkt der Teichlandschaft.

Dieser kleine Garten wurde nahezu komplett als Wassergarten gestaltet. Herzstück der verschlungenen Weganlage aus Stegen und Podesten ist das große Rondell im hinteren Teil des Gartens, in dessen Mitte ein Quellstein sprudelt.

Die Gesamtkonstruktion ist sehr aufwändig: Alle Holzelemente wurden eigens auf die Größenverhältnisse des Gartens hin abgestimmt und in Eigenleistung gebaut. Dazu hat man zunächst die gesamte Teichlandschaft ausgehoben und modelliert, bevor sie dann mit Vlies und Teichfolie ausgeschlagen wurde. Erst im zweiten Schritt erfolgte der Aufbau der Podeste und Stege einschließlich des großen Rondells, das 2,70 m breit ist. Die Montage erleichtert allerdings, dass alle Holzelemente in der Werkstatt weitgehend vorgefertigt werden konnten.

Das Rondell besteht aus 58 keilförmig zugeschnittenen Planken. Der Quellstein stammt aus dem Fachhandel und arbeitet mit einer Umwälzpumpe. Er hat nicht nur dekorative Funktion, sondern verbessert auch den Sauerstoffgehalt des Wassers. Den schwebenden Eindruck ermöglicht ein Metallgestell, dass speziell auf die Ausmaße der Kugel und die Höhe des Podestes hin angefertigt wurde.

Materialbedarf Rondell

Bangkirai 145 x 25 mm (Beplankung):
29 Basisbretter 1360 mm lang, geschnitten aus 15 Brettern 3050 mm lang; daraus ergeben sich 58 keilförmige Planken, die jeweils von der Spitze her um 360 mm zu kürzen sind

Bangkirai 70 x 45 mm (Unterkonstruktion):
12 Elemente (außen) 680 mm lang,
12 Elemente (Mitte) 435 mm lang,
12 Elemente (innen) 225 mm lang

Kleinmaterial:
36 Strebenverbinder 70 x 70 x 55 mm; Spanplatten-Schrauben; Restholz für die Unterfütterung.

Das Rondell vor dem Einsetzen des Quellsteins.

Rondell bauen

1 Das Rondell wurde in der Werkstatt vorgefertigt. Um die Unterkonstruktion zu bauen, wurden zunächst die Kreise auf dem Boden angezeichnet.

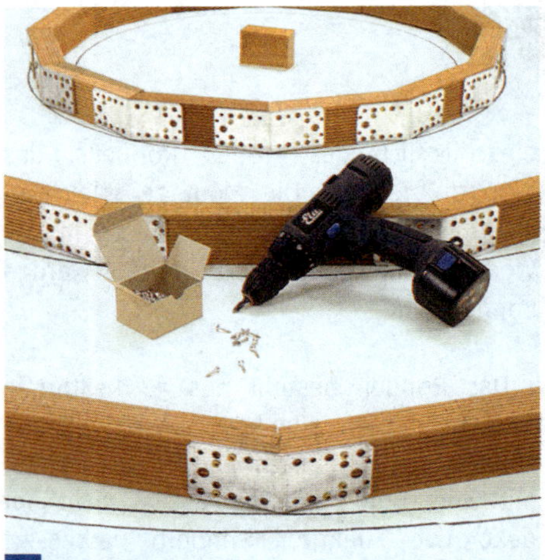

2 Diese Kontur dient als Orientierung für den Zuschnitt der Kanthölzer, die das Rondell später tragen. Die Hölzer zusägen und mit Winkeln verbinden.

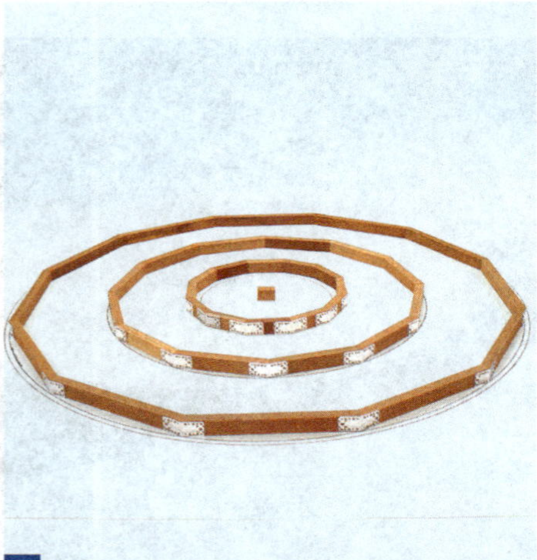

3 Die fertige Unterkonstruktion im Überblick. Die Hölzer aus Bangkirai sind 70 x 45 mm groß. Sie werden von 36 Strebenverbindern gehalten.

4 Die fertig zugeschnittenen Bangkirai-Bohlen werden an einer provisorisch am Mittelpunkt montierten Latte ausgerichtet und dann festgeschaubt.

5 Um das Außenmaß exakt einhalten zu können, legt man einen Schreinerwinkel an die Hölzer an und überprüft den Sitz anhand der Linien am Boden.

6 Die fertig vormontierte Unterkonstruktion wird mitten in die Teichlandschaft gesetzt. Diese ist mit Teichfolie ausgeschlagen. Die Konstruktionshölzer liegen zum Teil auf den bereits montierten Stegen und Podesten auf. Sie geben die Höhe vor, in der die Unterkonstruktion fixiert werden muss.

7
Dort, wo die Konstruktionshölzer nicht auf Podesten aufliegen, werden sie mit passend zugesägten Hölzern gehalten. Diese fest mit dem Gestell verbinden.

8
Sobald die Unterkonstruktion fest verankert ist, können die Bohlen aufgeschraubt werden. Dazu nicht rostende Edelstahlschrauben verwenden.

9
Der große Quellstein ruht auf einem eigens angefertigten Stahlgestell. Es ist so bemessen, dass der Stein genau in die Öffnung passt und dort zu schweben scheint. Die Metallkonstruktion kann erst nach dem Aufbau des Rondells gefertigt werden, da nur dann die richtigen Höhenvorgaben ermittelt werden können.

TIPP SÄGESCHABLONE

Damit das Rondell optisch perfekt wirkt, sollte jedes der 58 Bretter gleich groß sein. Den Zuschnitt erleichtert man sich erheblich, wenn man eine Sägeschablone baut. Das erfordert zwar etwas Mühe im Vorfeld, belohnt aber mit exakt gleichen Schnitten. Der Trick dabei: Ein ausreichend langes Brett dient als Führung für die Kreissäge. Es wird so auf die Unterkonstruktion aufgebracht, dass es gleich den richtigen Winkel für das Zusägen der Bangkirai-Bohlen vorgibt.

1
Die Unterkonstruktion der Schablone dient dazu, die Bohlen aufzunehmen. Das lange Holz rechts dient als Führungsschiene für die Kreissäge.

2
Die 58 Bohlen werden nun jeweils zwischen die beiden langen Hölzer gelegt. Die Säge muss nun nur noch am Brett entlang geführt werden.

Materialbedarf Sägeschablone

Massivholz 45 x 20 mm:
4 Basisleisten 450 mm lang,
1 Anschlagleiste 400 mm lang,
1 Anschlagleiste 235 mm lang

Massivholz 45 x 25 mm:
2 Führungsleisten 1360 mm lang,
3 Aufdoppelungen 235 mm lang

Sperrholz 6 mm dick:
1 Führungsbrett 1600 x 100 mm

Kleinmaterial:
Spanplatten-Schrauben.

Wasserbecken und Miniteiche

Kleine Wasserbecken und Miniteiche bieten Seerosen und Sumpfgräsern auch auf kleinsten Flächen attraktive Lebensbedingungen. Hier entsteht ein einfaches Becken aus Standardpalisaden – eine preiswerte und dekorative Lösung.

Es muss nicht gleich ein großer Teich sein, wenn man sich ein Wasserbiotop für den Garten wünscht. Ein kleines Wasserbecken, am Terrassenrand positioniert, bereichert auch den kleinsten Garten.

Je kleiner der Teich ist, desto schwieriger wird es, das biologische Gleichgewicht im Wasser so aufrecht zu erhalten, dass Wasserpflanzen ausreichende Lebensbedingungen vorfinden. Wichtig ist vor allem der Standort: Der Miniteich sollte nicht länger als vier Stunden praller Sonne ausgesetzt sein. Nicht nur, dass andernfalls zu schnell zu viel Wasser verdunstet: Die Sonneneinstrahlung heizt das Wasser zu stark auf – schlimmstenfalls gehen die Pflanzen ein. Wichtig ist darüber hinaus, die Wasserqualität regelmäßig zu überprüfen. Mit der Zeit sinkt der Sauerstoffanteil im Wasser, der Stickstoffanteil steigt. Regelmäßige Frischwasserzufuhr erhält die Wasserqualität.

Kleine Wasserbecken lassen sich leicht und schnell bauen: Stabile Holzumkleidung herstellen, Boden ebnen, Verkleidung mit Vlies und Teichfolie ausschlagen, abschließend Folienüberstände kaschieren. Statt der im Bildbeispiel gezeigten Palisadenummantelung kann man den Miniteich auch mit jedem anderen, wetterfesten Holz verkleiden. Besonders geeignet sind Terrassenbohlen aus Douglasie oder Bangkirai, die passend zugesägt werden.

Minibecken bauen

Überblattung sorgt für ein schönes Kantenbild: Dazu Palisaden mehrfach bis zur Hälfte einsägen und dann die Holzstücke herausschlagen.

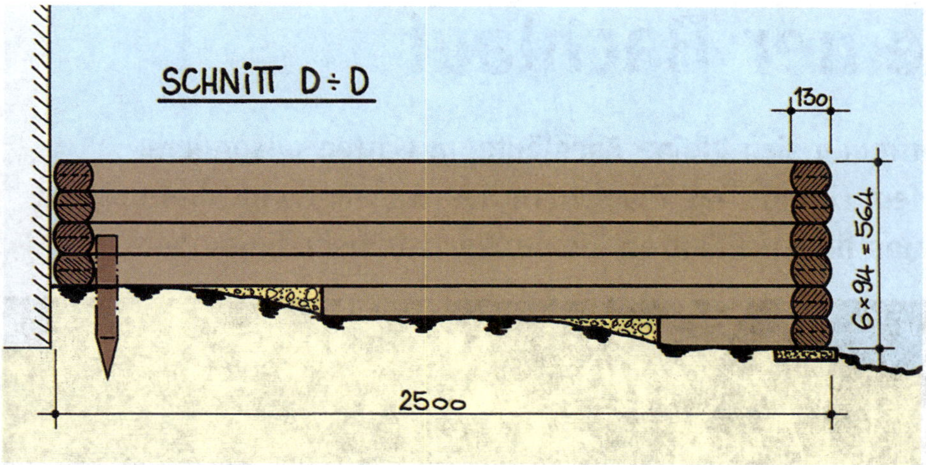

TIPP MINITEICHE

Platz für einen Miniteich findet sich nicht nur auf jeder Terrasse, sondern auch auf Balkonen. Wichtig dabei: Wegen des hohen Gewichts der kleinen Wasserbiotope sollten diese nicht mehr als 100 l Wasser fassen (pro Quadratmeter Balkonfläche).

Geeignet ist letztlich jeder 40 bis 50 cm hohe Bottich – von der kleinen Zinkwanne über das Holzfass bis hin zum speziellen Miniteichkübel. Wenn der Bottich nicht wasserdicht sein sollte, wird er mit Teichfolie ausgeschlagen. Bei Holzgefäßen gilt es sicherzustellen, dass diese nicht mit Holzschutzmitteln behandelt wurden.

Die Pflanzen setzt man am besten in Teichkörbe. Damit diese im Miniteich in der gewünschten Höhe stehen, unterfüttert man die Körbe mit einzelnen Steinen. Je weniger Platz diese einnehmen, desto mehr Wasser passt in den Bottich – so ist z. B. nicht zu empfehlen, den Boden mit einer Kiesschicht aufzufüllen. Die Pflanzen setzt man in spezielle Teicherde, um das Wasser nicht zu sehr zu belasten. Für eine attraktive Optik sorgen kleine Steinchen, die die Erde bedecken.

Vorher: Ein Abschluss der Terrasse fehlt.

2 *Die Überblattungen dann mit Beitel und Hammer säubern. Durch provisorisches Aufeinanderlegen testen, ob die Eckverbindungen passen.*

3 *Jetzt wird jedes Holz mit dem darunter liegenden verschraubt. Diese Verbindungen reichen aus, um dem Wasserdruck Stand zu halten.*

4 *Der Teichboden wird mit Vlies oder Teppichbodenresten bedeckt. Sand, der gleichmäßig verteilt wird, sorgt für Stabilität und dient als Ausgleichsschicht.*

5 *Dann den Miniteich komplett mit Teichfolie auskleiden. Den Rand der Folie auf den oberen Palisaden festtackern und überschüssige Folie abschneiden.*

6 *Weitere Palisaden so aufnageln, dass sie die Teichfolie komplett verdecken und einen sauberen Übergang zum gleichhohen Podest schaffen.*

Kleiner Bachlauf

Neben Gartenteichen erfreuen sich kleine Bachläufe im Garten besonderer Beliebtheit – und das aus gutem Grund: Das Plätschern des Wassers wirkt beruhigend und entlang des Bachlaufs finden Pflanzen ideale Wachstumsbedingungen.

Entlang von Wasserläufen entstehen durch die Wasserbewegung Verdunstungen – rund um jeden Bachlauf ist die Luft also stets etwas feuchter. Dies kommt dem Wachstum vieler Pflanzen entgegen, vor allem dem von Gräsern und Farnen. Wenn der kleine Bachlauf zudem noch teilverschattet liegt – z. B. von größeren Gehölzen oder dichten Bäumen –, kann man die Gartenbepflanzung um viele attraktive Gewächse bereichern.

Der zweite große Vorteil eines kleinen Baches im Garten liegt im Plätschern des Wassers begründet. Totale Stille nehmen Menschen als unangenehm war – natürliche Geräusche hingegen – wie eben das Plätschern von Wasser – wirken beruhigend und entspannend.

Die einfachste und schnellste Art, den Garten um einen kleinen Bachlauf zu bereichern, besteht in der Verwendung von so genannten Bachlaufschalen. Diese Kunststoffelemente sind beckenförmig ausgebildet und haben auf einer Seite einen Auslauf. Die Schalen ordnet man versetzt übereinander an, so dass sie kleine Wasserterrassen bilden.

Voraussetzung für die Gestaltung eines solchen Bachlaufs ist ein leicht abschüssiges Gelände. Um wie im Bildbeispiel vier Schalen anordnen zu können, braucht man ca. 1 m Höhendifferenz. Ein entsprechender Hügel lässt sich aber leicht anhäufen.

Der einzige Nachteil dieser Produkte besteht darin, dass ihre künstliche Herstellung unverkennbar ist. Einen natürlicheren Eindruck erreicht man, wenn man entlang des Bachlaufs größere Natursteine gruppiert, die den Blick auf die Schalen abfangen. Pflanzen, die über den Bachlauf ragen, verstärken das positive Bild. Mit der Zeit setzen die Schalen zudem etwas Patina an, die man genauso wenig entfernen sollte wie Moosgewächse.

Bachlauf aus Schalen

1 *Die Bachlaufschalen provisorisch auslegen, Umrisse markieren und dann das leicht abschüssige Gelände passend mit dem Spaten terrassieren.*

3 *Den Rücklaufschlauch führt man von dem kleinen Auffangbecken bis zur obersten Schale. Diese ist in der Mitte durchbohrt. Wenn man das Bachlaufelement umdreht, kann man den Schlauch durch das Loch stecken und befestigen. Bei vielen Schalen erleichtert ein mitgelieferter Bogen die Montage.*

2 *Eine mit Kieselsteinen gefüllte Mörtelwanne fängt das Wasser auf. In diese legt man die Umwälzpumpe. Für den Schlauch Loch bohren und abdichten.*

4 *Abschließend oberste Schale auflegen und die Mörtelwanne mit Wasser füllen. Dann den Wasserkreislauf in Gang setzen und den Wasserlauf kontrollieren. Abschließend werden Findlinge und Kiesel um die Schalen gruppiert. Große Farne und Gräser vervollständigen den natürlichen Gesamteindruck.*

Bachlauf mit Wasserfall

Grundstücke in Hanglage ermöglichen, Wasser nicht nur sanft fließen, sondern spektakulär über Kaskaden stürzen zu lassen. Dazu legt man einen breiteren Bachlauf mit Teichfolie an, und integriert einen Wasserfall aus Natursteinen.

So einfach sich Wasserläufe mit Bachlaufschalen aufbauen lassen – den Eindruck eines natürlich wirkenden Gewässers kann man mit ihnen nicht erzielen. Wer einen naturnah gestalteten Bach in seinem Garten realisieren möchte, legt diesen am besten selbst an. Das Prinzip ähnelt dabei dem Aufbau eines Folienteichs, nur dass keine Grube, sondern ein Graben ausgehoben wird: Den Boden gründlich reinigen, Vlies einbringen, mit Teichfolie abdecken und die Ufergestaltung vornehmen – das sind die wesentlichen Arbeitsschritte.

Ein schöner Bachlauf unterscheidet sich von einem weniger interessanten nicht durch den Grundaufbau, sondern durch die Ausgestaltung im Detail. Das betrifft vor allem die Modellierung des Bachlaufs selbst. Ideal ist, wenn das Wasser nicht zu schnell bergab fließt, sondern sich ruhig von einer kleinen Staustufe zur nächsten ergießt. Steil abfallende Flächen, an denen das Wasser im freien Fall nach unten stürzt, sollten bewusst eingebaut werden und sorgen für Abwechslung.

Bei der Grundanlage des Bachbetts zieht man also keinen durchgehenden Graben, sondern terrassiert den Hang. Die einzelnen Ebenen werden dann durch Gräben miteinander verbunden. Spätestens nach 2 m Bachlauf sollte sich das Wasser wieder leicht stauen. Solche Staustufen haben zwei Vorteile: Sie wirken nicht nur natürlich, sondern ermöglichen auch das Ansiedeln von attraktiven Sumpfpflanzen. Diese mögen kein bewegtes Wasser. Fließt das Wasser zudem zu schnell, können Pflanzen nicht richtig wurzeln und werden weggeschwemmt.

Für das Anlegen eines kleinen Bachlaufs ist ein leicht abfallendes Grundstück ideal. An erhöhter Stelle legt man zunächst eine „Quelle“ an. Zwei Varianten bieten sich an: Entweder versteckt man den Rücklaufschlauch zwischen Findlingen und größeren Kieseln, oder aber man setzt spezielle Quellsteine ein. Diese sind durchbohrt – das Wasser schießt oben aus ihnen heraus.

Am unteren Ende des Bachlaufs muss sich ein ausreichend großes Staubecken befinden. Die Größe richtet sich nach der Länge und Breite des Wasserlaufs. Je mehr Wasser den Hang hinunterfließt, desto größer muss auch das Wasserbecken sein. Am besten mündet der Bach in einen Gartenteich.

Den Rücktransport der Wassermassen besorgt eine spezielle Schmutzwasserpumpe. Standardpumpen sind nicht zu empfehlen, weil sich ihre Filtertechnik zu schnell zusetzt. Der Rücklaufschlauch wird in das Sandbett unterhalb von Vlies und Folie gelegt. So ist er gut geschützt – auch gegen leichten Frost.

Bachlauf anlegen

Die Kalksandstein-Findlinge wurden im Steinbruch handverlesen. Beim Abladen bebt der Boden – am besten auf weiche Erde kippen lassen.

Das Bett des Bachlaufs wird ca. 50 cm tief ausgehoben. Dann befreit man den Untergrund von Wurzelwerk, Ästen und Gestrüpp.

Als Ausgleichsschicht bringt man in die Mulde eine ca. 10 cm starke Sandschicht ein. Mit dem Sand wird dann die Form des Wasserlaufs modelliert.

Jetzt schlägt man das gesamte Bachbett mit Vlies aus. Die Bahnen ragen links und rechts weit über den eigentlichen Wasserlauf hinaus.

Im nächsten Arbeitsschritt wird die Teichfolie ausgelegt. Am besten verwendet man eine durchgehende Folie von der Quelle bis zur Mündung.

Im Bereich des Wasserfalls setzt man die Steine in Trockenmörtel, um der steilen Wand mehr Stabilität zu verleihen.

Der Bachlauf endet hier in einem größeren Gartenteich. Die Schmutzwasserpumpe wird einfach versenkt und ist somit unsichtbar.

Die Quelle des Bachlaufs ist denkbar einfach ausgeführt: Das Ende des Rücklaufschlauchs drückt man zwischen zwei größeren Steinen in Trockenbeton.

Der mit viel Feingefühl für Steinproportionen und Wasserläufe angelegte Wasserfall sieht seinen natürlichen Vorbildern zum Verwechseln ähnlich.

Sprudelnde Amphore

Ein individuelles Wasserspiel, das Terrasse oder Balkon bereichert, lässt sich schon mit ganz einfachen Mitteln herstellen, wie dieser Gestaltungsvorschlag mit einer kleinen Amphore, aus der Wasser in ein dekoratives Becken plätschert, zeigt.

Eine Mörtelwanne und ein Pflanzkübel – zwei sehr preiswerte Standardprodukte aus dem Baumarkt – bilden die Basis des kleinen Wasserspiels.

Sie werden mit einer einfachen Rahmenkonstruktion aus Douglasienleisten und Gewindestangen, die sich schnell und einfach fertigen lässt, umkleidet.

Mit einer Ton-Amphore aus dem Gartencenter, einer einfachen Umwälzpumpe sowie ein paar Pflänzchen entsteht ein dekoratives Wasserspiel.

Die Grundidee ist so einfach wie genial: Eine Mörtelwanne, dekorativ mit Holz verkleidet, fängt das Wasser auf, das aus einer Amphore fließt. Diese liegt auf einem kleinen, mit grünen Pflanzen liebevoll arrangierten Pflanzkübel auf. Für den Wasserkreislauf sorgt eine einfache Umwälzpumpe. Von der Technik ist dabei nichts zu sehen – sie verschwindet genau wie der Kunststoff hinter der Holzverkleidung.

Diese ist aus Douglasie gefertigt, einem widerstandsfähigen Holz, das mit seiner leichten Rottönung eine angenehm warme Ausstrahlung besitzt. Die Latten wurden aus Standardbohlen für die Terrassengestaltung gesägt, eine Arbeit, die der Zuschnitt in gut geführten Baumärkten gratis erledigt. Die hier verwendeten Hölzer sind 2 m lang. Durch die Länge von 1,27 m und die Breite von 59 cm wurde der Verschnitt minimal gehalten.

Der Bauvorschlag lässt sich beliebig variieren – beispielsweise mit Wannen in anderen Größen. Auch die Grundform des Kastens lässt sich anders gestalten und z. B. um eine Ecke führen. Ein Teil des Kastens wird dann bepflanzt, während der andere das Wasserspiel beinhaltet.

Statt der doch recht teuren Amphore kann man den oberen Pflanzkasten auch mit Natursteinen arrangieren und das Wasser aus einem verdeckten Schlauch in die größere Wanne plätschern lassen. Mit einem farbigen Anstrich – z. B. in weiß oder blau – erhält die Holzumfassung eine Optik, die besonders gut zu moderner Architektur passt. Wird das Holz allerdings in seiner Naturfarbe belassen, passt es sich nahezu in jede Gartengestaltung ein.

Holzverkleidung bauen

1

Die im Baumarkt vorgesägten Douglasienleisten werden in einer Schneidelade auf die richtige Länge der Quer- und Längshölzer gekürzt. Die Konstruktionshölzer haben die Maße von 35 x 50 mm. Statt dieses relativ teuren Holzes kann man z. B. Kiefer oder Fichte einsetzen. Diese Nadelhölzer benötigen allerdings einen Anstrich.

2

Für perfektes Bohren der Gewindestangenlöcher fertigt man eine Bohrlehre an. Das Loch für den Zwischensteg liegt 535 mm von der Stirnseite entfernt. Am Ende der Bohrschablone befindet sich eine Anschlagleiste. Sie sorgt dafür, dass die Löcher immer im gleichen Abstand zur Stirnseite entstehen.

3

Die Löcher für die vier Eckstangen liegen analog zu den 50 mm breiten Leisten exakt 25 mm vom Leistenende bzw. der Leistenseite entfernt. Das Bohren erleichtert eine Bohrschablone, die man schnell und einfach aus Latten herstellen kann.

4

Als Abstandshalter zwischen den Leisten dienen quadratische Klötzchen (50 x 50 mm). Auch diese werden mit Hilfe der Bohrschablone genau mittig durchbohrt. Eine Hilfslatte ermöglicht es, sie in die richtige Bohrposition zu schieben.

5

Die verzinkten Gewindestangen mit 10 mm Durchmesser schneidet man mit einer Eisensäge. Die Stangen sollten 390 mm lang sein. Um Verletzungsgefahren zu vermeiden, werden die Schnittflächen nach dem Zuschnitt entgratet.

6

Auf eine Seite der Gewindestangen je eine Mutter mit Unterlegscheibe bündig aufschrauben und die Kiste Holz für Holz zusammenstecken.

7

Nachdem die letzte Leiste aufgesteckt wurde, fixiert man die gesamte Konstruktion mit Muttern. Vor dem Aufdrehen auf die Gewindestange eine Unterlegscheibe zwischenlegen. Mit der Feile noch einmal alle Kanten und Ecken säubern.

8

Zu guter Letzt setzt man die Abdeckkappen auf. Sie verbergen die Muttern, schützen diese vor Feuchtigkeit und vermeiden Verletzungsgefahren. Dann muss lediglich noch die Wassertechnik installiert werden.

Amphore aufbohren

Die Amphore weich lagern, z. B. auf einer Schaumstoffunterlage. Dann mit einem 10er Bohrer die Zuführung für den Wasserschlauch bohren.

Ohne Schlag langsam und ruhig bohren. Die Bohrmaschine dazu auf niedrige Drehzahl stellen und mit sanftem Druck den Ton aufbohren.

Materialbedarf

alle Maße in mm

Für die Grundkonstruktion:
Douglasien-Terrassenholz 35 x 50: 12 Längshölzer 1370 lang, 11 Querhölzer 590 lang, 8 Abstandshalter 50 lang; 6 Stahlgewindestangen M10, 12 Sechskantmuttern M10, 12 Scheiben, 12 Abdeckkappen; Pflanzkübel 450 x 450 x 370, Mörtelwanne 800 x 480 x 300

Für die Wassertechnik:
28W-Umwälzpumpe mit Anschlussset, PVC Schlauch, Amphore aus Ton.

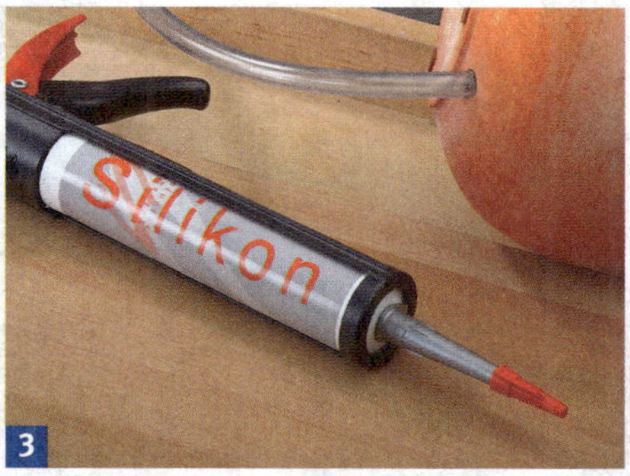

Den Schlauch gut 10 cm in die Amphore einschieben. Das Loch wird mit durchsichtigem Silikon abgedichtet. Das Silikon muss ausreichend lange aushärten.

TIPP WASSERTECHNIK

Bei der Wassertechnik entscheidet man sich am besten für Komponenten von einem Hersteller. So hat man die Garantie, dass alles genau passt. Herzstück ist die Umwälzpumpe. Für die Amphore ist eine Pumpe mit 28 W Leistung geeignet, die 37 l/Min fördert. Sie kann auch für Quellsteine oder Springbrunnen eingesetzt werden und Fontänen bis 2 m Höhe erzeugen. Der Schlauch sollte durchsichtig sein – so ist er am unauffälligsten. Die Amphore gibt es von verschiedenen Herstellern. Bei speziellen Wasseramphoren ist die Schlauchdurchführung vorgebohrt.

Transportable Duschkabine

Für eine kühle Erfrischung an heißen Sommertagen sorgt jede Gartendusche. Mit zwei klappbaren Sichtschutzwänden und einem festen Untergrund wird das Duschvergnügen richtiggehend luxuriös.

Mobile Dusche: Die Kabine mit der integrierten Dusche lässt sich leicht transportieren.

Ein paar Handgriffe genügen, um die Dusche aufzustellen.

Die Installation dieser Duschkabine ist denkbar einfach: An einem der beiden Rahmen ist unten ein Schlauchanschluss (Gardena-Stecksystem) vorgesehen. Der Wasseranschluss erfolgt so an den Gartenschlauch. Die Wasserzufuhr kann dabei direkt in der Kabine erfolgen. Das Wasser wird am Hausanschluss aufgedreht – die Durchflussmenge reguliert man ganz leicht mit einem zum Gardena-System passenden Absperrventil.

In der Kabine befinden sich zwei Schlauchstücke: Eines führt vom Anschluss unten zum Absperrventil, das zweite von hier aus zum Brausekopf. Als Duschkopf wird im Bildbeispiel ein preiswertes Produkt aus dem Baumarkt eingesetzt. Stattdessen kann man aber auch ein Komfortmodell z. B. mit Massagestrahl verwenden.

Der Rahmen der Kabine ist aus einfachem Kiefernholz errichtet, das weiß lackiert wurde. Wer sich die Streicharbeit sparen möchte, fertigt alles aus kesseldruckimprägniertem Holz. Statt des lackierten Bodens aus Kiefer sollte man sich dann aber für wasserfeste Terrassenbohlen z. B. aus Bangkirai entscheiden.

Alternative Gartendusche

Statt einer so komfortablen Kabine wie im Baubeispiel sorgen auch ganz einfache Lösungen für erfrischendes Nass – so wie der Rasensprenger (links) oder die Gartendusche (oben).

Duschkabine bauen

1 Die Hölzer für die beiden Rahmen passend zuschneiden – oder bereits im Baumarkt zuschneiden lassen. Alle Schraubpunkte werden vorgebohrt.

2 Die Rahmenteile werden mit Spanplatten-Schrauben miteinander verbunden. Leim sorgt für zusätzlichen Halt. Dabei Zwingen zum Fixieren nutzen.

3 Für zusätzlichen Komfort sorgt ein Boden, der ganz einfach aus zwei Trägerhölzern sowie mehreren Bodenbrettern zusammengeschraubt wird.

4 Die Montageplatte für den Brausekopf wird an einem Rahmenoberteil montiert. Zum Verschrauben sollte man nicht rostende Schrauben verwenden.

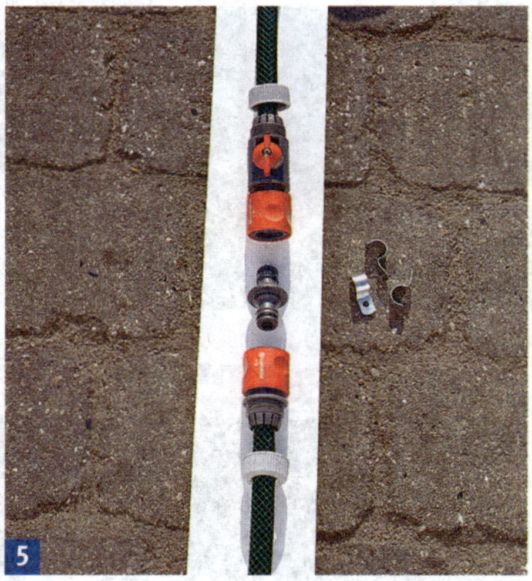

5 Das Absperrventil wird auf den Mittelsteg aufgelegt. Dann die beiden Schläuche auf die richtige Länge zuschneiden und alles mit Schlauchschellen befestigen.

6 Der Schlauch, der vom Absperrventil nach unten führt, wird durch die Schlauchführung aus Holz gesteckt. Dann Systemverbinder aufstecken.

7 Der Schlauch mit der Wasserzufuhr wird über ein Kupplungsstück mit demjenigen verbunden, der zum Absperrventil der Duschkabine führt.

8 Den Markisenstoff zuschneiden. Dann oben und unten zwischen je zwei Holzleisten fixieren. Der Stoff kann geklebt oder getackert werden.

9 Am Rahmen 8 Schrauben so eindrehen, dass die Leisten mit dem Stoff mittels Wäscheleine-Schlaufen daran befestigt werden können.

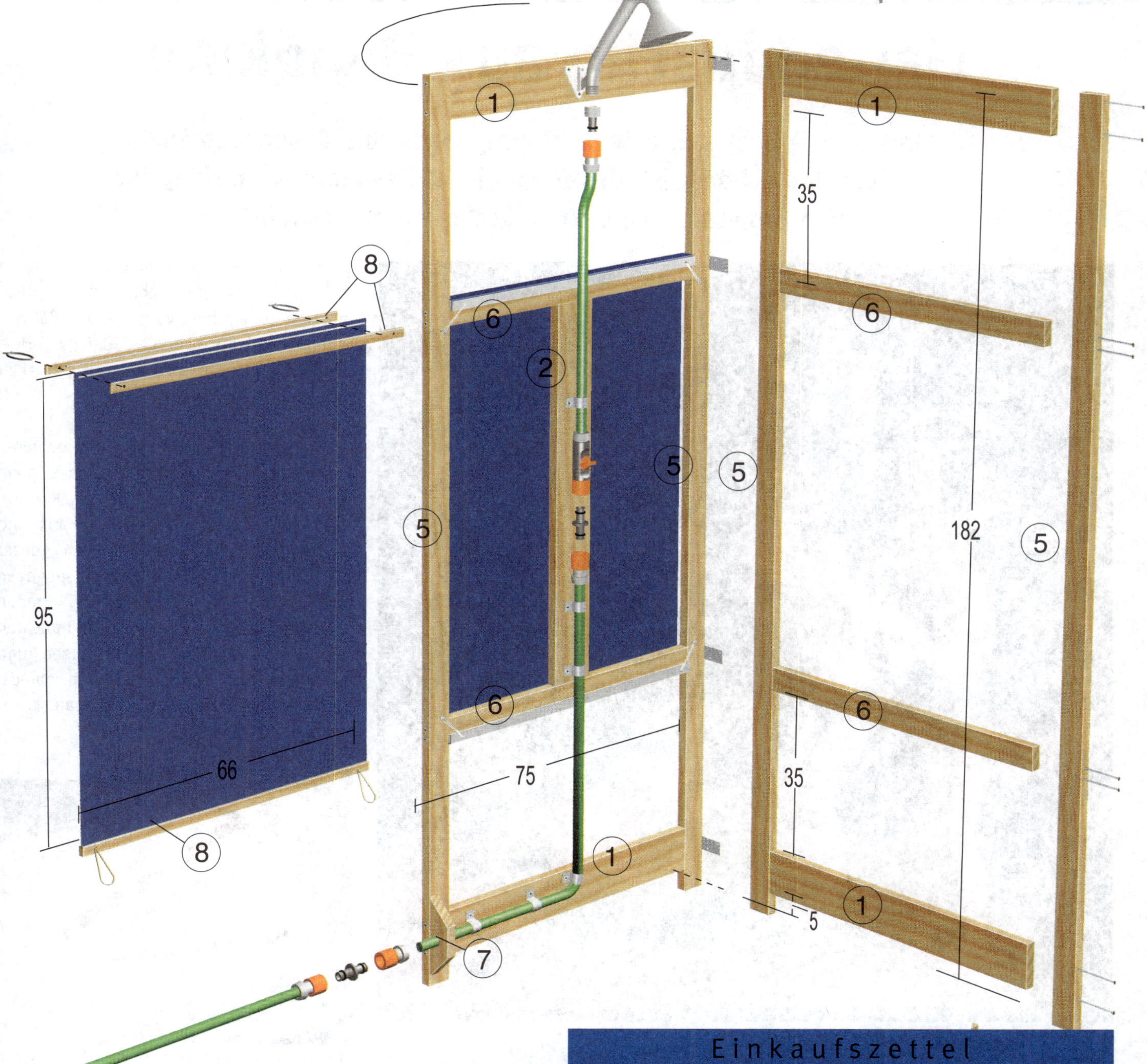

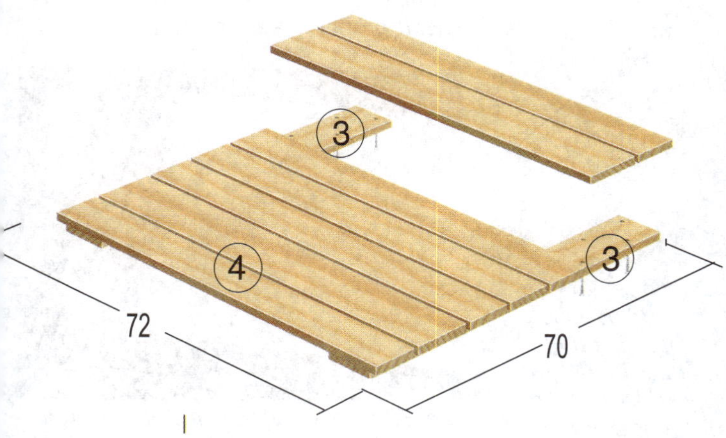

Einkaufszettel

Pos.	Anz.	Bezeichnung	Maße in mm	Material
①	4	Rahmenbretter	664 lang	Kiefer 91 x 21 mm
②	1	Mittelsteg	802 lang	
③	2	Bodenbretter	700 lang	Kiefer 91 x 15 mm
④	7	Rostbretter	720 lang	druckimprägniert
⑤	4	Rahmenleisten	1820 lang	Kiefer 43 x 21 mm
⑥	4	Querleisten	664 lang	
⑦	1	Schlauchhalterung	160 lang	
⑧	8	Fixierleisten	660 lang	Kiefer 20 x 5 mm

Sonstiges: Markisenstoff: 2x 950 x 660 mm (Bespannung); Kunststoff-Wäscheleine ∅ 3 mm; 8 Schlaufen ca. 200 mm lang; 1 Brause mit Außengewinde und Montageplatte; 1 Anschlussstück mit Innengewinde; 4 Schlauchkupplungen; 2 Schlauchverbinder; 1 Absperrventil mit Kupplung; 6 Schlauchschellen; 4 Scharniere 180 x 25 mm (geöffnet); Spanplatten-Schrauben; wasserfester Holzleim.

Gartendusche aus Bangkirai

Als Gartendusche eignet sich jeder Fächerregner für die Rasenbesprenklung. Komfortabler und schöner ist allerdings dieser Gestaltungsvorschlag für eine professionelle Gartendusche aus Bangkirai.

Die edlen Gartenduschen kosten bis zu 1500 Euro. Aber es geht auch wesentlich preiswerter. Im hier vorgestellten Bauvorschlag wird hochwertiges Bangkirai-Holz verwendet, das Erdkontakt und Feuchtigkeit nicht übel nimmt.

Der Duschteller besteht aus mehreren Lagen Holz. Ausgangsmaterial sind 14,5 cm breite Standardbohlen in einer Stärke von 21 mm. Die Unterkonstruktion wird aus rund geschnittenen Terrassenhölzern in ganzer Breite gefertigt. Die Roste oben hingegen sind aus 17 bzw. 18 mm breiten Streifen gefertigt, die man sich im Baumarkt aus den Bohlen sägen lassen kann. Sie ragen rund 3 cm über die Unterkonstruktion hinaus. Zum Verschrauben benutzt man nicht rostende Schrauben.

Duscharmatur und Zubehörteile

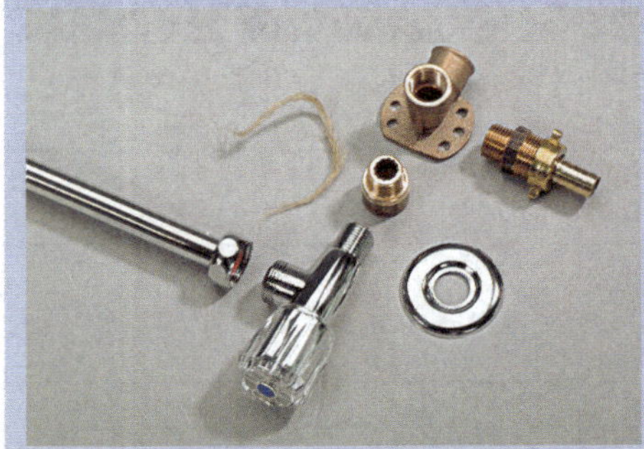

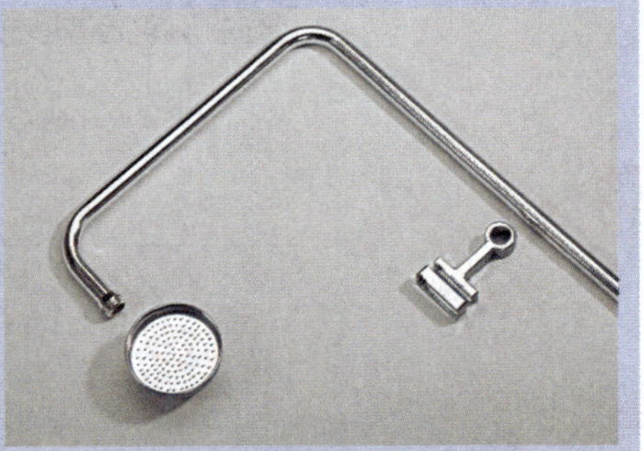

Alles, was für die Dusche und ihre Installation benötigt wird, führen Baumarkt und Sanitärfachhandel. Die Teile gibt es sogar als Komplettset mit vorgebogenem Rohr, Brausekopf, Eckventil und Halterung. Das Eckventil wird durch die vorbereitete Bohrung im Stützbrett geführt und dann von hinten mit Reduzierstück, Rohrwinkel, zweitem Reduzierstück und Schlauchanschluss verschraubt. Fürs Abdichten benötigt man Hanf oder Teflonband. Die Befestigung erfolgt am Trägerhölzchen. Um die Halterung für den Brausekopf perfekt befestigen zu können, wird das Stützbrett oben ausgespart.

Duschteller herstellen

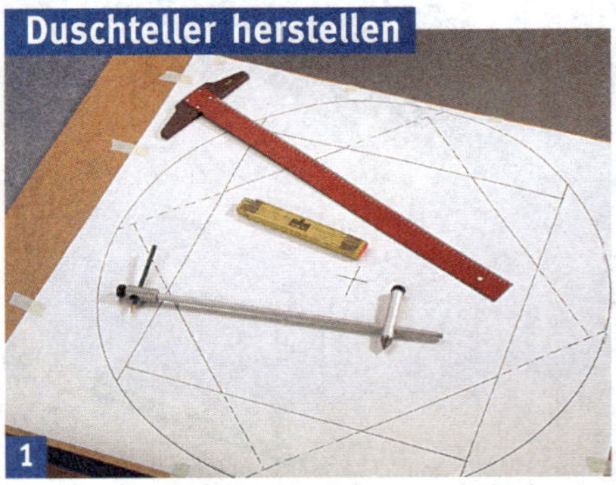

1 *Der Bodenrost lässt sich am einfachsten bauen, wenn man zuvor eine genaue Schablone erstellt. Dazu wird ein ausreichend großer Zirkel benötigt.*

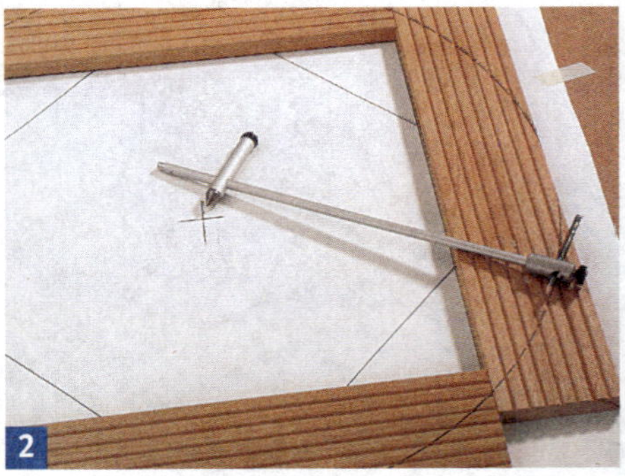

2 *Die Schablone auf einem Brett fixieren. Dann die ersten Bohlenbretter (siehe Stückliste) auflegen und den Kreis übertragen.*

Um die Bohlen sauber miteinander verschrauben zu können, ist Vorbohren unerlässlich. Nicht rostende Edelstahlschrauben verwenden.

Je vier Roststreifen werden mit 5 mm breiten Abstandshaltern zu einem Brett zugeschnitten und dann auf dem Unterbau verschraubt.

Damit die Roste um ca. 3 cm über den Unterbau ragen, muss mit dem Zirkel etwas weiter angeschlagen und dann kreisrund zugeschnitten werden.

Für die beiden Winkelverbinder, die das Stützbrett halten, müssen die Bodenbretter entsprechend ausgespart werden.

Die zweite Lage der Bodenbretter wird um 90° versetzt auf die untersten Bohlen aufgeschraubt. Füllecken stabilisieren die Auflage.

Das Stützbrett an den Winkeln festschrauben. Dann das breitere Rostbrett so aussparen, dass es Stützbrett und Winkel perfekt umschließen kann.

Einkaufszettel

Pos.	Anz.	Bezeichnung	Maße in mm	Material
①	1	Stützbrett	1600 lang	Bangkirai
②	8	Bodenbretter	700 lang*	145 x 21 mm
③	4	Fülldreiecke	300 lang*	(Bodenhölzer)
④	1	Rostbrett	700 lang*	
⑤	2	Rostbrett/-leiste	600 lang*	
⑥	8	Rostleisten	870 lang*	
⑦	8	Rostleisten	920 lang*	* = Rohmaße

Sonstiges: 1 Trägerklötzchen (Befestigung Montageplatte Rohrwinkel); 2 Winkelverbinder 105 x 90 x 3 mm; 1 Brause-Set, bestehend aus Brausekopf, vorgebogenem Rohr, Eckventil und Halterung; 2 Reduzierstücke; 1 Rohrwinkel 1/2", 90°, mit Montageplatte; 1 Schlauchanschluss; Teflonband; Edelstahl-Spanplatten-Schrauben 4,0 x 40 mm.

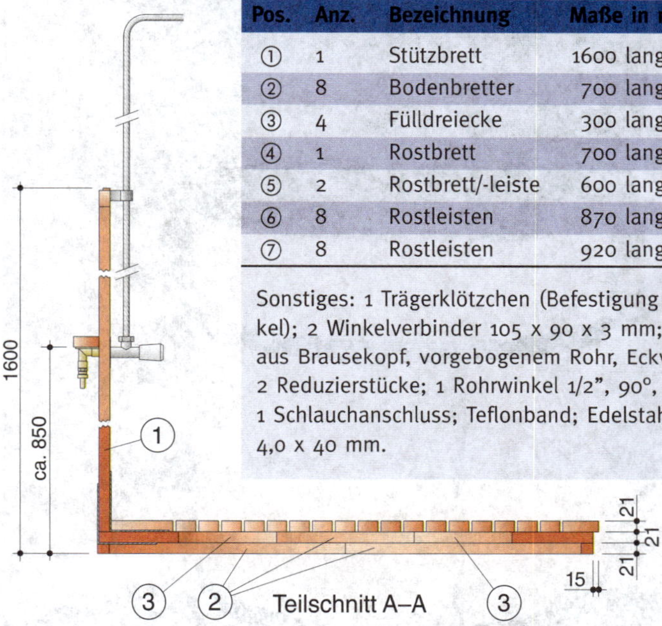

Teilschnitt A–A

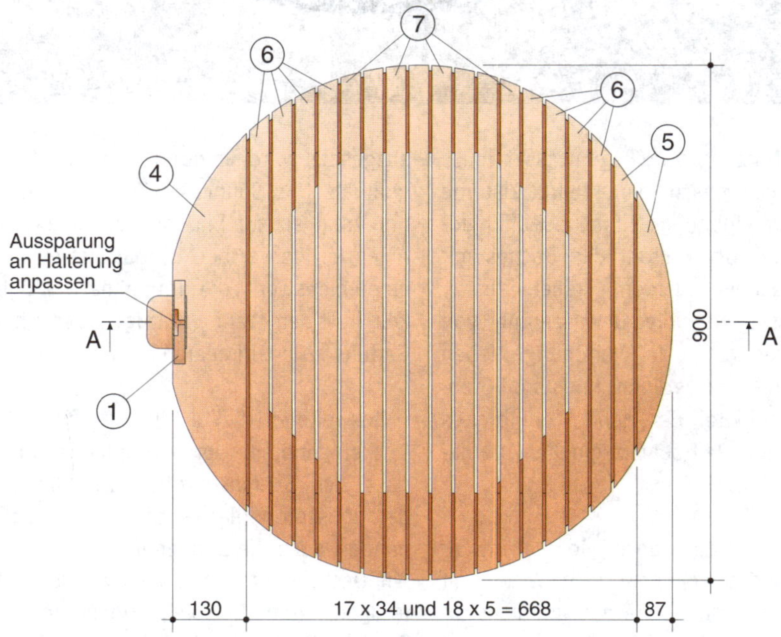

Draufsicht
(ohne Sanitär-Ausrüstung)

Regenwasser nutzen

Regenwasser zu sammeln und für den Garten zu nutzen, schont nicht nur den Geldbeutel, sondern auch die Umwelt. Das Spektrum reicht von der einfachen Auffangtonne bis hin zum ausgeklügelten Sammelsystem.

Über die Formgebung lässt sich streiten – wer aber zu einer Tonne in Felsnachbildung greift, bekommt im Zubehör einen passenden Pflanzkasten.

Nette Idee: Für die Felstonne gibt es als Zubehör einen kleinen Springbrunnen, der über eine Umwälzpumpe mit dem gesammelten Regenwasser arbeitet.

Für die Nutzung von Regenwasser muss man nicht gleich eine teure Zisterne unterirdisch einbauen. Einfache Auffanglösungen, die vom Fallrohr des Daches mit Wasser gespeist werden, stellen ausreichend Wasser für die Bewässerung von Beeten oder Rasen zur Verfügung. Neben den unattraktiven grünen Kunststoff-Standardtonnen bietet der Handel ein breites Sortiment zum Teil sehr origineller Alternativen an.

Die Optik sollte jedoch nicht allein für den Kauf ausschlaggebend sein: Wichtig ist zunächst, dass die Tonne aus undurchsichtigem Material gefertigt ist. Denn wenn das Wasser in der Tonne direktem Sonnenlicht ausgesetzt wird, mindert dies die Wasserqualität. Die Sonne erwärmt das Wasser und trägt so zur Bildung von Keimen und Algen im Wasser bei. Deshalb ist es immer empfehlenswert, die Tonne nach Möglichkeit in einem sehr schattigen Bereich des Gartens zu positionieren.

Desweiteren sollte zu der Tonne ein Deckel gehören. Der verhindert nicht nur, dass sich Schmutzpartikel oder Laub auf der Wasseroberfläche absetzen, sondern mindert auch die Sonneneinstrahlung. Fehlt ein Deckel, kann man diesen auch selbst fertigen, zum Beispiel, indem man die Tonne mit Holz umkleidet und mit einer kippbaren Abdeckplatte versieht.

Praktisch, preiswert, gut: die grüne Standardtonne. Das Kunststoffprodukt gibt es ab 30 l Fassungsvermögen.

Recht echt wirkt diese Tonne in Fels-Optik, vor allem, wenn sie etwas Patina angesetzt hat.

Diese große Tonne, die 85 cm hoch ist und bis zu 500 l Regenwasser sammeln kann, hat die Form eines Findlings.

Diese Tonnenform ist einem Baumstumpf nachempfunden, wobei die Täuschung nicht ganz gelingt.

Am historischen Vorbild orientieren sich die Regenfässer aus Holz, die der Handel in verschiedenen Größen führt.

Nahezu jeder Behälter eignet sich zum Sammeln – so z. B. auch ausgediente, gründlich gereinigte Chemietanks.

Zubehör für Regentonnen

Für Standardtonnen gibt es verschiedenes, sinnvolles Zubehör. Besonders komfortabel ist eine Tauchpumpe, die auf den Fassboden gestellt wird und an die ein Gartenschlauch fest angeschlossen ist. Bei einer solchen Lösung sollte man darauf achten, dass die Pumpe auch Druck erzeugt. Entsprechende Produkte nennt man Tauchdruckpumpen.

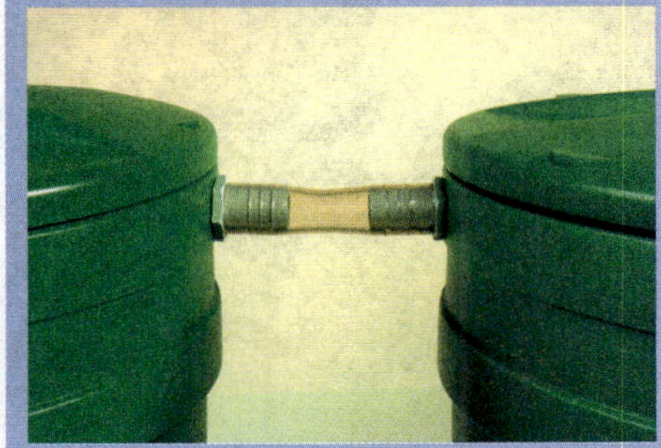

Mit dieser Schlauchverbindung kann man zwei oder mehr Tonnen zu einer Einheit verbinden.

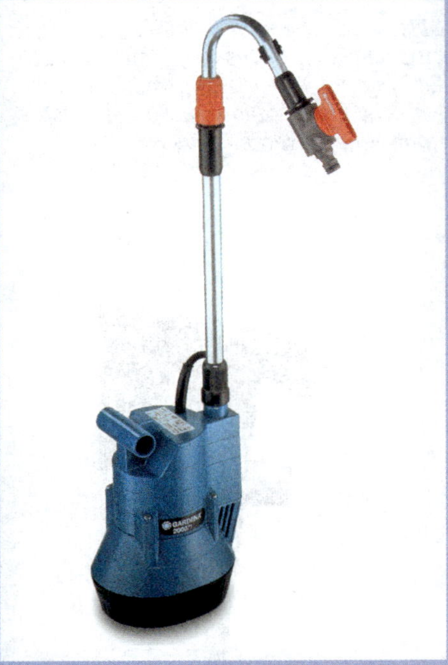

Diese Regenfasspumpe wird einfach über den Beckenrand gehängt. Am Hahn lässt sich ein Schlauch direkt andocken.

Diese Regentonne steht auf einem passenden Podest. Jetzt kann eine Gießkanne direkt untergestellt werden.

Technik fürs Fallrohr

Regensammler nennt man die Zwischenstücke fürs Fallrohr, die für einen automatischen Wasserzulauf zur Tonne sorgen. Sie erfüllen einen doppelten Zweck: Zum einen muss man sich über den Füllstand der Tonne nicht mehr kümmern – die Technik sorgt dafür, dass die Tonne selbst nach heftigem Regen nicht überläuft. Zum anderen filtern die Regensammler Verunreinigungen aus dem Wasser heraus. Dabei unterscheidet man zwei Systeme: Das eine arbeitet mit einem eingebauten Filter. Das andere nutzt den Effekt aus, dass das Wasser im Fallrohr immer an der Innenwand nach unten läuft (siehe Foto unten). Empfehlenswert sind Systeme, die mit einer Revisionsöffnung ausgestattet sind. Hier kann man den Filter ohne großen Aufwand herausnehmen und reinigen. Die Regensammler sind fester Bestandteil der Zulaufsets, die man für Systemtanks erhält. Man kann sie aber auch einzeln kaufen, um individuelle Sammelbehälter wie einen ausgedienten Transporttank automatisch zu befüllen.

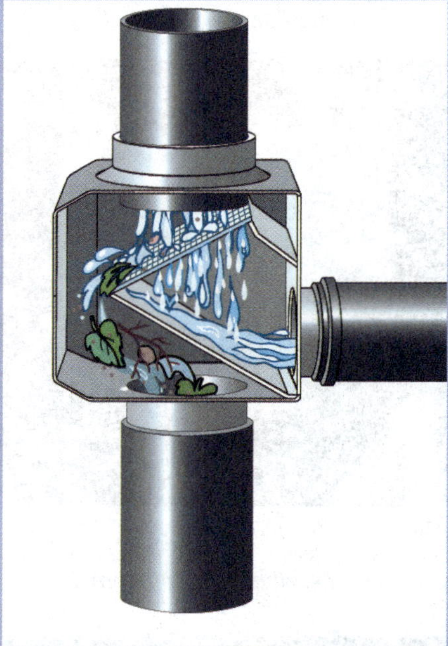

Dieser Regenabscheider trennt im Fallrohr Fremdkörper vom Wasser. So wird z.B. Laub zuverlässig herausgefiltert. Das gereinigte Wasser wird dann zur Regentonne weitergeleitet.

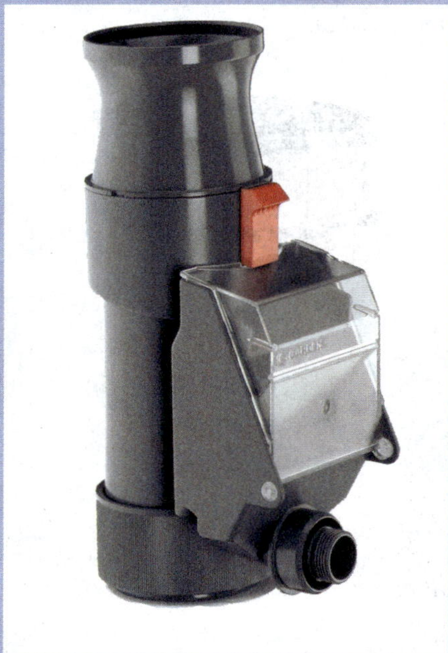

Dieses Zwischenstück fürs Fallrohr ermöglicht, einen Wasserschlauch als Zuführung zur Tonne zu nutzen. Das vereinfacht die Installation, da kein festes Rohr verlegt werden muss.

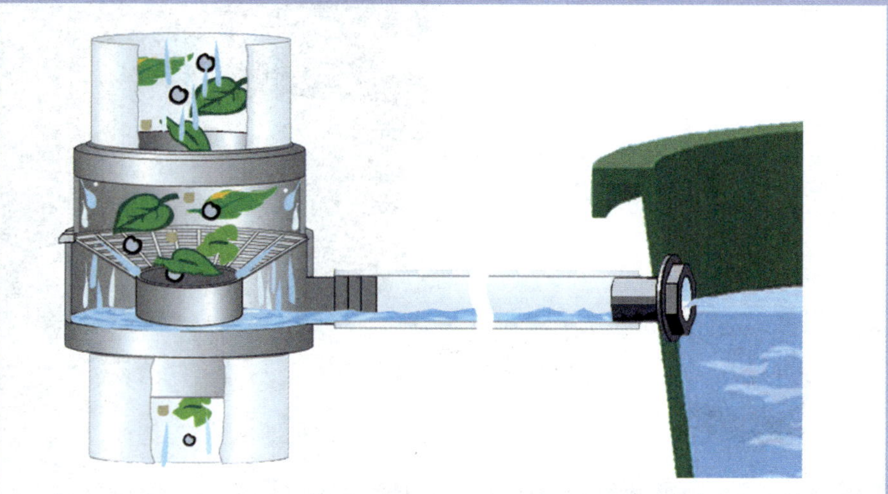

Wasser läuft im Fallrohr an der Innenwand entlang und fällt nicht durch die Mitte herunter. Der Filter nutzt den Effekt, um nur sauberes Wasser weiterzuleiten.

Wassertank für Garagendach

1 *Dieses Tanksystem nutzt den brachliegenden Platz auf dem Garagendach. Den 50 kg schweren Tank hieft man am besten zu zweit auf das Dach.*

2 *Die Zulauföffnung ist nicht vorgestanzt, sondern wird individuell – je nach Montageposition – mit einer Lochsäge an der Stirnseite des Tanks ausgespart.*

3 *Die Ablauföffnung hingegen ist vorbereitet. Ein Doppelnippel zum Anschluss eines PE-Rohrs gehört zum Lieferumfang des zugehörigen Auslaufsets.*

4 *Die PE-Rohre für Zu- und Ablauf gehören ebenfalls zum Set. Sie werden mit einer Handsäge auf die benötigten Längen gekürzt.*

7 *Jetzt erfolgt der Anschluss der PE-Rohre. Der Zulauf verbindet Regensammler und Tank. Der Ablauf führt vom Tank zu einem in Griffhöhe an der Garagenwand befestigten Wasserhahn. Die Bögen gehören zum Lieferumfang. Alle Rohrverbindungen werden mit Kunststoffkleber gesichert und abgedichtet.*

5 *Das Fallrohr am Haus wird in der benötigten Höhe unterbrochen. Dazu sägt man einen ca. 5 cm breiten Streifen aus dem Rohr heraus.*

6 *Um Ober- und Unterteil des Regensammlers aufstecken zu können, wird das Fallrohr etwas nach vorn gezogen. Dann die Teile zusammenstecken.*

8 *Abschließend wird das Gefälle noch einmal mit der Wasserwaage überprüft. Ein Tank kann bis zu 750 l fassen. Wenn dies nicht ausreicht, kann man mehrere Tanks miteinander verkoppeln. Die Tanks sind so konstruiert, dass sie die Statik des Garagendachs nicht überfordern.*

Pavillon, Carport & Co

Schutz vor Sonne, Wind und Regen – das ist im Garten auf vielfältige Weise gefragt: Ganz gleich ob man selbst ein geschütztes Plätzchen zum Entspannen sucht, das Auto besser geschützt sein soll oder Geräte regensicher untergebracht werden wollen – überdachte Flächen steigern den Nutzwert des Gartens.

Dieses Kapitel zeigt, wie man in Eigenleistung Pavillon und Gartenhaus sowie Carport und Schuppen selbst errichten kann.

Pavillon-Bausätze

Bausätze stellen die einfachste Art dar, zu einem Pavillon im Garten zu gelangen. Wie die Beispiele auf dieser Seite zeigen, ist die Auswahl groß – und viele Modelle lassen sich durch Zusatzmodule noch erweitern oder umgestalten.

Allen hier gezeigten Modellen ist gemein, dass sie sich – laut Anbieter – sehr einfach ohne Spezialwerkzeug zusammenbauen lassen. Alle benötigten Seiten- und Dachteile sind beispielsweise in der richtigen Länge vorgefertigt und müssen nur noch miteinander verschraubt werden.

Jeder Pavillon benötigt einen festen Untergrund, auf den man ihn stellen kann. Da zu fast allen Modellen ein stabiler Holzboden gehört, reicht in den meisten Fällen ein verdichteter Boden vollkommen aus. Für größere und schwerere Varianten empfiehlt sich ein Betonfundament. Dies kann sowohl als Platte als auch als Punktfundament für die Pfosten ausgelegt sein.

Standardmodelle sind aus druckimprägnierter Kiefer gefertigt und müssen so regelmäßig Pflegeanstriche erhalten. Die lackierten Varianten sind wetterbeständiger und besser geschützt – meist aber auch deutlich teurer. Preisbestimmend ist zudem die Dachausführung: Das Spektrum reicht von einfacher PE-Folie über Dachpappe bis hin zu Schindeln. Ein solider Dachaufbau trägt maßgeblich zur Langlebigkeit bei – Mehrinvestitionen lohnen sich also auf Zeit.

Die meisten Pavillons werden als Systembausätze angeboten. Das bedeutet: Es gibt eine Grundausführung, die man je nach Geschmack und Geldbeutel fast beliebig ausgestalten kann. Das Spektrum reicht von verschiedenen Seitenteilen über Fenster und Türen bis hin zu Zierelementen wie z. B. Rundbögen oder Pflanzkästen.

Eine preiswerte Lösung aus dem Versandhandel: Zum Lieferumfang dieses Pavillons gehört der Tisch in der Mitte. Die Sitzbänke sind fest am Tragegerüst aus imprägnierter Kiefer befestigt. Die Bänke sind 30 cm tief und je 98 cm breit.

Diesen schmucken Pavillon gibt es in verschiedenen Ausführungen, so z. B. als preiswerte Variante mit Foliendach. Die oberen Rundbögen gehören zur Grundausstattung. Mit Fenster und Türen wird der Pavillon sogar komplett wetterfest.

Dieser Pavillon mit seinem Reetdach passt gut zu norddeutscher Architektur.

Pavillons aus Glas sind eine attraktive Alternative zu den Holzvertretern – hier ein Modell, das man selbst zusammenstecken und -schrauben kann.

Diese Variante bietet ein schattiges Sitzplätzchen an heißen Tagen. Für die einfache Grundkonstruktion bietet der Hersteller Schindeln in unterschiedlichen Farben an. Durch Seitenteile oder gar Türen und Fenster lässt sich der Pavillon schließen.

Die klassische Grundvariante des Pavillons ist sechs- oder achteckig. Dass aber auch viereckige Grundkonstruktionen attraktiv wirken, belegt dieses Beispiel. Die lackierten Holzoberflächen tragen maßgeblich zur Wertigkeit bei.

Pavillonbausatz aufstellen

Das Aufstellen eines Pavillons stellt erfahrene Heimwerker vor keine allzugroßen Probleme. Wichtig ist vor allem, die Pfosten rechtwinklig und auf gleiche Höhe zu setzen – der Rest geht dann wie von allein.

Statt mit Stoffdach erhält man den Pavillon auch mit einem Holzdach und Schindeleindeckung. Zusammen mit Fenster- und Türelementen wird er so wetterfest.

In der einfachsten Grundvariante erhält man diesen Pavillon mit acht Stützen und Dachkonstruktion. Alle anderen Elemente von der Dacheindeckung über die Seitenwände bis hin zum Boden sind frei wählbar und können zugekauft werden. Das hat den Vorteil, dass man den Pavillon nach und nach so ausstatten kann, wie es der Geldbeutel zulässt und sich die Anfangsinvestition in Grenzen hält.

Empfehlenswert ist jedoch, von Anfang an das achteckige Bodenpodest mitzukaufen, da eine nachträgliche Montage mit sehr viel Aufwand verbunden ist. Anders sieht dies bei den Seitenwänden aus: Hier stehen verschiedene Alternativen zur Wahl, die sich alle mit der Zeit einfach nachrüsten lassen. Dekorativ sind Rankgitter, die wie bei einer Sichtschutzwand einfach zwischen die Stützen geschraubt werden. Diese lassen sich auch gut mit den Fensterelementen kombinieren. Zwar ist der Pavillon so nicht komplett wetterfest, aber schon drei Fensterelemente reichen aus, um Wind und Schlagregen von der Wetterseite her wirkungsvoll abzuhalten.

Die Montage nimmt man am besten mit mehreren Helfern in Angriff. Vor allem das Errichten des Dachstuhls ist ohne helfende Hände nicht zu schaffen. Das Aufbauprinzip ähnelt dem der meisten anderen Modelle am Markt: Alle benötigten Zubehörteile wie Pfostenschuhe oder Eckverbinder gehören zum Lieferumfang. Alle Teile werden miteinander verschraubt. Für die Montage ist kein Spezialwerkzeug erforderlich.

Bausatz aufstellen

1
Zunächst wird der Boden auf einem ebenen, festen Untergrund montiert. Die einzelnen Bodenelemente werden in das Lattenkreuz eingelegt.

4
Das Errichten der Dachkonstruktion stellt den schwierigsten Teil der Arbeit dar. Zunächst werden ein Sparren an einen der Eckverbinder geschraubt, das Mittelstück befestigt und dann der gegenüberliegende Sparren montiert. Dazu benötigt man mindestens einen Helfer. Dann die anderen Sparren verschrauben und das Stoff- ...

2
Dann die Bodenumrandung anschrauben. Es folgen die Sattelbalken, die mit Hilfe von mitgelieferten Eckverbindern verschraubt werden.

3
Die Stützen werden mit Pfostenschuhen fest auf dem Boden verschraubt. Für Stabilität sorgt der oben umlaufende Kranz, den man mit den Stützen verschraubt.

5
... dach überziehen. Es hat eine breite Krempe, in die ein Nylonband eingelassen ist. Über das Band wird der Stoff gespannt und an den Stützen befestigt.

6
Für die 120 cm breiten Felder zwischen den Stützen sind verschiedene Elemente erhältlich, die vormontiert und dann eingesetzt werden.

Pavillon im Eigenbau

So einfach und vielfältig die Gestaltungsmöglichkeiten mit Fertigpavillons auch sein mögen: Sie sind relativ teuer. Eine maßgeschneiderte Lösung in Eigenbau hingegen schont den Geldbeutel.

Die Unterteilung des Geländers trägt entscheidend zum hochwertigen Eindruck des Pavillons bei. Die Konstruktion ist dabei so einfach, dass selbst ungeübte Heimwerker sie bauen können.

So ein Pavillon schmückt jeden Garten: Stabil konstruiert, bis ins Detail gestaltet und fachgerecht aufgebaut – und dabei weitaus günstiger als vergleichbare Fertigprodukte.

Die hier gezeigte Konstruktion besteht aus Kiefernholz, das zuvor grundiert und mit einer Holzschutzlasur gestrichen wurde. Abschließend erhielt der Pavillon eine farbige Deckschicht. Wer sich das Streichen sparen möchte, wählt am besten druckimprägnierte Hölzer. Wenn es der Geldbeutel zulässt, kann man auch zu Zeder oder Bangkirai greifen.

Die meisten Hölzer kann man sich schon beim Einkauf im Holzhandel auf Maß zusägen lassen. Das erspart den doch recht umfangreichen Zuschnitt daheim. Außerdem kann man alle Konstruktionsteile leichter transportieren.

Eine ganze Reihe von Elementen wie die Geländer oder die Giebelseiten lassen sich vormontieren – z. B. im Keller während der kalten Jahreszeit. Für den Aufbau des Pavillons benötigt man dann nur noch einen Tag – eine kleine Einweihungsfeier inbegriffen. Die Konstruktion ist dabei so einfach, dass selbst Ungeübte sich an sie heranwagen können. Etwas aufwändig ist allein die Bearbeitung der Pfosten, die durch Aussparungen einen säulenartigen Charakter erhalten. Darauf kann man allerdings auch verzichten.

Dieser Pavillon wurde anschließend mit Dachpappe eingedeckt. Weitaus schöner – aber auch teurer und aufwändiger – ist eine Schindelabdeckung. Das dazu erforderliche Material erhält man im gut sortierten Baumarkt.

Der Pavillon ruht an allen vier Ecken auf Punktfundamenten. Diese sollten frostsicher ca. 80 cm tief in den Boden reichen. Auf einen Pavillonboden aus Holz wurde verzichtet. Stattdessen pflasterte man die Fläche mit Betonplatten. Auch hier sind wieder verschiedene Alternativen möglich. So könnte man z. B. an den Bodenträgern auch ein Holzpodest aus Terrassenbohlen anschließen.

Der Pavillon bietet ausreichend Platz für einen Tisch mit vier Stühlen.

Auch von innen wurde der Pavillon mit weißer Farbe gestrichen. So wirkt der Innenraum viel heller und freundlicher. Wer den Sitzplatz auch nach Sonnenuntergang nutzen möchte, sollte eine Stromzufuhr für Leuchten nicht vergessen.

Einkaufszettel

Pos.	Anz.	Bezeichnung	Maße in mm	Material
①	4	Eckpfosten	2020 lang	Kiefer 125 x 125 mm kesseldruckimprägniert
②	2	Querträger	2700 lang	Kiefer 120 x 43 mm
③	3	Bodenträger	1950 lang	
④	2	Dachträger	2200 lang	Kiefer 120 x 21 mm
⑤	4	Sparren	1320 lang	Kiefer 91 x 43 mm
⑥	6	Dachlatten	2094 lang	Kiefer 57 x 38 mm
⑦	6	Rahmenleisten	1950 lang	
⑧	4	Sparrenleisten	1050 lang	
⑨	12	Sprossenverbinder	669 lang	
⑩	18	Sprossen	460 lang	
⑪	15	Sprossenverbinder	128 lang	
⑫	2	Kantenleisten	2200 lang	Kiefer 43 x 15 mm
⑬	4	Dreiecksleisten	1270 lang	Kiefer 21 x 21 mm
⑭	3	Handläufe	1950 lang	Kiefer 68 x 15 mm
⑮	2	Giebeldreiecke	1950 x 420	Sperrholz 15 mm
⑯	2	Dachplatten	2200 x 1220	wasserfest verleimt

4 Pfostenschuhe für 125er Eckstützen; 6 Balkenschuhe für 43er Balken; Material für 4 Punktfundamente; 3 Bahnen Dachpappe 1000 mm breit, 2200 mm lang; Bitumenkleber; Dachpappen-Nägel; Spanplatten-Schrauben; wasserfester Holzleim.

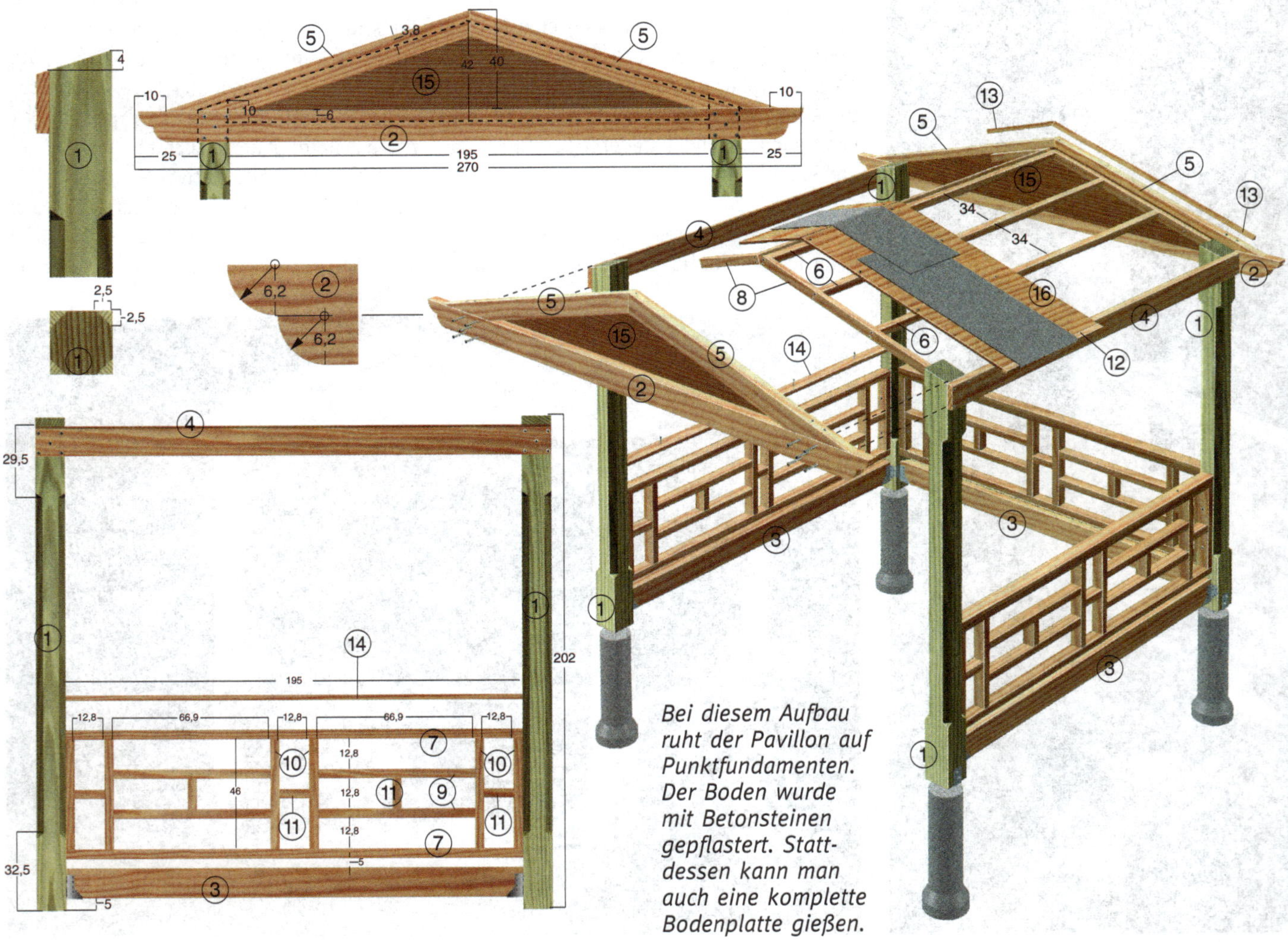

Bei diesem Aufbau ruht der Pavillon auf Punktfundamenten. Der Boden wurde mit Betonsteinen gepflastert. Stattdessen kann man auch eine komplette Bodenplatte gießen.

Pavillon selbst bauen

1 Die Eckpfosten erhalten dekorative Aussparungen. Die Kanthölzer auf die richtige Länge zusägen und dann die Ausschnitte fertigen.

2 Die 45° Schräge der Kante wird mit der entsprechend eingestellten Stichsäge ausgenommen. Anschließend die Kante mit Hobel oder Schleifholz glätten.

3 Alle Hölzer für das Geländer nach Plan fertigen. Die Sprossen und den Geländerrahmen mit Spanplatten-Schrauben zu einer Einheit verschrauben.

4 Den Eckpfosten und den Bodenträger verbinden Balkenschuhe. Da das Holz recht weich ist, kann ohne Vorbohren gearbeitet werden.

5 Jetzt werden die zwei seitlichen Geländer an den Seitenteilen verschraubt. Zwischen Bodenträger und Geländer verbleibt dabei ein Abstand von 50 mm.

6 Nun stellt man die Materialien für den Bau der Giebel zusammen. An den Sparrenenden sägt man dekorative Viertelkreise aus.

7 Im nächsten Arbeitsschritt verschraubt man den Querträger mit dem Sparren und setzt dann die ausgeschnittenen Giebeldreiecke auf.

8 Lange Latten helfen beim Zusammenbau die Seitenteile zu fixieren. Diese mit den Ankern auf den Punktfundamenten befestigen und dann Geländer verschrauben.

9 Die Geländer werden nacheinander mit den Pfosten verschraubt. Anschließend setzt man auf die Seitenteile die drei Handläufe auf.

10

Der Pavillon nimmt immer mehr Formen an: Um die vormontierten Giebelseiten perfekt ansetzen zu können, werden links und rechts unter die Querbalken der Seitenteile Hilfslatten geschraubt. Sie ragen über die Konstruktion hinaus. So kann man die Giebelseiten vor dem Fixieren auf die Hilfslatten auflegen und perfekt ausrichten. Zum Befestigen der Giebelseiten setzt man wiederum Spanplatten-Schrauben ein.

11

Bevor die Giebelseiten an den Seitenteilen befestigt werden, gilt es, sie mit Wasserwaage und evtl. Richtscheid exakt auszurichten.

14

Jetzt geht es an die Montage der Dachplatten. Sie werden mit den Dachträgern verschraubt und anschließend mit Dachpappe geschützt.

15

Dieses Bild zeigt die Eckverbindungen von innen: Bei sorgfältiger Montage ist kein Unterschied zu einem Profiprodukt aus dem Gartencenter zu erkennen.

12

Die Montage des Dachs vereinfacht man sich, indem man die Sparrenleisten – so wie im Plan gezeigt – vor dem Einsetzen miteinander verschraubt.

13

Die vorgefertigten Dachteile müssen jetzt nur noch an den Giebeln montiert werden. Sie sollte man zuvor exakt ausrichten.

Nach nur einem Tag Arbeit steht der Pavillon und kann abends mit einem kleinen Fest eingeweiht werden.

Carports im Überblick

Das Angebot an Carports ist groß. Das Spektrum reicht von einer einfachen Stelzenkonstruktion über Flachdach-Unterstände mit angegliedertem Schuppen bis hin zum Luxus-Carport mit Spitzdach und Tonschindeleindeckung.

Beim Bau eines Carports stellt sich die Frage: Carport selbst entwerfen und bauen oder einen Fertigcarport erstellen? Bei der Eigenkonstruktion lässt sich gegenüber einem Profimodell vom Hersteller bei den Materialkosten Geld sparen – dafür muss man die Statik der Eigenkonstruktion berechnen lassen, was wiederum Kosten erzeugt. Es ist nicht zu empfehlen, einen Carport ohne Statik zu errichten – im Schadensfall hat man keine Rechtsansprüche. Zu bedenken ist außerdem, dass das Errichten eines Carports im Regelfall eine Baugenehmigung erfordert – und die ist wiederum ohne statische Berechnung nicht zu bekommen. Bei Carports vom Hersteller sind die benötigten Unterlagen beigefügt. Ob und wie der Bauantrag zu stellen ist, unterscheidet sich regional. Am besten erkundigt man sich zunächst unverbindlich beim Bauamt, was genehmigt wird und welche Unterlagen eingereicht werden müssen.

Grundsätzlich ist es viel einfacher, einen Fertig-Carport aufzustellen. Die Grundmodelle der meisten Hersteller lassen sich dabei den individuellen Wünschen und Gegebenheiten anpassen. So sind sie z. B. als Doppel-Carport mit oder ohne angegliedertem Schuppen erhältlich.

Beim Kauf von Fertig-Carports gilt es, auf die Feinheiten zu achten. Erhebliche Preisunterschiede ergeben sich aus der Art der verwendeten Hölzer. Wichtig ist der Holzschutz – unbehandelte Weichhölzer sind preiswerter, müssen aber gründlich mit Öl, Lasur oder Lack geschützt werden.

Hinzu kommen unterschiedliche Postengrößen. Billigprodukte lagern auf 9 x 9 cm breiten Pfosten – empfehlenswert ist allerdings eine größere Dimensionierung, da die 9 x 9-Pfosten nicht nur dünn sind, sondern auch spacksig wirken. Empfehlenswert sind z. B. 12 x 12 cm breite Pfosten. Nicht zu jedem Angebot gehört eine Dacheindeckung – im Gegenteil, sie muss in der Regel gesondert geordert werden. Jeder Carport benötigt sicheren Stand. Zu den Kosten für den Unterstand sind so die für frostsicher gegründete Streifen- oder Punktfundamente hinzuzurechnen.

So sieht eine relativ preiswerte Standardvariante aus: Der Carport ruht auf 10 Stützen, im hinteren Bereich ist ein kleiner Schuppen angegliedert. Zur Wetterseite hin ist der Unterstand mit geschlossenen Wandelementen versehen. Sie schützen vor Regen und Schnee. Das Dach ist als Flachdach ausgeführt.

In diesem Carport finden gleich zwei Autos Platz. Durch die geschlossenen Seitenwände steht er einer Garage in Punkto Wetterschutz für die Fahrzeuge kaum nach. Aufwändiger ist die Schieferblende am Flachdach – sie kann auch gut in Eigenleistung mit Standard-Schieferschindeln angebracht werden.

Dieser Carport ist schon fast ein richtiges Haus: mit Satteldach, Ton-Schindeleindeckung und geräumigem Schuppen. Praktisch: Im Carportbereich lassen sich Teile des Satteldachs abtrennen und als zusätzlicher Lagerraum – z. B. für Reifen oder Wintersportgeräte – nutzen.

TIPP PFOSTEN VERANKERN

Die meisten Carports werden aufgeständert. Die Pfosten muss man dementsprechend sicher im Boden verankern. Am besten gießt man Punktfundamente aus Beton. Diese sollten 80 cm tief in das Erdreich eingelassen werden. Die Fundamente sollten mindestens 40, besser 50 cm breit sein.

Bei der Befestigung der Pfosten gibt es unterschiedliche Varianten (siehe Grafiken). Entscheidend sollte sein, dass der Pfosten keinen Erdkontakt hat – ansonsten zieht die Feuchtigkeit aus dem Erdreich von unten in den Pfosten. Mit der Zeit wird er morsch und muss dann ersetzt werden.

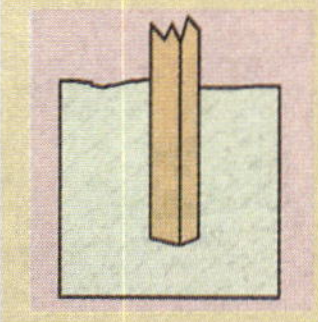

Einbetonieren

Klassische Variante: Den Pfosten eingraben und Loch zubetonieren. Aus Feuchtegründen nicht zu empfehlen.

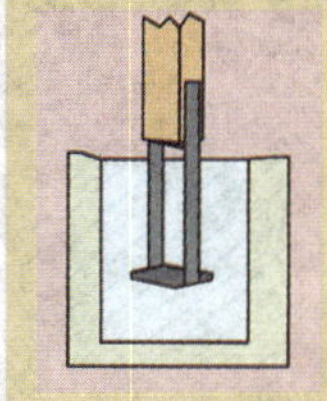

H-Träger

Die beste Variante: Auf das Punktfundament kommt ein H-Träger, in den das Holz eingeschraubt wird.

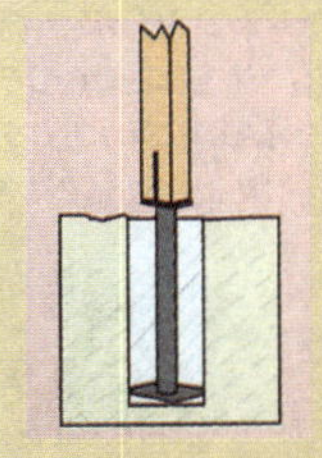

Stahlanker

Auch bei diesen Pfostenankern aus verzinktem Stahl hat der Holzpfosten keinen gefährlichen Erdkontakt.

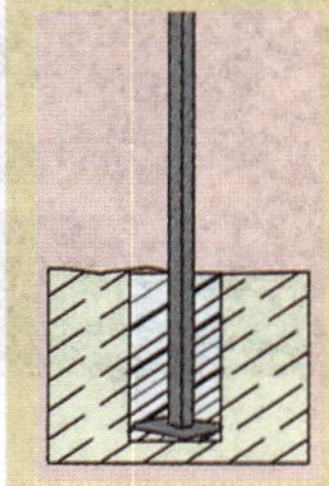

Stahlpfosten

Statt Holzpfosten werden Stahlpfosten eingesetzt, die eingegraben und in Beton gegossen werden.

Der Carport als Augenweide: Dieser luxuriöse Carport mit Satteldach und Schuppen wurde perfekt in die Gartenplanung mit einbezogen. Das harmonische Bild ergibt sich vor allem auch durch die Fortführung des Sichtschutzzauns an der geschlossenen Carportwand.

Diese Variante zeigt einen Carport in Kombination mit einer Garage und einem Abstellraum. Die Kombination von beiden Parkraumvarianten wirkt weitaus filigraner als beispielsweise eine Doppelgarage in der gleichen Größe. Der Vorteil gegenüber einer Doppelgarage: Autos lassen sich leichter be- und entladen.

Carports müssen nicht zwangsläufig aus Holz bestehen. Hier ein Beispiel, das mit einem Dach aus bruchsicherem und pflegeleichtem Plexiglas ausgestattet ist.

Zum geschlossenen Eindruck dieses Carports tragen nicht nur die an den drei Seiten montierten Sichtschutzwände bei. Die mit Schindeln gedeckten, leicht schrägen Seiten des Flachdachs vermitteln einen hausähnlichen Gesamteindruck.

Praktisch und preiswert: Dieser klassische Carport lässt sich besonders einfach in Eigenleistung errichten.

Carports: Planungsbeispiele

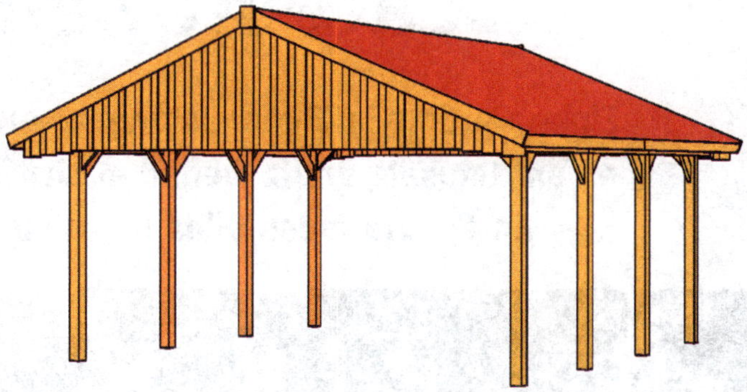

Ein System – zwei Varianten: oben links ein Carport mit Flachdach und angegliedertem Schuppen, oben rechts ein Doppelcarport mit Satteldach. Beide Varianten bauen auf demselben System eines Herstellers auf.

Die Skizzen unten zeigen die Gestaltungsvielfalt von Carports auf und helfen bei der Planung. Die roten Flächen markieren geschlossene Abstellräume. Die einzelnen Punkte markieren Abstände von je 1 m.

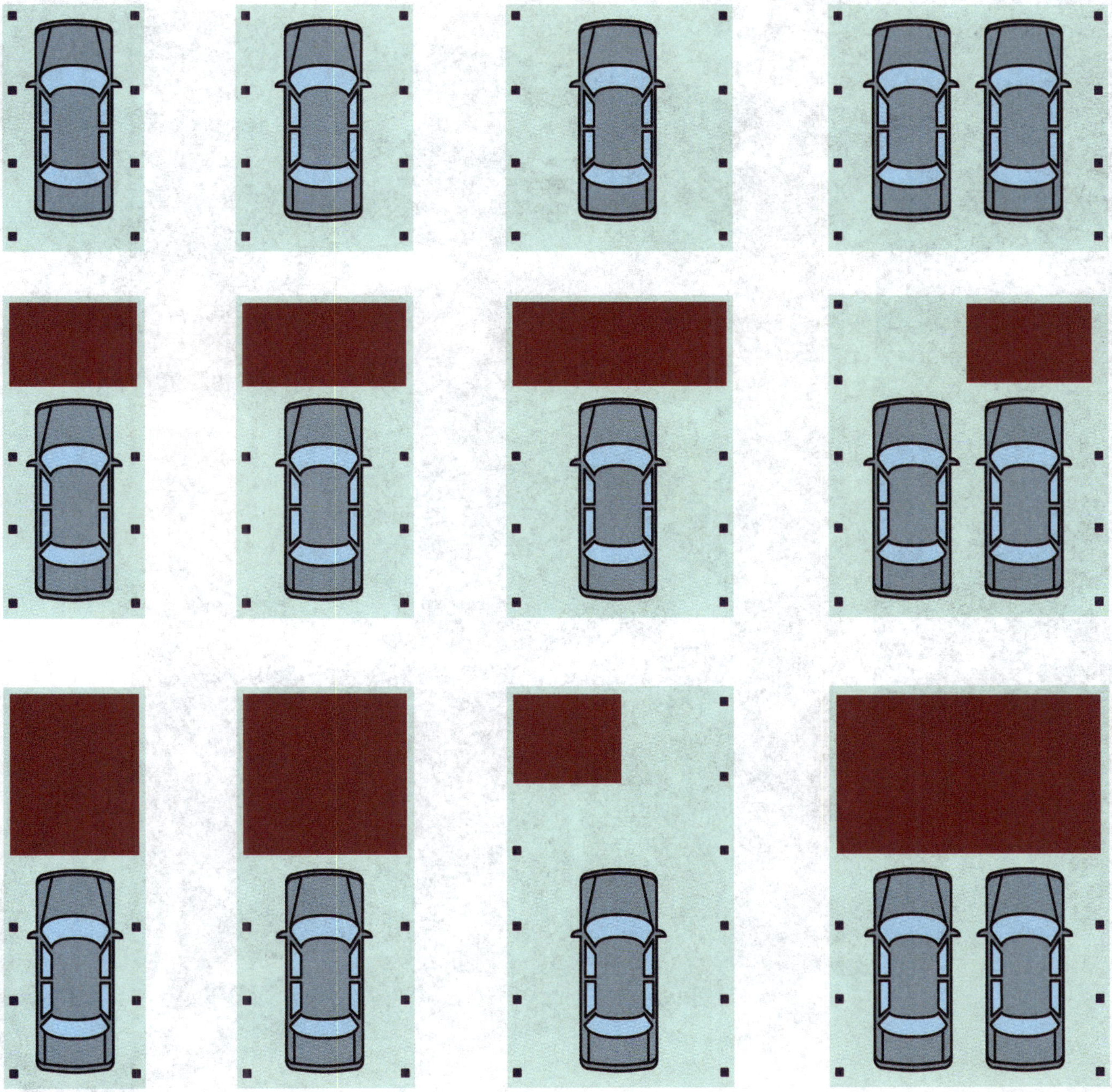

Carport selbst errichten

Einen Carport in Eigenleistung zu errichten, ist keine Kunst: Wenn man zu einem Bausatz greift, befinden sich alle benötigten Teile im Lieferumfang. Im Prinzip muss alles nur ausgerichtet und verschraubt werden.

Schönes Detail: Zur Umrandung der Pfostenlöcher werden Kieselsteine eingesetzt.

Wenn das neue Haus errichtet ist, fehlt es nicht selten am Geld, um gleich einen Carport mit aufstellen zu können. Im Bildbeispiel wurde das Errichten des Carports aber von Anfang an in die Außengestaltung mit eingeplant. Die Fläche, auf der der Carport später stehen sollte, ließen die Bauherren zusammen mit der Terrasse und den Wegen rund ums Haus pflastern. So war zwei Jahre später das Errichten des Carports relativ einfach – und das aus zwei Gründen: Zum einen musste der Stellplatz nun nicht mehr gepflastert werden, zum anderen entfielen die aufwändigen Fundamentarbeiten.

Da der Boden unterhalb des Pflasters ausreichend verdichtet und drainagiert wurde, konnten die Pfosten direkt ins Erdreich gesetzt werden. Das Gießen von Punkt- oder Streifenfundamenten aus Beton war nicht notwendig. Voraussetzung dafür ist allerdings, dass das Holz ausreichend gegen Feuchtigkeit geschützt ist. In diesem Fall griff man zu druckimprägniertem Nadelholz. Aber auch das Eingraben von Hartholzpfosten wie z. B. aus Bangkirai ist problemlos möglich.

Das Ausrichten der Pfosten

Das Errichten eines Carports steht und fällt mit dem exakten Ausrichten der Pfosten. Diese müssen nicht nur genau in einer Flucht und in den richtigen Abständen zueinander stehen – sie müssen auch alle genau gleich hoch aufgestellt werden. Die gleiche Höhe aller Pfosten sicherzustellen, ist vor allem dann nicht einfach, wenn man sie eingräbt. Bei Fundamenten aus Beton mit Ankern (siehe Seite 27 und 137) gestaltet sich die Arbeit leichter, weil man die Pfosten innerhalb der Anker in der Höhe verschieben und so fast millimetergenau arbeiten kann.

Um die Pfosten in einer Reihe exakt auszurichten, arbeitet man am besten mit einer Richtschnur, die man zwischen die beiden Außenpfosten spannt. So kann man genau sehen, ob sich die mittleren Pfosten in der Flucht befinden. Die Position der Außenpfosten der anderen Seite ermittelt man am besten mit dem Satz des Pythagoras (siehe Tipp auf der nächsten Seite). Beim Setzen der zweiten Pfostenreihe ist besonders darauf zu achten, dass die Pfosten sich in der richtigen Höhe befinden.

Carport aufstellen

1

Da die Pflasterfläche bereits verdichtet ist, muss kein Fundament gegossen werden. Es reicht, Löcher auszuheben, in die die Pfosten versenkt werden.

2

Die Pfosten in die Löcher stecken, auf einheitliche Höhe bringen und vertikal ausrichten. Dann das Loch zuschütten und mit Erde verdichten.

3

Die Position des nächsten Eckpfostens bestimmt man mit dem Satz des Pythagoras (siehe nächste Seite). Die Pfetten helfen, Breite und Länge zu bestimmen.

TIPP RECHTE WINKEL

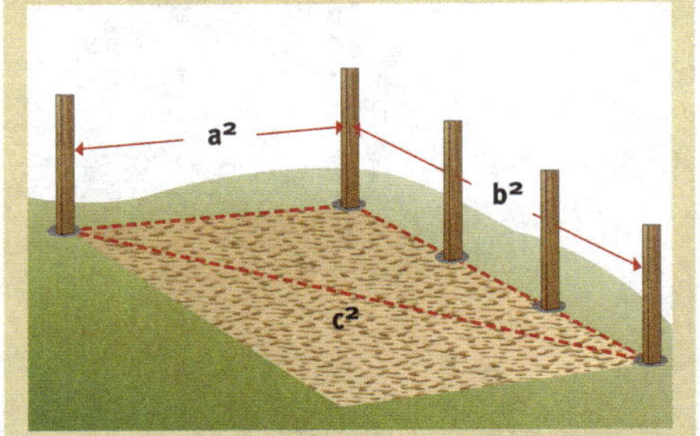

Um die Pfosten auf einer freien Fläche exakt positionieren zu können, wendet man den Satz des Pythagoras an: Zunächst eine Pfostenreihe an einer Längsseite ausrichten und setzen. Die nächsten Außenposten positioniert man, in dem man Breite (a) und Länge (b) zum Quadrat rechnet. Die Länge der Diagonale (c) ergibt sich dann aus $a^2 + b^2 = c^2$.

4 *Das Ausrichten der Pfosten in der Höhe erleichtert eine Hilfslatte: Nägel in einheitlicher Höhe einschlagen, Hilfslatte auflegen und Höhen überprüfen.*

5 *Nachdem alle Pfosten stehen, werden die Sattelbalken aufgelegt. Sie stehen an den Enden über. Das Maß geben die Hersteller vor.*

6 *Die Sattelbalken sind vorgebohrt. Diese Bohrungen dienen als Führung, um die Pfosten aufzubohren. Dann Balken und Pfosten miteinander verschrauben.*

7 *Das Auflegen der Sattelbalken kann man nicht allein bewerkstelligen. Man benötigt einen Helfer, um die langen Hölzer zu montieren.*

8 *Jetzt die Montage der Pfetten vorbereiten. Dazu die mitgelieferten Sparrenanker an den Pfetten mit mindestens vier Ankernägeln verschrauben.*

9 *Die Pfetten sind werkseitig so geformt und nummeriert, dass sie ein leichtes Dachgefälle erzeugen. Die Pfetten ausrichten und am Balken verschrauben.*

10 *An den Seiten werden nun die Blenden montiert. Sie setzt man bündig vor die Stirnflächen der Pfetten und vernagelt sie dann mit diesen.*

11 *Bevor man die hintere Blende montiert, wird zunächst die Regenrinne eingesetzt. Sie passt exakt zwischen die seitlichen Blenden.*

12 *Um die Wandelemente der Abstellkammer befestigen zu können, müssen zunächst Schraubleisten zwischen die Pfosten gesetzt werden.*

13 *Bei diesem Carport sind die Wandelemente des Abstellraums weitgehend vormontiert und müssen nur noch zwischen die Pfosten gesetzt werden.*

14 *Die Wandelemente werden dann von außen an den Querträgern verschraubt. Dabei darauf achten, dass die Elemente oben bündig anliegen.*

15 *Das Einsetzen der Tür ist etwas aufwändiger. Als Anschlag wird ein weiterer Pfosten ins Erdreich gesetzt und oben mit dem Sattelbalken verschraubt.*

16 *Das Dach wird aus Dachblechen aufgebaut. Man beginnt am tiefsten Punkt des Dachs. Das erste Blech muss mittig über der Regenrinne sitzen.*

17 *Die Dachbleche werden in den Sattelbalken vernagelt. Dichtungsprofile sorgen dafür, dass kein Wasser seitlich am Carport herunterlaufen kann.*

18 *Die Kopfbänder, die zwischen Pfosten und Balken montiert werden, sorgen nicht nur für eine schönere Optik, sondern auch für mehr Stabilität.*

19 *Abschließend montiert man die seitlichen Verkleidungen des Carports. Die Montage gleicht dabei der von Sichtschutzelementen (siehe Seite 64 f.). Die hier eingesetzten Rankgitter werden mit speziellen Schraubhaken befestigt. Bei der Montage darauf achten, dass sich alle Seitenelemente auf derselben Höhe befinden.*

Gartenhäuser im Überblick

Ganz gleich, ob man einen Abstellplatz für Werkzeug oder Geräte benötigt, einen zusätzlichen Wohnraum zum Entspannen und Genießen oder ein überdachtes Gärtnerparadies wünscht – im breiten Sortiment der Gartenhäuser findet sich die richtige Lösung.

Bevor man sich für ein Gartenhaus entscheidet, sollte man möglichst genau wissen, wofür man es nutzen möchte. Die vielfältigen Angebote unterscheiden sich nämlich nicht nur in Größe und Aussehen, sondern vor allem auch im Aufbau. Für einen kleinen Lagerschuppen reicht sicherlich eine einfache Blockbohlenkonstruktion aus. Wenn man den Raum aber auch im Winter nutzen möchte, sollte auch das Gartenhaus gedämmt sein.

Die meisten Gartenhäuser bestehen aus Fichtenholz. Das ist preiswert und leicht zu bearbeiten. Damit man an dem Häuschen lange Zeit Freude hat, muss es einen schützenden Anstrich erhalten – z. B. mit einer Holzschutzlasur. Diese sollte immer wieder erneuert werden. Die Alternative sind wesentlich teurere Bausätze aus Lärche oder anderen Harthölzern.

Recht pflegeleicht sind zudem Gartenhäuser aus lackiertem Stahlblech. Allerdings lassen sich diese nicht so leicht in eine naturorientierte Gartengestaltung einbinden wie ein Holzhaus. Eine weitere Alternative sind Häuser aus Stahlbeton.

Jedes Gartenhaus benötigt einen soliden Untergrund. Optimal ist eine gegossene Bodenplatte – es reichen allerdings auch gepflasterte Flächen oder zu einem Rechteck geformte Streifenfundamente, die in der Mitte mit Kies gefüllt werden.

Ein Stromanschluss sollte in keinem Gartenhaus fehlen. Am besten legt man die entsprechende Zuleitung vor dem Aufbau. Ein Wasseranschluss ist nicht in jedem Fall erforderlich. Wer auf ihn nicht verzichten möchte, sollte die Zuleitung auf jeden Fall frostsicher verlegen.

Dieses einfache Gerätehaus bietet ausreichend Platz für alle Gartengeräte. Das knapp 8 m² große Modell gliedert sich harmonisch in den Garten ein und eignet sich bestens für kleine Gartenarbeiten.

Dieses als Geräteschuppen gedachte Gartenhäuschen lässt sich sehr flexibel nutzen. Besonders praktisch: der weite Dachüberstand auf der linken Seite. Hier können Möbel regensicher untergestellt oder Kaminholz gelagert werden.

Dieses Modell ist mehr Freizeit- als Gartenhäuschen und z. B. perfekt für den Schrebergarten geeignet. Der Grundriss kann individuell erfolgen – der Hersteller bietet verschiedene Hausteile an, die miteinander kombiniert werden können.

Einfach mal die Seele baumeln lassen – dazu lädt dieses Gartenhaus mit vorgesetzter Veranda ein. Zum Garten hin öffnet sich ein breites Fenster mit Schiebetür. Der Anstrich wurde in Eigenleistung aufgebracht.

Gartenhäuser lassen sich ganz vielseitig nutzen. So bietet es sich z. B. an, ein Gartenhaus als Werkstatt auszubauen. Damit man diese auch im Winter nutzen kann, empfiehlt es sich, eine gedämmte Variante zu errichten.

Dass ein Gartenhaus eine nahezu vollständige Erweiterung des Wohnraums darstellen kann, belegt dieses Beispiel. Das exklusive Haus, das natürlich auch kräftig den Geldbeutel belastet, kann man z. B. als Gäste- oder Feriendomizil nutzen.

Gartenhäuser aus Lärche sind weitaus widerstandsfähiger als solche aus Fichte oder Kiefer. Die 30 mm breiten Blockbohlen müssen weder lasiert noch lackiert werden. Zu bedenken ist, dass das Holz mit der Zeit eine silbrige Farbe annimmt.

Dieses geräumige Gartenhaus gibt es in verschiedenen Ausführungen und Größen – wie hier mit vorgesetzter Veranda. Der Dachüberstand bietet auf 2,35 m Tiefe Schutz vor Wind und Wetter. Die Hölzer sind in weiß und blau vorlackiert.

Gartenhäuser aus Stahlbeton-Fertigteilen sind eine langlebige und pflegeleichte Alternative zu Holzhäusern. Das Dach hat eine Neigung von 30°, innen bietet das Haus – je nach Ausbaustufe – zwischen 13 und 45 m² Platz.

Kompakter geht es kaum noch: Dieses Häuschen nimmt gerade einmal 2,2 x 2,2 m Fläche ein und ist dabei komplett ausgestattet: mit 30 mm Wandstärke, Holzboden, Tür mit Isolierglasfenster und Schließzylinder.

Mit seiner originellen Farbgebung und dem sichtbar aufgesetzen Dach sticht dieses kleine Gartenhäuschen aus dem breiten Angebot heraus. Die Wände bestehen aus 19 mm starken 3-Schicht-Platten, die Pfosten aus massiver Fichte.

Einfacher geht es nicht mehr: Dieser Geräteschrank besteht aus Fichtenplatten, die grau vorlasiert sind. Oben schützt Dachpappe vor Feuchtigkeit. Der Geräteschuppen ist sicherlich keine Schönheit – praktisch aber ist er ohne Zweifel.

Anlehnhäuser sind die preiswerte Alternative zu freistehenden Gartenhäusern. Dach, Vorder- und Rückseite werden direkt an der Hauswand befestigt. Der Hersteller bietet diese Variante sowohl in naturbelassener Kiefer als auch farbig lasiert an.

Dieses Gerätehäuschen gibt es in zwei Oberflächenvarianten: Das kesseldruckimprägnierte Nadelholz ist entweder naturbelassen oder in blau oder grün vorlackiert. Mit seiner 5,8 m² großen Grundfläche bietet es ausreichenden Lagerraum.

Dieses Anlehnhäuschen bietet nicht nur ausreichend Platz für die wichtigsten Gartengeräte – auch Gartenmöbel können hier untergestellt werden oder sogar überwintern. Das Dach besteht aus beschieferten Bitumenbahnen.

Gartenhaus aufstellen

Fertige Gartenhäuser aus Holz – so genannte Blockbohlenhäuser – bietet der Handel als Komplettsets mit allen Zubehörteilen an. Für das Errichten eines solchen Gartenhäuschens benötigt man gerade einmal einen Tag.

Als Fundament dienen plan verlegte Gehwegplatten.

Der Handel führt ein breites Sortiment an Gartenhäusern, die sich recht einfach in Eigenleistung aufstellen lassen. Zwar bieten die Hersteller auch einen Montageservice, doch diese meist mehrere Hundert Euro teure Dienstleistung kann man sich sparen, zumal den Bausätzen ausführliche Aufbauanleitungen und manchmal sogar ein Aufbauvideo beiliegen.

Die Montage erleichtert es erheblich, wenn man bereits ein ausreichend großes „Fundament“ errichtet hat. Zwei Alternativen stehen zur Wahl: Entweder man gießt genau passend zum Gartenhaus Streifenfundamente aus Beton, auf denen die Bodenbalken aufliegen, oder man pflastert eine entsprechend große Fläche. Wer ganz sicher gehen möchte, dass keine Feuchtig-

Der Bausatz wird komplett verpackt angeliefert.

keit von unten eindringt, deckt die Fläche vor der Montage mit Dachpappe ab.

Für das Errichten der Gartenhäuser ist meist kein spezielles Werkzeug erforderlich. Die Teile sind alle auf die richtige Länge zugesägt und müssen zumeist nur ineinander gesteckt werden. Ein Gummihammer hilft die Verbindungen zu verdichten.

Die Unterkonstruktion

1

Als erstes werden die Bodenbalken ausgelegt. Zum Schutz des Holzes kann man Dachpappe als Sperrschicht unterziehen – dies ist aber nicht zwangsläufig erforderlich. Die Längs- und Querträger sind länger als die Bodenbalken und an den Enden ausgeklinkt. Die Träger kann man einfach ineinander stecken.

2

Die Verbindungen von Längs- und Querträgern werden miteinander verschraubt. Zudem befestigt man die Träger an den Bodenbalken.

3

Abschließend überprüft man, ob die Unterkonstruktion auch rechtwinklig liegt. Dazu die Diagonalen ausmessen – sie müssen gleich lang sein.

Der Türeinbau

1

Bevor die Tür eingesetzt werden kann, muss die Feder der Sockelbohle im Türbereich vorsichtig mit Hilfe eines Beitels ausgestemmt werden.

2

Jetzt die Wandbohlen aufstellen und die Tür errichten. Die Wandbohlen lassen sich seitenverkehrt austauschen und die Tür so rechts oder links anschlagen.

Der Wandaufbau

1 Beim Wandaufbau kommt es darauf an, dass alle Hölzer exakt gerade eingebaut werden. Den Sitz der Hölzer immer wieder mit der Wasserwaage kontrollieren.

2 Die Nut- und Federhölzer werden nur ineinander gesteckt. Die Konstruktion erhält ihre Stabilität über die Eckverbindungen.

3 Auf halber Höhe des Wandaufbaus wird das Fenster eingesetzt. Dazu zunächst die Schutzfolie entfernen. Beim Einbau ist darauf zu achten, dass das Fenster exakt lot- und waagerecht sitzt. Andernfalls lässt es sich nicht vernünftig öffnen oder schließen. Der Fensterrahmen wird mit der Wand verschraubt.

So langsam nimmt das Gartenhaus Formen an. Nach dem Errichten der Wände setzt man vorn und hinten die Giebeldreiecke auf.

Die Dachkonstruktion

1 In den Giebelwänden befinden sich Aussparungen für die Dachpfetten. In diese Aussparungen werden die Dachpfetten eingesetzt.

2 Die Aussparungen in den Giebelwänden sind so ausgeformt, dass die Pfetten straff darin sitzen. Sie müssen mit einem Schlagholz eingeschlagen werden.

3 Die Dachpfetten und auch die Dachschalung werden eingeschraubt. Um Beschädigungen am Holz zu vermeiden, sollte vorgebohrt werden.

4 Die Schalbretter des Dachs sollte man nicht zu fest ineinander pressen. Durch Feuchtigkeit quellen sie später noch ein bisschen auf.

Die Abschlussarbeiten

1 Das Fenster erhält rundum eine Dachleiste als Abdeckung. Sie sorgt für einen sauberen Abschluss und verhindert, dass Feuchtigkeit eindringen kann.

2 Innen wird an das Fenster der Beschlag montiert. In diesem Fall ist es ein Dreh-Kippbeschlag, mit dem sich das Fenster kippen oder ganz öffnen lässt.

3 Das Traufbrett dient dazu, Regenwasser abzuleiten. Es wird mit der Dachschalung verschraubt. Durch Vorbohren verhindert man Beschädigungen.

4 Am Giebel des Eingangsbereichs wird noch eine so genannte Windfeder fixiert. Sie besteht aus zwei Teilen, die links und rechts am Giebel angeschraubt werden. Zum Lieferumfang gehört auch noch ein kleines Holzschild, dass in der Mitte auf Firsthöhe angebracht werden kann.

5 Erst wenn das Gartenhaus komplett aufgestellt ist, verlegt man Bodendielen. Die Nut- und Federbretter werden mit den Bodenhölzern verschraubt.

6 Für zusätzliche Stabilität sorgen Winkel, die Wände und Dach miteinander verbinden. Zur weiteren Sicherung werden Gewindestangen angebracht.

7 Bei Sturm treten enorme Windkräfte auf, die das Dach anheben können. Deshalb müssen innen Pfetten-Verbinder angeschraubt werden.

Die Dacheindeckung

1 Als Zubehör sind für dieses Gartenhaus Dachschindeln aus Bitumen erhältlich. Man nagelt sie zunächst im äußeren Dachbereich auf.

2 Die Schindeln müssen zum Teil an die Dachkonstruktion angepasst werden. Man kann sie problemlos mit einem Cuttermesser zuschneiden.

3 Schindelbahn für Schindelbahn arbeitet man sich von beiden Seiten des Daches aus zum First hoch. Jede neue Reihe überlappt die darunter liegende.

4 Zum Abdichten des Firsts wird eine Schindelreihe überlappend aufgenagelt. Eventuell muss man die darunter liegenden Schindeln zuvor kürzen.

Anlehnschuppen mit Klapptisch

Geräteschuppen aus dem Handel schlagen kräftig zu Buche. Wesentlich preiswerter sind Eigenkonstruktionen, die noch dazu genau auf die individuellen Bedürfnisse und Baubedingungen hin angepasst werden können.

Dieser Anlehnschuppen wurde in eine Hausecke hineingebaut. So mussten nur zwei Seitenwände neu errichtet werden, was die Materialkosten erheblich senkt. Die Konstruktion lässt sich aber auch leicht in einen dreiwandigen Schuppen umfunktionieren.

Zielsetzung war es, einen regensicheren Ort zur Lagerung von Kaminholz und Gartenutensilien zu schaffen. Dies erforderte, komplett geschlossene Wände zu errichten. Die Beplankung mit 46 x 26 mm druckimprägnierten Latten hat gleich zwei Vorteile: Sie lässt sich sehr einfach und mit wenig Materialeinsatz realisieren. Außerdem gelangt durch die Ritzen viel Licht in den Schuppen. So konnte auf das Einsetzen eines Fensters verzichtet werden.

Auch bei der Türkonstruktion stand die Kosteneinsparung im Vordergrund: Die Tür besteht aus den gleichen Latten wie die Beplankung. Der Trick beim Bauen: Die Türöffnung wird zunächst komplett zugeplankt. Von innen setzt man dann vertikal Rahmenhölzer gegen die Beplankung und sägt anschließend die Tür von außen aus. Man muss die Tür also nicht gesondert bauen und hat zudem die Gewährleistung, dass die Tür exakt passt.

Zum Schutz vor Regen wurden die Dachplatten aus wasserfest verleimtem Sperrholz mit Dachpappe abgedeckt. Auch dieses Konstruktionsmerkmal kann man variieren und statt mit Pappe den Schuppen auch mit Schindeln eindecken.

Um den Nutzwert des kleinen Abstellraums zu erhöhen, baut man einen perfekt passenden Klapptisch. Er ist so konstruiert, dass er nur auf einer Seite klappbare Beine aufweist. Die andere Tischseite liegt auf einem Rahmenholz der Schuppenwand auf.

Der Tisch lässt sich sehr einfach komplett zusammenlegen und beispielsweise im Dach des Schuppens verstauen. Gleiches gilt für ein Regalbrett, das genau so wie die Tischplatte gebaut wird und ebenfalls nur lose zwischen den Wänden aufliegt.

Vorher: Eine kleine, ungenutzte Ecke an der Hauswand zum Garten hin bietet sich perfekt dazu an, einen Anlehnschuppen zu errichten.

Die Rahmenkonstruktion

1 *Alle Hölzer streicht man am besten vor der Verarbeitung ein- bis zweimal. Die Farbe verläuft besser, wenn dabei in der Waagerechten gearbeitet wird.*

3 *Um die Positionen für das Punktfundament zu ermitteln, legt man Hilfshölzer aus und richtet diese an Hand einer rechtwinkligen Platte exakt aus.*

2 *Jetzt die Befestigung an der Hauswand angehen. Dazu die Pfosten und die Wandträger mit langen Stahlschrauben in der Wand verdübeln.*

4 *Das Loch für das Punktfundament 80 cm tief ausheben, Beton einfüllen und verdichten. Eine quadratische Schalung sorgt für einen sauberen Abschluss.*

Dieser Anlehnschuppen kann sowohl als Lager für Kaminholz als auch als kleines Gärtnerparadies genutzt werden. Auch die Verwendung als Geräteschuppen ist möglich.

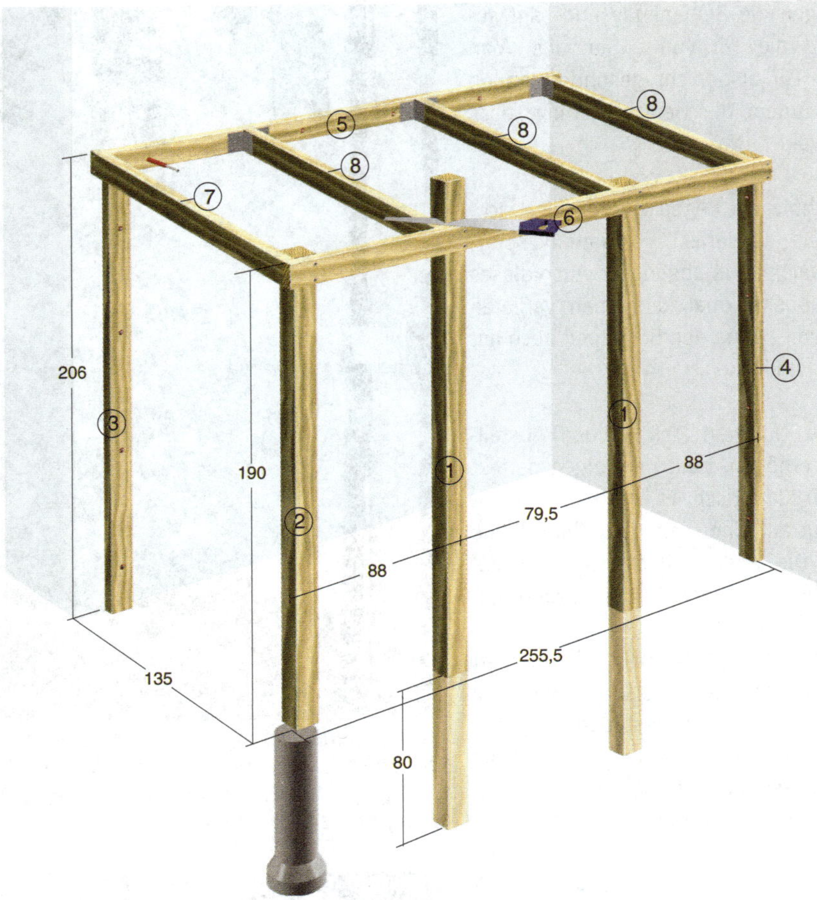

Beim Befestigen der Pfosten bieten sich zwei Alternativen an: Entweder Punktfundamente gießen oder aber Pfosten direkt ins Erdreich setzen.

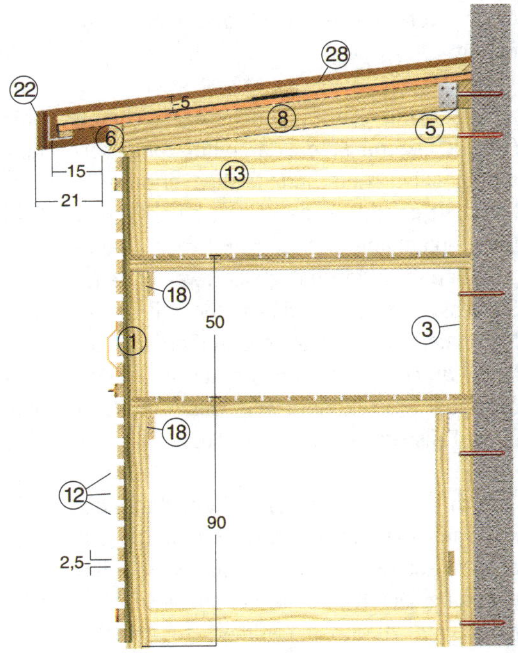

Die weiteren Punktfundamente für die Seitenrandpfosten erstellen. Dann die Pfosten aufstellen, ausrichten und befestigen. Eine Latte hilft beim Ausrichten.

Jetzt werden die Sparren auf die richtige Länge abgelängt. Dann fixiert man auch sie zunächst provisorisch mit Zwingen an den Pfosten und richtet sie aus.

Die Pfosten werden im nächsten Arbeitsschritt bündig mit den Sparrenoberkanten abgelängt. Dazu Fuchsschwanz oder Stichsäge verwenden.

Den Längsträger jetzt mit Schraubzwingen provisorisch fixieren. Dann den Träger genau ausrichten und mit Spanplatten-Schrauben befestigen.

Um die Sparren am Wandträger der Fassade befestigen zu können, benötigt man verzinkte Winkelverbinder. Diese mit Träger und Sparren verschrauben.

Die Dacheindeckung

Als Dach dienen 15 mm starke, mit wasserfestem Leim verleimte Sperrholzplatten. Diese werden auf die benötigten Längen gekürzt.

Einkaufszettel				
Pos.	**Anz.**	**Bezeichnung**	**Maße in mm**	**Material**
①	2	Pfosten	2700 lang	Kiefer 90 x 90 mm
②	1	Pfosten	1900 lang	druckimprägniert
③	1	Pfosten	1970 lang	Kiefer 94 x 45 mm
④	1	Pfosten	1900 lang	druckimprägniert
⑤	1	Wandträger	2555 lang	
⑥	1	Längsträger	2600 lang	
⑦	1	Sparren	1380 lang	
⑧	3	Sparren	1330 lang	
⑨	4	Rahmenhölzer	1300 lang	
⑩	2	Tischbeine	830 lang	
⑪	2	Rahmenhölzer	610 lang	
⑫	24	Deckleisten	2580 lang	Kiefer 46 x 26 mm
⑬	26	Deckleisten	1350 lang	druckimprägniert
⑭	1	Diagonalstrebe	1950 lang	
⑮	2	Rahmenhölzer	1775 lang	
⑯	1	Trägerleiste	2600 lang	
⑰	1	Anschlagleiste	1775 lang	
⑱	2	Auflagebretter	880 lang	Kiefer 94 x 21 mm
⑲	1	Querbrett	600 lang	druckimprägniert
⑳	13	Ablagebretter	700 lang	
㉑	13	Ablagebretter	300 lang	
㉒	1	Frontblende	1700 lang	Zeder 140 x 26 mm
㉓	1	Seitenblende	2600 lang	
㉔	1	Dachplatte	813 x 155	Sperrholz 15 dick
㉕	1	Dachplatte	883 x 155	wasserfest verleimt
㉖	1	Dachplatte	903 x 155	
㉗	1	Kantenleiste	2600 lang	Dreikantleiste
㉘	2	Kantenleisten	1550 lang	25 x 25 mm

Materialbedarf

alle Maßen mm

Weitere Materialien

2 Bahnen Dachpappe 2600 x 900; 2 gerollte breite Tischbänder 160 x 37 (geöffnet); 3 gerollte breite Tischbänder 250 x 44 (geöffnet); 1 Türschlossriegel; 9 Winkelverbinder (Dachblenden und Sparren); Rahmendübel mit Schrauben 10,0 x 150; 1 Abwasserrohr; Spanplatten-Schrauben.

Die passend zugeschnittenen Dachplatten befestigt man mit 15 cm Schraubabstand auf den Sparren. Dabei darauf achten, dass man die Sparren trifft.

An der Seitenwand erhält das Dach eine Abschlussleiste. Diese passend zusägen, mit Zwingen fixieren und dann verschrauben.

Die zweite Bahn an der Hauswand ausrichten und überlappende Fläche zurückschlagen. Auf dem noch sichtbaren Bereich der Dachplatten trägt man den Kleber erneut in Wellenform auf. Dort hingegen, wo die Bahnen überlappen, spachtelt man die Dachpappe vollflächig mit Kleber ab.

Die erste Bahn Dachpappe ausrollen und auf die richtige Länge zuschneiden. Sie sollte 5 cm überstehen. Dann die Bahn zurückrollen.

Jetzt die zweite Bahn verkleben. Als Abschluss zur Fassadenwand und als Regenschutz dienen Dreikantleisten, die mit Kleber fixiert werden.

Vorn wird die Dachpappe über die Trägerleiste gezogen und dann fest genagelt. Die überstehende Dachpappe mit einem Cuttermesser abschneiden.

Jetzt den Kleber aus der Kartusche in Wellenlinien auftragen. Bahn festkleben und mit Nägeln fixieren. Die andere Seite zurückrollen und verkleben.

Jetzt geht es bereits an die Vorbereitung der Beplankung. Dazu die Front- und die Seitenblende mit Zwingen fixieren, ausrichten und verschrauben. Der Abstand zum Dach sollte bei allen Latten genau gleich ausfallen. Das exakte Ausrichten ist deshalb besonders wichtig, weil sich alle Folgelatten nach dieser ersten richten.

Die Beplankung

1 Für die Beplankung der Seiten setzt man ebenfalls vorgestrichene, druckimprägnierte Kiefernhölzer ein. Die Latten passend kürzen und dann verschrauben.

2 Eine 25 x 50-mm-Leiste dient als Türanschlag. Im Türfeld wird eine genau so große Diagonalstrebe als Verstärkung eingesetzt.

3 Jetzt von außen oben und unten Türbänder befestigen. Dann die Tür „frei sägen". Der Abstand zu den Rahmenhölzern sollte rund 1,5 cm betragen.

4 Auf der anderen Seite befestigt man den Türriegel und den Griff. Dabei darauf achten, dass der Beschlag gerade sitzt und leichtgängig ist.

5 Nach dem Aussägen der Tür probieren, ob sich diese leicht öffnen und wieder schließen lässt. Eventuell noch einmal nacharbeiten.

6 Die seitliche Blende aus Zedernholz auf die richtige Länge zusägen. Dann mit einem Überstand von 5 cm nach oben an der Seitenwand befestigen.

7 Die Montage der Zedernblende auf der Längsseite bereitet man vor, indem man vier Winkelverbinder auf dem Holz befestigt.

8 Das Zedernholz dann von unten unter die Dachleiste schrauben. Abschließend alle abgelängten Stirnhölzer mit Holzschutzmittel streichen.

Der Klapptisch

1 Die Tischplatte baut man aus einzelnen Brettern auf, die an den Seiten mit unterliegenden Rahmenhölzern verschraubt werden.

2 Die Platte umdrehen und jetzt von unten die Tischbeinkonstruktion aus drei Hölzern mit etwas breiteren, gerollten Tischbändern verschrauben.

3 Der Klapptisch hat exakt die gleiche Breite wie das Innenmaß des Raums und liegt auf der einen Seite lediglich auf dem Querträger auf.

Nach dem gleichen Prinzip – natürlich ohne Beine – baut man ein Regalbrett, das oberhalb des Tisches für Ablagefläche sorgt.

Pflanzparadiese

So vielfältige Gesichter ein Garten auch immer zeigen mag – er ist zuallererst gestalteter Lebensraum für ausgesuchte Pflanzen. Sie schön zu arrangieren und ihnen optimale Wachstumsbedingungen zu bieten, ist eine der schönsten Beschäftigungen im Garten. Dieses Kapitel gibt Ihnen dazu vielfältige Anregungen.

Selbst entworfenes Rankgitter

Rankgitter beleben jede Gartengestaltung. Sie bieten nicht nur Clematis, Tropenblume oder Feuerranke ideale Wachstumsbedingungen, sondern verschönern auch Wände. Man kann sie leicht selbst entwerfen und bauen.

Kunstvolle Rankgitter aus dem Gartenfachmarkt sind teuer. Sobald die Kletterhilfen jedoch ein wenig aufwändiger gestaltet sind, schlägt der Handel kräftig zu. Aber die Investition in ein schmuckes Rankgitter vom Profi kann man sich sparen. Mit etwas Einsatz lässt sich ein so individuelles wie schönes Rankgitter selbst herstellen.

Ausgangspunkt ist eine große Multiplexplatte, die man sich nach eigenem Entwurf zusägt. Wichtig: Die Platte muss mit wasserfestem Leim hergestellt worden sein – andernfalls quillt sie nach den ersten Regengüssen auf. Wie man das Gitter gestaltet ist Geschmackssache. Für die Pflanzen ist allein wichtig, dass das Gitter ausreichend viele schmale Streben aufweist, an denen die Gewächse Halt finden. Nach dem Zusägen wird das Gitter dann mit Holzschutzmittel farbig gestaltet.

Das Besondere an dem hier gezeigten Entwurf ist die Tiefenwirkung: Sie wird durch die sich nach innen verjüngenden Felder erzeugt. Möglich wird dies durch einen Fluchtpunkt in der Mitte der Platte, auf den die Diagonalen zulaufen.

Rankgitter aussägen

1

Das Aufreißen eines Bogens auf der großen Grundplatte erleichtert man sich mit einem Stangenzirkel, den es auch preiswert im Internet zu bestellen gibt.

2 *Die Bögen im Bildbeispiel zeichnet man von einem Fluchtpunkt aus an. Der Stangenzirkel wird dabei entsprechend verschoben.*

3 *Nach dem Anzeichnen mit dem Bleistift nimmt man ein Cuttermesser und ritzt die Platte an. Das erleichtert später das Sägen.*

4 *Für das Anzeichnen einer langen Geraden bieten sich eine Wasserwaage oder aber auch ein ausreichend langes Stahllineal an.*

Materialbedarf

Multiplex, 6,5 mm dick, wasserfest verleimt:
1 Platte 2000 x 1200 mm

Oberflächenbehandlung
Bei der Oberflächengestaltung kann auf alle gängigen Produkte für den Holzschutz zurückgegriffen werden, allen voran auf Lacke und Lasuren

Kleinmaterial:
Befestigungsmaterial für die Wandmontage im Garten – für Mauerwerk z. B. Dübel und Schraubhaken.

5 *Um einzelne Felder aussägen zu können, bohrt man zunächst ein Loch in die Platte. Dieses muss so breit sein, dass man die Stichsäge einführen kann.*

6 *Am besten arbeitet man sich von außen nach innen vor. Zunächst wird so der äußere Rahmen aus der Platte herausgetrennt.*

7 *Um das Ausfransen des Holzes beim Sägen zu vermeiden, sollte man nur sehr scharfe Sägeblätter einsetzen und vor allem langsam sägen.*

8 *Je weiter man sich in das Innere des neuen Rankbogens vorarbeitet, desto größer wird die Gefahr, dass filigrane Teilstücke ausbrechen. Deshalb werden die ausgesägten Teile mit Hilfslatten und Zwingen fixiert. Nach dem Sägen die Kanten mit Schleifpapier nachbehandeln und dann das Holzschutzmittel auftragen.*

Rankobjekt

Rankobjekte werten Tontöpfe und Blumenkübel auf, lassen sich aber auch gut in Blumenbeeten einsetzen. Der hier vorgestellte Bauvorschlag eines „Obelisken" lässt sich einfach und preiswert realisieren.

Für den Bau dieses Rankobjekts benötigt man nur wenige Stunden. Die Hölzer erhält man im Baumarkt. Sie werden mit der Stichsäge auf die richtige Länge gekürzt. Anschließend schleift man die Kanten sauber mit feinem Schleifpapier ab. Spanplatten-Schrauben und Nägel halten die Hölzer zusammen. Damit beim Verbinden das Holz nicht aussplittert, bohrt man alle Verbindungen vor. Das Holz muss gut gegen Feuchtigkeit geschützt werden. Das Gestell imprägniert man am besten zunächst mit Grundierung, bevor es mit Acryllack überzogen wird. Gefahr droht auch durch die Erdfeuchtigkeit. Damit diese das Rankgitter nicht erreicht, zweckentfremdet man Zeltheringe, die unten am Gestell befestigt werden.

3 *Die erste und die letzte Leiste müssen mit kleinen Distanzhölzern unterlegt werden. Diese kleinen Holzstücke sind 20 mm lang.*

Materialbedarf

Vierkantleisten 25 x 25 mm:
4 Eckstützen 1800 mm lang

Vierkantleisten 15 x 10 mm:
8 Rankleisten 460 mm lang; 8 Rankleisten 420 mm lang; 8 Rankleisten 380 mm lang; 8 Rankleisten 360 mm lang; 8 Rankleisten 280 mm lang; 8 Distanzstücke 20 mm lang

Kleinmaterial:
4 Zeltheringe; 1 Holzkugel Ø 80 mm mit Bohrung; 1 Holzplatte 20 mm dick, 100 x 100 mm; Holzdübel; Spanplatten-Schrauben; Nägel; wasserfester Holzleim.

Obelisk bauen

1 *Damit sich die Rankleisten leichter auf den Eckstützen montieren lassen, fixiert man je zwei Eckstützen provisorisch mit einem Holzstück.*

4 *Alle anderen Leisten werden auf die gleiche Art aufgeschraubt. Dann die Hilfshölzer entfernen und oben die Holzplatte und Dekokugel befestigen.*

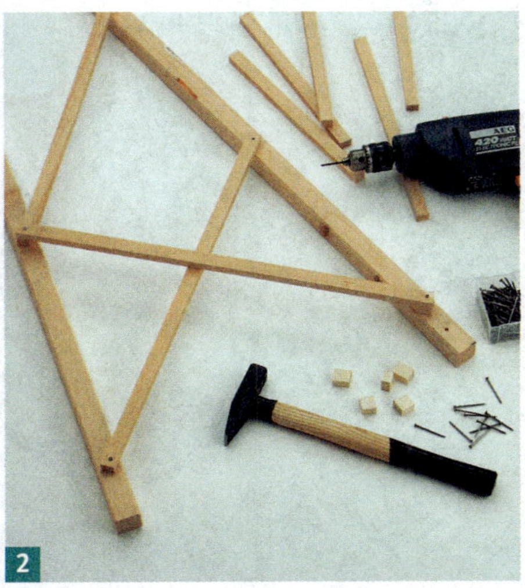

2 *Mit dem Montieren der Leisten beginnt man von unten. Damit Leisten und Eckpfosten nicht splittern, wird vorgebohrt. Die Hölzer miteinander verschrauben.*

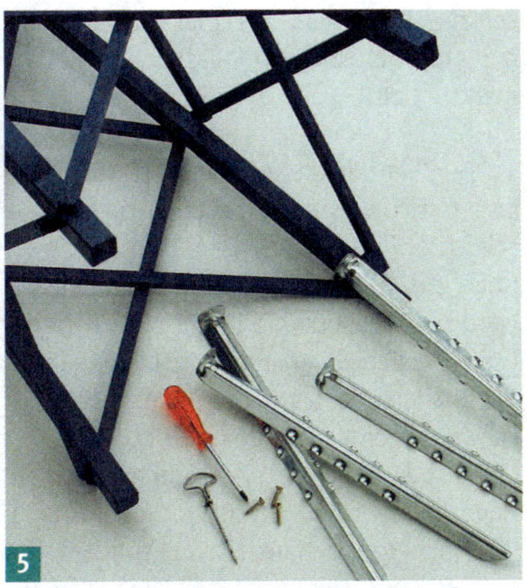

5 *Alle Hölzer streicht man mit wetterfestem Lack. Jetzt fehlen nur noch die Zeltheringe, die unten an den Eckpfosten verschraubt werden.*

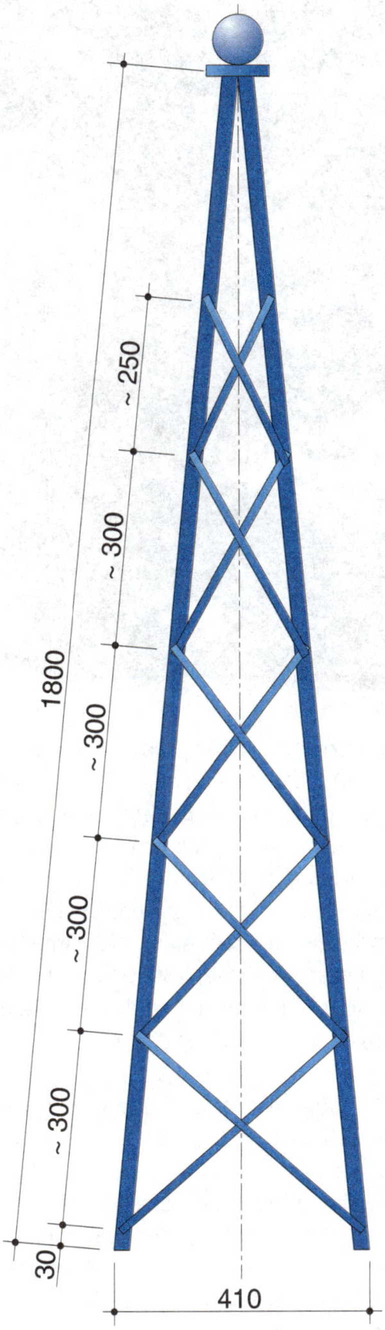

Pflanzkübel

Pflanzkübel passen sich harmonisch in die Gartengestaltung ein und können darüber hinaus im Freien überwintern. Die drei hier vorgestellten Varianten zeigen das große Gestaltungsspektrum mit Holz als Grundmaterial auf.

Pflanzkübel selbst herzustellen ist ein einfaches Unterfangen: Man benötigt weder umfangreiche Erfahrung im Umgang mit Holz noch besonderes Werkzeug: Säge, Hammer und/oder Schraubendreher reichen schon aus, um die hier vorgestellten Bauvorschläge zu realisieren. Wer Arbeitsaufwand sparen möchte, lässt sich die benötigten Hölzer im Baumarkt gleich auf die richtige Länge zuschneiden.

Um möglichst lange Freude an den Kübeln zu haben, sollte man auch sie wieder aus kesseldruckimprägniertem Nadelholz oder Harthölzern wie Bangkirai bauen. Für zusätzlichen Schutz sorgen wetterfeste Lasuren oder Lacke. Gegen die Feuchtigkeit im Erdreich schützt man das Material, indem man die Pflanzkübel mit Folie ausschlägt. Besonders geeignet ist Teichfolie, die man als Rollware passgenau im Baumarkt erhält.

Die Pflanzkisten auf dieser Doppelseite lassen sich besonders einfach bauen. Die schlichte Konstruktion werten kleine Dekoringe auf, die an allen vier Seiten befestigt werden. Der Bauvorschlag lässt sich in der Größe beliebig variieren. Zu bedenken ist dabei allein, dass größere Pflanzkübel auch schwerer werden und sich nur noch mit viel Mühe bewegen lassen. Mehrere kleinere Pflanzkübel eröffnen nicht nur mehr Flexibilität in der Gartengestaltung, sondern lassen sich auch einfacher bewegen. Wer die Kisten öfter verschieben möchte, kann unter die Bodenbretter auch vier Rollen schrauben.

Pflanzkiste mit Dekoringen

1

Alle vier Eckpfosten bestehen aus je zwei Latten, die miteinander vernagelt werden. Für zusätzliche Stabilität sorgt das Verleimen der Schnittflächen.

2 Nachdem die Ecken fertiggestellt sind, nagelt man die seitlichen Bretter auf. Von unten belässt man 15 mm Abstand. Um sicherer arbeiten zu können, wird eine Eckleiste mit einer Zwinge am Montagetisch befestigt.

5 Um den Boden montieren zu können, benötigt man zwei Leisten, die unten bündig auf zwei gegenüberliegende Seiten genagelt werden. Gegen diese Leisten nagelt man von unten die Bodenbohlen. Dann den Kübel mit Folie ausschlagen.

3 Um sicher zu gehen, dass alles genau passt, nagelt man das unterste sowie das oberste Brett zuerst fest und mittelt dann die anderen Bretter passend aus.

4 Auf diese Weise werden zunächst zwei Seitenteile vorgefertigt. Dann verbindet man diese mit weiteren Brettern zu dem kompletten Pflanzkübel.

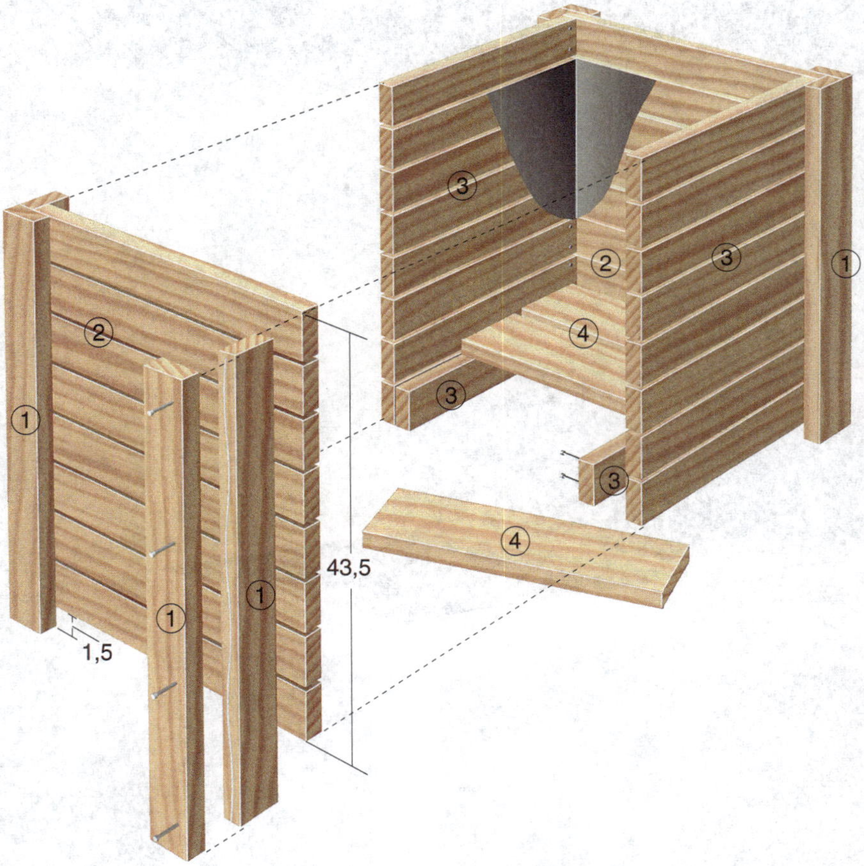

Einkaufszettel

Pos.	Anz.	Bezeichnung	Maße in mm	Material
①	8	Eckpfostenteile	450 lang	Kiefer 26 x 46 mm
②	16	Wandbretter	350 lang	druckimprägniert
③	18	Wandbretter	300 lang	
④	3	Bodenbretter	300 lang	Kiefer 21 x 94 mm

Sonstiges: ca. 1,0 x 1,0 m Kunststoff-Folie für den Einsatz; verzinkte Nägel; wasserfester Holzleim; 1 Griff.

Farblich schön gestaltete Pflanzkübel setzen Akzente im Garten.

TIPP STAUNÄSSE

In den Pflanzkübeln besteht die Gefahr von Staunässe: Durch Regen und Gießen sammelt sich unten auf der Folie Wasser, das nicht ablaufen kann. Schlimmstenfalls gehen die eingesetzten Pflanzen ein. Um Staunässe zu verhindert, empfiehlt es sich, kleine Löcher in die Folie zu stechen. Dazu eignet sich beispielsweise ein Schaschlikspieß aus Metall. Damit die Löcher nicht verstopfen können, bringt man unten zunächst eine Kiesschicht als Drainage ein. Auch Tonscherbenreste eignen sich. Dann erst den Pflanzkübel mit Blumenerde füllen und die Pflanzen einsetzen.

Schön gestaltete Pflanzkübel beherbergen nicht nur Pflanzen, sondern ziehen Blicke auf sich. Durch ungewöhnlichere Formen und/oder einen farbigen Anstrich bereichern sie den Garten als eigenständiges Gestaltungselement. Einen solchen Auftritt bietet dieser Pflanzkübel. Seine vier Seitenwände laufen schräg nach unten zu. Aufgesetzte Leisten fassen nicht nur die Ecken, sondern laufen unten und oben um. Die Mitte der Seitenwände schmücken vier Rauten, die ebenfalls aufgesetzt werden. Die schöne Gestaltung wird durch die Farbgebung unterstrichen – das Weiß der Leisten setzt sich kontrastreich vom blauen Untergrund ab. Als Basis dieses Pflanzkübels, der sich auch besonders gut in einen modern gestalteten Garten eingliedert, dienen wasserfest verleimte Sperrholzplatten. Sie sind 15 mm dick. Nach dem Zuschnitt sollten sie mit spezieller Grundierung vorgestrichen werden.

Pflanzkübel mit Farbrauten

1

Zu Beginn sägt man alle Hölzer für den Kübelbau passend nach den angegebenen Maßen mit der Stichsäge zu. Die Schnittkanten dann schleifen.

2 *Wände und Boden dieses Pflanzkübels werden vernagelt. Dazu benutzt man am besten nicht rostende, verzinkte Nägel. Damit der Kübel dem Druck standhält, den die Erde auf die Wände ausübt, trägt man zusätzlich wasserfesten Leim auf.*

3 *Um sich den Zuschnitt der umlaufenden Leisten zu erleichtern, werden diese zunächst grob abgelängt. Dann legt man sie auf den Kübelkorpus und fixiert mit einer Zwinge die oberste Leiste. Nun zeichnet man mit Bleistift die ersten Schnittkanten an.*

4 *Als erstes sägt man die obere und die untere Leiste mit Gehrungsschnitt passend zu. Dann diese Leisten fixieren. Bevor man die Leisten für die Ecken zusägt, wird noch einmal überprüft, ob sie auch genau passen.*

5 *Es folgt der Zuschnitt und das Befestigen der Rautenleisten. Die genaue Ausrichtung erleichtert es, wenn man die Leisten zunächst mit Kreppband provisorisch fixiert. Abschließend den Kübel mit Folie ausschlagen und obere Leisten aufsetzen.*

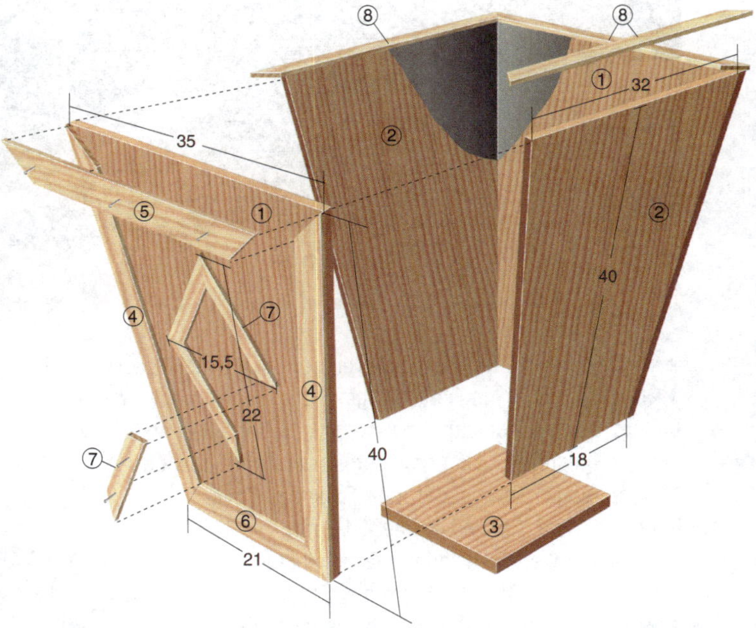

Materialbedarf

Pos.	Anz.	Bezeichnung	Maße in mm	Material
①	2	Seitenwände	400 x 350	Sperrholz 15 dick
②	2	Seitenwände	400 x 320	wasserfest verleimt
③	1	Bodenplatte	180 x 180	
④	8	Rahmenleisten	400 lang	Kiefer 35 x 5 mm
⑤	4	Rahmenleisten	350 lang	
⑥	4	Rahmenleisten	210 lang	
⑦	16	Zierleisten	135 lang	Kiefer 20 x 5 mm
⑧	4	Abdeckleisten	350 lang	

Sonstiges: ca. 1,0 x 1,0 m Kunststoff-Folie für den Einsatz; verzinkte Nägel; wasserfester Holzleim.

Exakt passend zur Terrasse wurde dieser Pflanzkübel konstruiert.

Restholz vom Terrassenbau eignet sich hervorragend, um einen Pflanzkübel zu bauen, der perfekt zur Terrasse passt. Der hier vorgestellte Bauvorschlag orientiert sich an einer Stützmauer der Fassade. Er läuft um die Ecke und schließt bündig mit dem verklinkerten Pfeiler ab. Selbstverständlich kann man die Form des Pflanzkübels so variieren, dass er die eigenen, individuellen Terrassengegebenheiten aufgreift. So könnte der Kübel beispielsweise auch quadratisch geformt sein oder als langes Rechteck, das eine Terrassenseite komplett abschließt.

Die Terrassenbohlen sind meist sehr hart. Deshalb empfiehlt es sich, die Hölzer des Pflanzkübels nicht zu vernageln, sondern zu verschrauben. Wer vorbohrt, vereinfacht sich die Arbeit erheblich und stellt zudem sicher, dass das Holz beim Verschrauben nicht aussplittert. Obwohl das Holz auch ohne Vorbehandlung gut gegen Feuchtigkeit geschützt ist, sollte man den Pflanzkübel dennoch mit Folie ausschlagen. Der Kunststoff wird in die Seitenwände getackert.

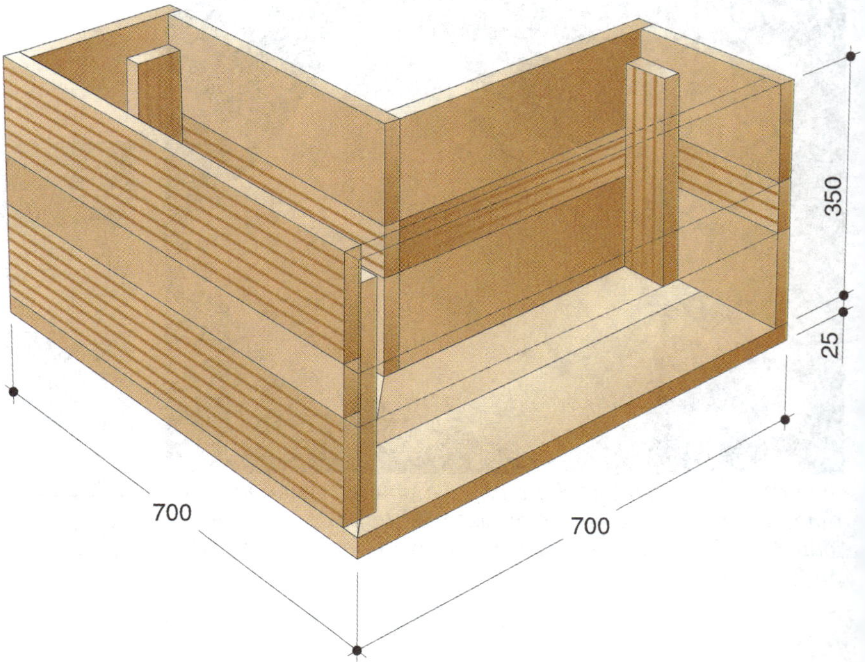

Materialbedarf

alle Maße in mm

Konstruktionsholz 140 x 25:
2 x 700 und 2 x 560 lang (Bodenbretter), 4 x 675, 4 x 420 und 4 x 255 lang (Seitenbretter)

Konstruktionsholz 70 x 25 aus 140 breiten, mittig aufgetrennten Brettern:
2 x 675, 2 x 420, 2 x 255 (Seitenbretter) und 3 x 310 lang (Eckverbinder);

Kleinmaterial:
Folie zum Ausschlagen; Spanplatten-Schrauben.

3

Nachdem die Unterkonstruktion des Pflanzkübels fertiggestellt ist, verschraubt man die weiteren Bohlenstücke. Aus optischen Gründen wurde hier eine Bohle mittig durchtrennt und dann – quasi verkehrt herum – verschraubt. Die Unterseite der Bohlen ist nämlich anders geriffelt als die Oberseite.

Pflanzkübel aus Bohlen

1

Die Bohlen schneidet man nach dem individuellen Bauplan zu. Dann montiert man aus einer Bohlenlage die Grundform des Pflanzkübels. Die Hölzer verschraubt man mit nicht rostenden Spanplatten-Schrauben. Vorbohren erleichtert das Arbeiten.

4

Zur Stabilisierung der L-Ecke und zum Zusammenfügen der Bohlenlagen verschraubt man innen kleine Reststücke. Die Eckverbinder fixiert man nicht nur von innen, sondern verschraubt sie zudem von unten mit Spanplatten-Schrauben.

2

Dann kommen die Bodenbretter an die Reihe. Bei Ecken arbeitet man mit einem Gehrungsschnitt, den man besonders einfach mit einer Gehrungssäge erstellt.

5

Jetzt muss der neue Pflanzkasten nur noch von innen mit Folie ausgeschlagen werden. Die Folie tackert man mit einem Elektrotacker ca. 1 cm unterhalb des Pflanzkübel-Oberrandes fest. Je gerader die Folie aufgetackert wird, desto perfekter ist die Optik. Vor dem Auffüllen mit Erde den Kübel an die richtige Position stellen.

Gewächshäuser im Überblick

Sie fördern das Wachstum von Pflanzen und bieten ihnen – bei beheizbaren Varianten – frostsicheren Überwinterungsraum: Gewächshäuser. Das Spektrum reicht von einfachen Folien-Konstruktionen bis hin zum perfekt gedämmten Glashaus.

Die Konstruktion von Gewächshäusern gleicht im Prinzip denen von Wintergärten: Eine Rahmenkonstruktion aus Aluminium, Kunststoff oder Holz wird transparent umhüllt. Hierzu setzt man entweder Glas oder Kunststoff ein – bei ganz schlichten Konstruktionen reicht auch eine Folie.

Ein Gewächshaus selbst zu bauen ist ein relativ schwieriges Unterfangen, da die transparente Hülle z. B. aus Glas sehr viel Montageaufwand erfordert. Ausnahmen bestätigen natürlich die Regel: Eine einfache Holzkonstruktion, die mit Folie bespannt wird, lässt sich leicht in Eigenleistung erstellen. Solche Gewächshäuser haben aber den Nachteil, dass sie nicht frostsicher sind. Überhaupt unterscheiden sich die Gewächshäuser vor allem in ihren Dämmeigenschaften. Das gilt besonders für die Verglasung: Glas weist nur dann akzeptable Wärmeeigenschaften auf, wenn es als Doppelverglasung eingesetzt wird. Das allerdings ist recht teuer, nicht nur wegen des hohen Materialpreises, sondern auch auf Grund des hohen Gewichts. Die Skelettkonstruktion muss entsprechend stabiler ausgeführt werden und das belastet den Geldbeutel zusätzlich.

Eine gute Alternative sind Kunststoffe. Man unterscheidet Polycarbonat von Plexiglas. Beide Materialien lassen 90 Prozent des Lichts durch und dämmen gut. Im Gegensatz zu Glas sind sie darüber hinaus bruchsicher und leicht. Ihre Dämmeigenschaft wird von der Materialstärke bestimmt. Dabei gilt: Je dicker, desto besser. Beide Kunststoffe gibt es in zwei Varianten: als preiswertere Stegdoppelplatten und als teurere, aber auch besser dämmende Stegdreifachplatten. Aber selbst die Dreifachplatten sind in der Regel nicht so teuer wie Glas.

Die Rahmenkonstruktion der meisten Gewächshäuser besteht heute aus Aluminium, da dieses Material sehr leicht und trotzdem stabil ist. Dafür weist es allerdings keine sehr günstigen Wärmeleiteigenschaften auf.

Wer sein Gewächshaus beheizen möchte, sollte deshalb darauf achten, dass die Aluminiumrahmen mit wärmedämmendem Kunststoff gefüllt sind. Feuerverzinkter Stahl wird heute so gut wie nicht mehr zum Bau von Gewächshäusern eingesetzt.

Dieses sehr professionelle Gewächshaus bietet der Handel nicht nur in unterschiedlichen Größen, sondern auch mit verschiedenen Verglasungen an. Neben einfachem Standardglas gibt es z. B. auch 6-mm-Iso-Hohlkammerplatten, mit denen das Pflanzenzuhause seinen Bewohnern auch im Winter frostsichere Unterkunft gewährt.

Für bessere Wachstumsbedingungen sorgen aber auch ganz einfache Konstruktionen. Im Bildbeispiel ein Fertigbausatz, der sich leicht in Eigenleistung errichten lässt. Man kann das Modell aber auch noch preiswerter nachbauen: Die Grundkonstruktion besteht dann aus druckimprägnierter Kiefer, die Hülle aus Folie.

Entscheidend für den Nutzwert eines Gewächshauses ist nicht nur seine Dämmmung, sondern auch seine Lüftung: Je mehr Türen und Fenster sich an heißen Sommertagen öffnen lassen, desto besser. Hier ein Modell mit großer Dachluke.

Diese auch sehr einfache Konstruktion findet nahezu in jedem Garten Platz. Das Haus ist so konzipiert, dass Standard-Sichtschutzelemente als Rückwand ausreichen. Das Gewächshaus verfügt über Tür und Dachluke.

Gewächshäuser müssen nicht unbedingt frei stehen: Das Beispiel zeigt ein Anlehnhaus mit ca. 4 m^2 Grundfläche und Doppelschiebetür. Für Anlehnhäuser braucht man meistens eine Baugenehmigung.

Dieses Gewächshaus ist nicht frostsicher, fängt aber Sonnenstrahlen so ein, dass wohltuende Wärme Pflanzen schneller wachsen und somit auch Früchte schneller reifen lässt. Diese Variante verfügt auf beiden Seiten über Doppeltüren.

Dieses Gewächshaus bietet der Handel in zwölf Größen an. Diese Variante mit 14 m^2 Grundfläche bietet ambitionierten Gärtnern ausreichend Platz, vielfältige Pflanzen zu ziehen. Allerdings setzt ein solches Haus auch viel Platz voraus.

Wer nicht so viel Raum zur Verfügung hat, dem bietet ein kleines Frühbeet zumindest die Möglichkeit, Pflanzen im Frühjahr vorzuziehen. Solch eine Konstruktion kann man auch preiswert selbst aus Holz und Folie entwerfen und bauen.

Zubehör fürs Gewächshaus

Im Gewächshaus bieten Pflanztische aus Aluminium beste Möglichkeiten, den Raum sinnvoll zu nutzen. Sie sind leicht und vielseitig einsetzbar.

Zum Abstellen von Pflanzen eignen sich alternativ Gitterrostregale. Diese sind preiswert und praktisch. Der Handel führt sie in verschiedenen Größen.

Speziell für die Anzucht von Rankpflanzen bieten sich so genannte Pflanzspiralen an, die unter die Decke gehängt werden.

Für das Aufhängen von Blumentöpfen, Rankhilfen oder Geräten an den Dachstreben sind spezielle Aufhängungen erhältlich.

Die Dämmeigenschaften eines Gewächshauses kann man entscheidend verbessern, indem man vor die transparente Hülle Luftpolsterfolie aufzieht.

So genannte Schattierungsnetze sorgen im Sommer dafür, dass nicht so viel Licht einfällt und sich das Gewächshaus nicht zu stark aufheizt.

Ein Thermometer ist im Gewächshaus unerlässlich. So erkennt man nicht nur sicher Frostgefahr, sondern auch drohende Überhitzung.

Ohne eine entsprechende Wärmequelle können frostempfindliche Pflanzen nicht im Gewächshaus überwintern. Gute Dienste erfüllt eine Petroleum-Heizung.

Komfortabel sind Fenster mit Ventilatoren. Diese Luxusvariante kommt ohne Stromzufuhr aus, da sie mit Solarenergie arbeitet.

Gewächshaus aufstellen

Gewächshausbausätze aufzustellen ist eine Aufgabe, die versierte Heimwerker vor keine großen Schwierigkeiten stellt. Alle benötigten Teile und eine genaue Montageanleitung gehören zum Lieferumfang.

Voraussetzung für das Errichten eines Gewächshauses ist ein entsprechendes Fundament. Hier wurde ein maßgenaues Streifenfundament gegossen.

Die Montage dieses Aluminium-Gewächshauses mit transparenter Kunststoffhülle lässt sich auf alle am Markt befindlichen Produkte übertragen. Zum Lieferumfang gehören nicht nur alle passend abgelängten Profile, sondern auch die Befestigungsmaterialien. Für den Aufbau sind keine Spezialwerkzeuge erforderlich.

Besonders wichtig ist es, sich vor dem Aufbau ausführlich mit der Montageanleitung zu beschäftigen. So einfach sich der Aufbau im Prinzip auch gestaltet, der Teufel sitzt im Detail: So müssen beispielsweise einige Verbindungsteile vormontiert werden. Andere wiederum setzt man erst dann auf, wenn man z. B. die Rahmenprofile bereits gesetzt hat. Für den Aufbau sollte man sich in jedem Fall ausreichend Zeit nehmen – in der Ruhe liegt bekannterweise die Kraft. Das Einbinden eines Helfers ist nicht unbedingt notwendig, aber sinnvoll. Obwohl die Elemente relativ leicht sind, geht die Arbeit doch ganz schön in die Arme.

Das Arbeiten erleichtert man sich, wenn man die Verbinder nicht von Anfang an fest anzieht, sondern die Teile zunächst nur locker miteinander verbindet. So kann beispielsweise beim Einsetzen der Stegplatten die Rahmenkonstruktion noch etwas nachjustiert werden, wenn etwas nicht passt.

Das komplette Gewächshaus wird verschraubt. Zum Lieferumfang gehören entsprechende Sechskantschrauben und -muttern. Keinesfalls sollte man auf das Einlegen der mitgelieferten Unterlegscheiben verzichten, da diese die Verbindung nachhaltig verbessern.

Gewächshaus aufstellen

1 *Man beginnt den Aufbau mit dem Auflegen der Bodenprofile. Zum Lieferumfang gehören stabile, verschraubbare Eckverbinder aus Aluminium.*

2 *Die Bodenprofile müssen bei größeren Gewächshäusern verlängert werden. Die entsprechenden Längsverbinder verschraubt man mit Muttern.*

3 *Den Bodenrahmen legt man zunächst nur lose auf das Streifenfundament auf – er wird erst später sturmsicher mit dem Untergrund verbunden. Es folgt die Montage der Eckprofile. Diese steckt man auf die Eckverbinder und verschraubt sie dann mit den zugehörigen Befestigungsmaterialien.*

4 Es folgt das Einsetzen der weiteren Stützen. Die Seitenstreben werden zunächst nur locker mit Sechskantschrauben an den Bodenprofilen fixiert.

5 Jetzt setzt man umlaufend die oberen Rahmenprofile auf. Sie dienen zugleich als Regenrinne. Auch diese Profile verschraubt man zunächst locker.

6 Die seitlichen Stegplatten nun an der Nut in die unteren Bodenprofile setzen und einrasten. Man beginnt mit der Montage der Platten in den Ecken.

7 Nach und nach werden alle Stegplatten eingesetzt. Dann alle Schrauben in den Boden-, Eck-, Seiten- und oberen Rahmenprofilen fest anziehen.

8 Jetzt geht es an die Montage des Dachs. Dazu zunächst an den Giebelseiten die Streben befestigen. Wichtig: alle Befestigungsteile vormontieren.

9 Die beiden Giebeleckprofile werden nun mit der Regenrinne, dem Firstprofil und der Dachstütze verschraubt. Auf Passgenauigkeit achten.

10 Im nächsten Arbeitsschritt setzt man die weiteren Dachprofile auf. Alle Aluminiumstreben dabei zunächst nur locker fixieren, um nachjustieren zu können.

11 Erst wenn sich alle Teile der Dachkonstruktion an ihrer endgültigen Position befinden, schraubt man die Verbindungen richtig fest.

12 Folien schützen die transparenten Stegplatten vor Verschmutzung und Beschädigung. Sie lassen sich leicht von den Seitenwänden abziehen.

13 *Zu allen Gewächshäusern dieser Klasse gehören kippbare Dachfenster. Diese montiert man laut Aufbauanleitung vor, bevor sie eingesetzt werden.*

14 *Sind alle Fenster vormontiert, beginnt man mit der Dacheindeckung. Die Fenster und auch die feststehenden Abdeckungen passen genau in die Profile.*

15 *Von innen sichern spezielle Winkelverbinder die Dachkonstruktion bei Sturm. Die Verbinder nach dem Fertigstellen des Daches fest anziehen.*

16 *Gegen eindringende Feuchtigkeit schützen Dichtungsstreifen, die ringsum zwischen Profile und Stegplatten gedrückt werden.*

17 *Es folgt die Montage der Abschlussprofile, die man auf den Stegplatten und den Stützen fixiert. Sie lassen sich ganz einfach aufstecken.*

18 *Als letzte Stegplatten setzt man die Giebeldreiecke ein. Sie werden in die Profile eingerastet und dann an den Dach- sowie an den Querstreben fixiert.*

19 *Das Gewächshaus komplettieren die Türelemente. Diese sind zweigeteilt. Elemente mit Bändern an den Profilen befestigen und Beschlag montieren.*

20 *Damit auch bei großen Windkräften das Gewächshaus sicher stehen bleibt, verschraubt man es mit Längsverbindern am Fundament.*

21 *Abschließend montiert man den Regenablauf. In die Regenrinne wird ein Ablaufbogen eingesteckt, an dem man dann wiederum das Fallrohr montiert.*

Dekoratives & Nützliches

Gärten leben nicht allein von ihrer Bepflanzung und ihrer Grundgestaltung: Individualität und Harmonie entstehen erst durch ein ausgesuchtes Arrangement – und das ist ohne liebevolle Details nicht denkbar.

Dieses Kapitel gibt Anregungen, wie man den Garten auch mit kleinen Eingriffen effektvoll verschönern kann – von kleinen Deko-Ideen über Glasobjekte bis hin zum Vogelhäuschen.

Deko-Ideen für den Garten

Es sind die kleinen Dinge, die einen Garten schön und individuell erscheinen lassen. Hier einige kleine Gestaltungsvorschläge, die man mühelos, schnell und ohne großen finanziellen Einsatz realisieren kann.

Ein paar sägerauhe Bretter und ein paar Tongefäße – mehr ist für dieses Regal nicht erforderlich.

Darf es etwas mehr Romantik sein? Ein paar alte Tontöpfe und ein rohes Brett reichen schon aus, um ein kleines Blumentopf-Regal in eine Ecke des Gartens zu zaubern. Zugegeben: In einen modern gestylten Garten passt so ein einfaches Regal nicht. Aber den Bauerngarten beispielsweise oder eine Schuppenwand bereichert dieser Gestaltungsvorschlag mit Sicherheit.

Das Grundprinzip lässt sich auch leicht abwandeln – statt der Töpfe kann man alte Tonziegel oder Natursteine einsetzen. Und wer den Aufwand nicht scheut, kann stattdessen auch ein Gestell aus Holz oder anderen Materialien bauen.

Aufgeklebtes Bonbonpapier hebt diese Blumentöpfe aus der breiten Masse heraus.

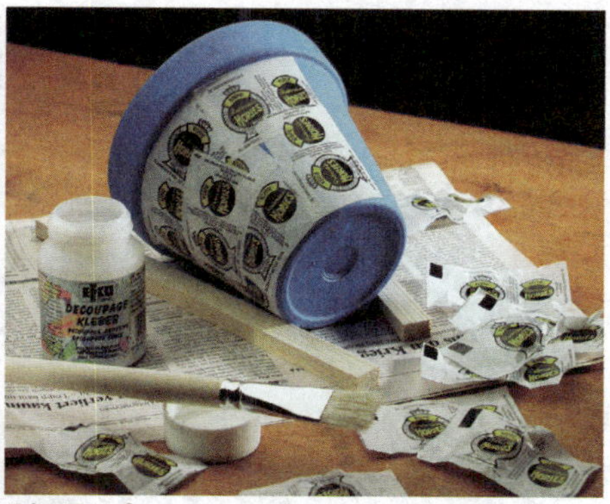

Die Töpfe zuerst mit wasserfester Farbe bunt anstreichen und dann das Papier mit Kleber aufbringen. Abschließend mit Klarlack aus der Sprühdose spritzen.

Tontöpfe bekleben

Eigentlich gibt es kaum einen Gegenstand im Garten, den man nicht individuell umgestalten kann: sei es mit verschiedenen Farben – oder wie hier – durch Bekleben mit Papier. Bei Letzterem gilt es allein auf sichere Haftung zu achten. Geeignet ist z. B. Decoupagekleber. Bei den Farben lassen sich von der Wasserfarbe bis zum Lack alle Varianten einsetzen – unter einer Bedingung: Am Ende muss eine Klarlackschicht vor Wind und Wetter schützen.

Regal aus Obstkisten

Einige Obstkisten bunt mit wetterfester Farbe anmalen, nach Lust und Laune stapeln und dann miteinander vertackern – mehr Mühe kostet dieser witzige Blickfang im Garten nicht.

Objekte aus Glas

Glas ist ein faszinierendes Gestaltungsmaterial – und für den Garten bestens geeignet. Es ist wetterfest, bricht das Licht und schimmert in den schönsten Farben. Wie einfach sich Glasobjekte herstellen lassen, zeigt dieses Beispiel.

Ob Windlicht, Vase oder kleines Glasobjekt – mit Opaqueglas aus dem Tiffanyhandel oder farbigen Glasresten lassen sich einfach schöne Glasdekore erstellen. Als Ausgangspunkt für Vasen und Windlichter dienen Klarglasformen – z. B. schön geformte Trinkgläser oder Wegwerfgläser, allen voran Marmeladen- und Senfgläser. Das Dekorglas schneidet man den Wünschen entsprechend zu und klebt die Formen dann mit Silikon aus der Daumenkartusche auf das Klarglas. Die dekorativen Streifen im Bildbeispiel entstehen mit einer so genannten Zag-Zag-Zange. Für die Randgestaltung bieten sich Glassteine an, so genannte Nuggets. Nach dem Bekleben wird das Objekt mit weißer, handelsüblicher Fugenmasse vollflächig gefüllt.

Die Materialien, die man für das Dekor von Glas benötigt, bekommt man in Bastelgeschäften.

Glasobjekt herstellen

1 *Die handelsüblichen 200 x 300 mm großen Opaqueglasscheiben schneidet man mit dem Glasschneider in 4 cm breite Streifen.*

3 *Jetzt geht es ans Bekleben. Dazu trägt man zunächst an den Rändern Silikon auf und drückt dann Nuggets oder andere Glasstücke ein.*

5 *Nach dem Austrocknen zieht man die Fugenmasse mit einem Nierenspachtel auf. Überschüssiges Material sofort mit einem Schwamm entfernen.*

2 *Mit einer speziellen Zange, der so genannten Zag-Zag-Zange, schneidet man dann wiederum aus den 4 cm breiten Streifen die Flammenformen heraus.*

4 *Sind die Ränder fertiggestellt, sollte man sie austrocknen lassen, damit das Glasobjekt beim weiteren Gestalten besser gedreht werden kann. Dann klebt man die flammenförmigen Zag-Zag-Streifen auf. Dabei darauf achten, dass die Elemente vollständig im Silikon kleben.*

Mosaiktisch

Eine schön gestaltete Oberfläche wertet jeden Tisch auf. Das Flair des Südens zieht mit diesem Beistelltischchen in den Garten ein. Beklebt wurde es mit Opaqueglas im marokkanischen Stil.

Mit diesem Beistelltisch kommt ein Stück Urlaub in den Garten: Das Muster aus Drei- und Sechsecken in den Farben des Mittelmeers von hellem Weiß über sanftes Grün bis hin zu leuchtendem Blau ist marokkanischen Gestaltungsgrundsätzen entlehnt und weckt sofort Assoziationen an Sonne, Strand und Meer.

Der Aufwand, der hinter dem Bekleben des Tisches steht, ist allerdings nicht gering und steigt, je größer die Fläche ist. Im Bildbeispiel diente ein einfacher Eisentisch aus dem Versandhandel als Grundlage. Die Tischfläche beträgt 40 x 60 cm. Man kann aber auch andere Trägermaterialien verwenden – sei es, dass man einen ausgedienten Gartentisch neu aufwertet, oder, dass man eine den eigenen Größenvorstellungen ent-

Die wichtigsten Materialien und Werkzeuge für die Tischgestaltung im Überblick: Schneidrolle mit Geomaster, Opaqueglas, Nuggets, Glasschneider, Schnittlaufzange, Zag-Zag-Mosaikzange, Lineal, Nierenspachtel, Verfuger, Schwamm, Folienschreiber, Silikonkleber und Fugenmasse.

Mosaiktisch gestalten

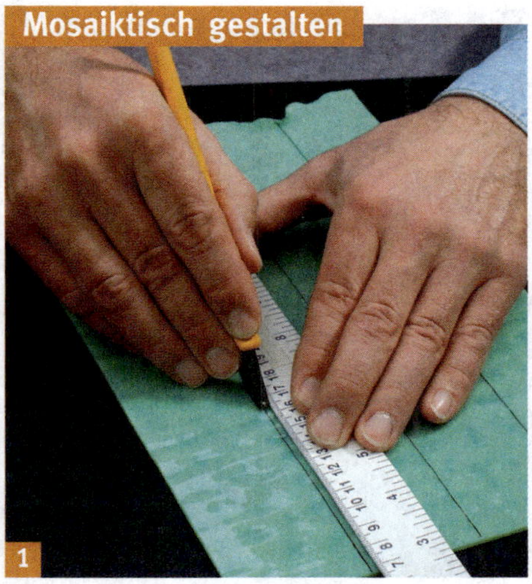

Zuerst schneidet man die Glasplatten in 46 mm breite Streifen. Dazu Linienverlauf auf der Platte anzeichnen und mit Glasroller an den Linien entlangfahren.

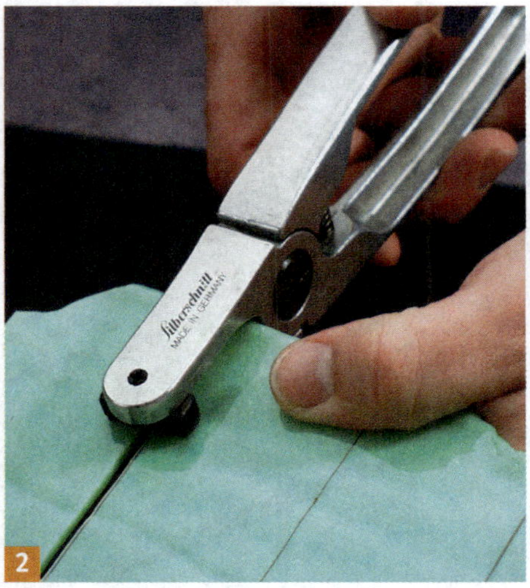

Mit der Schnittlaufzange lassen sich die Streifen recht einfach von der Platte brechen. Dazu Zange unten ansetzen und kurz drücken. Das Glas bricht.

Das Anzeichnen der schrägen Schnitte auf den Streifen erleichtert eine Schablone. Dazu einen festen Karton im 60° Winkel zuschneiden.

Mit der Schablone werden nun die Schnittkanten auf den Glasstreifen markiert. Dazu benutzt man am besten einen Non-Permanent-Folienschreiber.

Eine Mittellinie auf der Schablone hilft, Drei- und Sechsecke zügig anzuzeichnen. Als Markierung auf dem Glas dienen die vorher aufgesetzten Linien.

Dann die Glasstreifen in Drei- und Sechsecke teilen. Die eigentlichen Schnitte erfolgen mit dem Glasschneider, die Ecken werden abgezwickt.

TIPP ARBEITEN MIT SCHNEIDROLLE UND GEOMASTER

Wer Spaß am Gestalten mit Tiffany-Opaqueglas hat und viel mit diesem Material arbeitet, für den lohnt die Anschaffung einer Silberschnitt-Schneidrolle. Darunter versteht man ein Set aus einer Gummiunterlage mit Anschlagwinkeln und frei verschiebbarer Schneidrolle.

Das recht teure Werkzeug bietet viele Vorteile, allen voran die Möglichkeit eines kontrollierten, geraden Schnitts. An der Gummimatte ist seitlich eine Führung mit Millimetereinteilung angebracht, in der ein Laufline al geführt und fixiert werden kann. An dem Lauflineal wiederum befindet sich der Glasschneider. Zum Zubehör zählt darüber hinaus ein verstellbarer Winkelanschlag.

Der große Vorteil beim Arbeiten mit der Silberschnitt-Schneidrolle besteht darin, dass man für gerade Schnitte keine Linien auf dem Glas anzeichnen muss. Die erforderliche Schnittbreite stellt man an der Führung und/oder am Lauflineal ein.

Der Schnitt selbst gestaltet sich sehr einfach, da das Lineal während des Schneidens nicht verrutschen kann. Bei den vielen schrägen Schnitten, die die Gestaltung des Mosaiktisches mit marokkanischem Muster erfordert, hilft der verstellbare Winkelanschlag. Er lässt sich winkelgenau justieren und ermöglicht so ohne weitere Hilfswerkzeuge, beispielsweise die 60° Schnitte für die Drei- und Sechsecke präzise auszuführen.

Die Glasplatte legt man direkt an der Aluminiumleiste an und stellt das Maß von 46 mm ein. Dann Streifen ziehen und Glas brechen.

Nun folgt die Fertigung der Rauten. Dazu den Streifen unten quer anlegen und die Ecken mit einem durchgehenden Schnitt abtrennen.

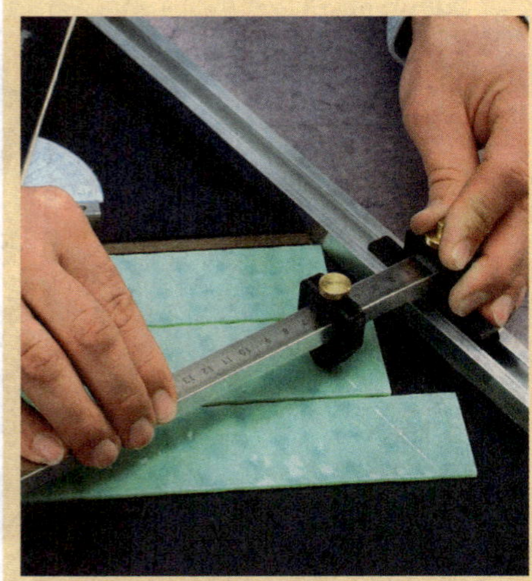

Jetzt den Winkelanschlag auf 60° einstellen, die Streifen bündig davor legen und mit dem Schneider den Schnitt ziehen.

Um Sechsecke und Dreiecke mit dem Geomaster anzufertigen, legt man das erste angeschnittene Stück wieder an den Anschlag an und bricht das Glas.

sprechende Platte mit einem Fußgestell – z. B. aus Holz – versieht.

Das Ergebnis wirkt um so professioneller, je genauer die Gestaltung zuvor durchdacht wurde. Am besten entwirft man zunächst das Muster auf Papier und überträgt dann Hilfslinien auf den Tisch. Die Größenangaben für die marokkanische Gestaltung lassen sich der Zeichnung auf der nächsten Seite entnehmen. Das Zuschneiden der Teile nimmt am meisten Zeit in Anspruch. Dabei gilt – wie bei allen anderen handwerklichen Tätigkeiten: Je besser das Werkzeug, desto einfacher die Arbeit. Besonders wichtig ist ein scharfer Glasschneider. Besser und einfacher gelingt der Zuschnitt mit einer Silberschnitt-Schneidrolle, die allerdings recht teuer ist.

7 *Die fertig zugeschnittenen Glasteile verklebt man mit Silikonkleber auf der Tischplatte. Man beginnt damit in der Mitte der Fläche.*

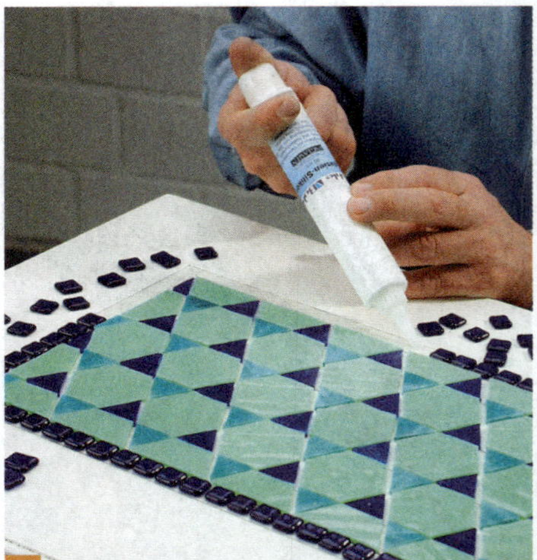

8 *Der Kleber wird so aufgetragen, dass keine Masse überquillt. Nachdem das Innenmuster fertiggestellt ist, folgt der Rand aus blauen Nuggets.*

Bei diesem Gestaltungsvorschlag folgen nach der blauen Nuggetreihe abwechselnd gelegte weiße und lindgrüne Glasdreiecke.

Der Flair des Südens kommt mit diesem Tisch auf die Terrasse.

Nachdem alle Glasstücke und Nuggets verklebt sind, zieht man die Oberfläche mit Fugenmasse ab. Am einfachsten geht dies mit einem Nierenspachtel.

Da die Nuggets etwas höher als die selbst zugeschnittenen Glasteile sind, muss man um sie herum die Fugenmasse etwas dicker auftragen.

Nach gut einer Stunde kann man überflüssiges Fugenmaterial abwischen. Dazu verwendet man am besten einen trockenen Schwamm.

Dieses Schema erleichtert das Verkleben der Glassteine und Nuggets. Man zeichnet es am besten mit Folienschreiber auf dem Tisch auf. Natürlich kann man das Verlegemuster variieren und eigene Gestaltungsideen umsetzen.

Der fertige Tisch besticht durch seine schöne Gestaltung.

Vogelhäuser und Nistkästen

Vogelhäuser und Nistkästen locken nicht nur gefiederte Besucher an, sondern bereichern den Garten um schöne Blickfänge. Die drei Gestaltungsvorschläge auf den nächsten Seiten bieten dazu ganz unterschiedliche Ansätze.

Vogelhäuschen sind die großen Klassiker im Garten. Sie locken nicht nur die kleinen gefiederten Freunde an, die das Leben im Garten bereichern, sondern setzen auch optische Akzente.

Der landläufige Begriff „Vogelhäuschen" ist recht ungenau. Besser greift die Unterscheidung zwischen „Futterstelle" und „Nistkasten". Futterstellen sind in erster Linie dazu gedacht, den Vögeln im Winter Nahrung anzubieten. Nistkästen hingegen bieten den Tieren ein sicheres Zuhause, in dem sie vor allem auch in Ruhe ihren Nachwuchs groß ziehen können. Einige Vogelhäuser stellen eine Kombination aus beidem dar, z. B. indem sie einen abgeschirmten Raum als Nistkasten und einen vorgelagerten Futterbereich mit einer Stange als Anflughilfe bieten.

Die hier vorgestellten Bauvorschläge zeigen zwei Nistkästen, einmal in Form eines Dreieck-Nistkastens und einmal als geschlossene Halbhöhle. Beide Vogelhäuschen befestigt man am besten in einem Baum. Dieser sollte sich in einem ruhigen Gartenteil befinden. Direkt neben der Terrasse, wo sich viele Menschen und vielleicht auch Tiere bewegen sowie Lärm entsteht, fühlen sich die Vögel beim Nisten nicht so sicher.

Wenn die Nistkästen in Bäumen aufgehängt werden, ist es oft schwierig, die Tiere genau zu beobachten. Futterstellen hingegen, die in Terrassennähe aufgestellt werden, vereinfachen es, die Vögel aus der Nähe zu betrachten.

Dreieck-Nistkasten

Als erstes sägt man die beiden Dachplatten passend zu. Die in der Zeichnung vorgegebenen Maße bieten den Vögeln optimalen Raum.

An einer Seite schrägt man die Platten mit der Stichsäge ab, so dass sich später die Platten zum Giebel zusammenfügen lassen.

Die Front wird auf Anschlagleisten fixiert. Diese anfertigen, die richtige Position anzeichnen und dann unter Leimzugabe aufnageln.

Jetzt die Bodenplatte zusägen. Im nächsten Arbeitsschritt werden die Dach- und die Bodenplatte miteinander verleimt und mit Zwingen fixiert.

Dreieck-Nistkasten

Dieser klassische Nistkasten lässt sich leicht und sehr preiswert anfertigen. Zu beachten ist, dass Vögel unterschiedliche Flugloch-Durchmesser bevorzugen: 26–27 mm für Blau-, Hauben-, Sumpf- und Tannenmeisen, 32–34 für Kohlmeisen und Trauerschnäpper, 35 für den Wendehals. Damit die Vögel den Kasten leichter wieder verlassen können, empfiehlt es sich, die Innenwände mit grobem Schleifpapier oder mit einem Bürstenvorsatz für Bohrmaschinen aufzurauhen.

Materialbedarf

alle Maße in mm

Leimholz 18 dick:
1 Bodenplatte 232 x 148; 2 Seitenwände 250 x 170/110; 1 Frontwand ca. 175 x 180; 1 Rückwand ca. 115 x 148; 1 Dachplatte ca. 300 x 180; 1 Einbauboden 148 x 120; 2 Distanzstücke 148 x 24; 1 Dachleiste 180 x 30; 1 Trägerleiste;

Außerdem:
Spanplatten-Schrauben; Scheibe; wasserfester Holzleim.

5

Ein Bohrständer vereinfacht es, die Bohrungen für die Fluglöcher auszuführen. Diese sollten einen Durchmesser zwischen 26 und 35 mm aufweisen.

6

Den Zuschnitt der Rückwand vereinfacht man sich, wenn man den vorgefertigten Korpus als Maß nimmt. Dann anzeichnen und zusägen.

7

Damit vor allem Jungvögel es leichter haben, vom Boden aus die Innenwand hochzuklettern, werden die Innenseiten aufgerauht.

8

Zum Schutz vor Regen und Schnee ummantelt man den First mit einem Stück Dachpappe. Diese passend zuschneiden und dann aufnageln.

9

Auch die Rückwand wird verleimt. Dabei immer wasserfesten Leim verwenden, auf die Stirnseiten des Korpus auftragen und Rückwand mit Zwingen fixieren.

10

Nistkästen müssen im Frühjahr gereinigt werden. Deshalb wird die Frontplatte nicht verleimt, sondern so verschraubt, dass man sie abnehmen kann.

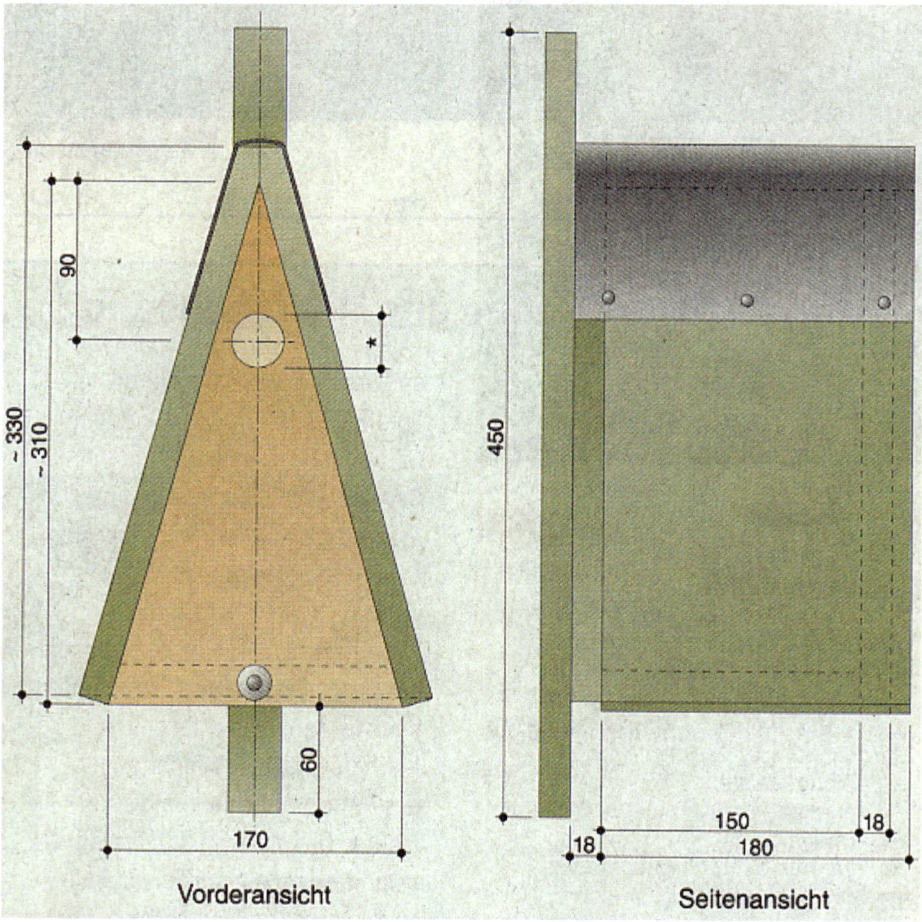

Geschlossene Halbhöhle

Der zweite Bauvorschlag zeigt eine geschlossene Halbhöhle mit zwei Einfluglöchern. Er bietet den Vögeln eine Nistfläche von rund 150 x 250 mm. Auch dieses Modell lässt sich leicht und schnell in Eigenleistung nachbauen. Die länglichen Einfluglöcher erstellt man mit Hilfe von Bohrmaschine und Stichsäge: Zunächst die Form auf das Holz aufzeichnen, unten und oben ein breites Loch bohren und Zwischenstück mit der Stichsäge heraussägen.

Materialbedarf

alle Maße in mm

Leimholz 18 dick:
2 Dachplatten ca. 350 x 180; 1 Frontwand ca. 310 x 170; 1 Rückwand ca. 330 x 210; 1 Bodenplatte 170 x 150; 1 Trägerleiste 450 x 30

Kiefer 15 x 15:
2 Anschlagleisten für Frontwand 150 lang

Außerdem:
Dachpappe ca. 230 x 180 und 6 Nägel; Spanplatten-Schrauben; Scheibe; wasserfester Holzleim.

Geschlossene Halbhöhle

Abgeschrägte Brettkanten sorgen für eine bessere Optik und vereinfachen das Zusammensetzen. Alle betreffenden Hölzer entsprechend zuschneiden.

Die beiden länglichen Fluglöcher zeichnet man zunächst an. Dann die Rundungen oben und unten mit einem Forstnerbohrer aussparen.

Ein Bohrständer vereinfacht es, die nötigen Bohrungen präzise auszuführen. Beim Freihandbohren ist die Gefahr unsauberen Arbeitens groß.

Die beiden Mittelstücke zwischen den Bohrungen sägt man mit der Stichsäge aus. Anschließend die Schnittflächen mit Schleifpapier entgraten.

Seitenwände, Bodenplatte und Dachholz werden mit wasserfestem Leim befestigt. Um die Verbindungen zu stabilisieren, den Korpus mit Zwingen fixieren.

Die Front wird am Korpus verschraubt, so dass man sie abnehmen kann. Damit die Front besser hält, wird oben eine Leiste aufgesetzt.

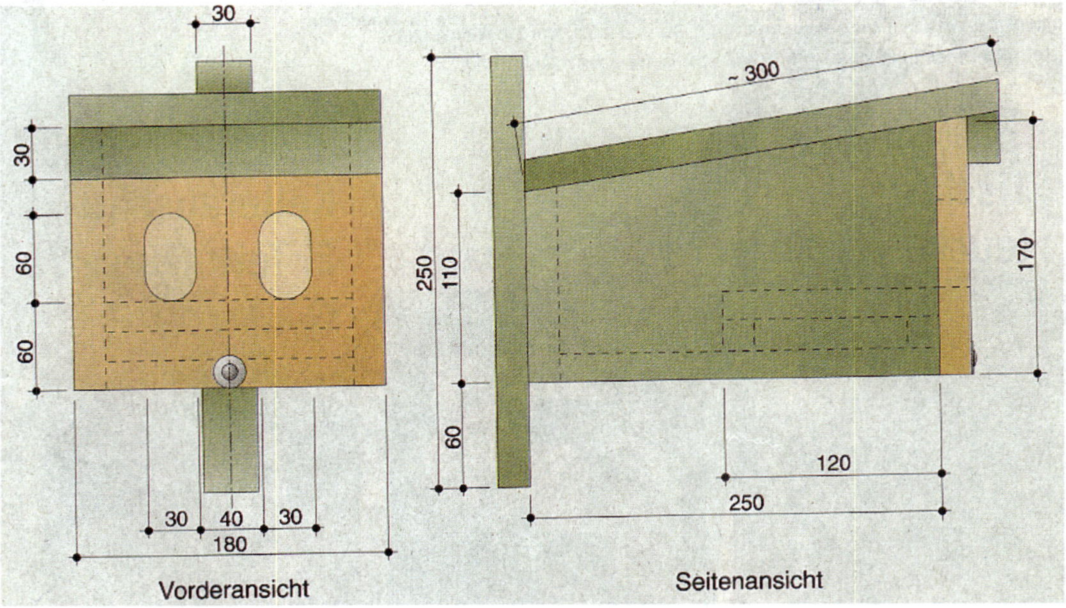

Leuchtball

Ein Luftballon, Toilettenpapier und Epoxydharz – das sind die preiswerten Grundmaterialien, aus denen dieses faszinierende, wetterfeste Leuchtobjekt für den Garten entsteht. Ersparnis gegenüber Profileuchten: mehrere hundert Euro!

TIPP EPOXYDHARZ

Epoxydharz ist ein Kunststoff, der vielfältig eingesetzt wird, z. B. im Bootsbau. Er ist wetterfest und erzeugt eine stabile Oberfläche. Die Verarbeitung des aus zwei Komponenten bestehenden Harzes ist nicht ganz ungefährlich: Direkter Hautkontakt kann zu Reizungen oder einer Sensibilisierung führen; vor allem Augenkontakt ist gefährlich. Am besten trägt man Handschuhe und arbeitet im Freien. Beim Verwenden des Harzes in geschlossenen Räumen sehr gut durchlüften.

Die beiden Harz-Komponenten erhält man im Fachhandel für Modellbau oder über das Internet. Für das Beschichten eines 60-cm-Ballons benötigt man rund 1 l Harz und 0,4 l Härter. Das Mischungsverhältnis sollte 100:40 betragen. Am besten benutzt man ein ausgedientes, gerades Glas, das man mit entsprechenden Markierungen versieht (siehe Foto).

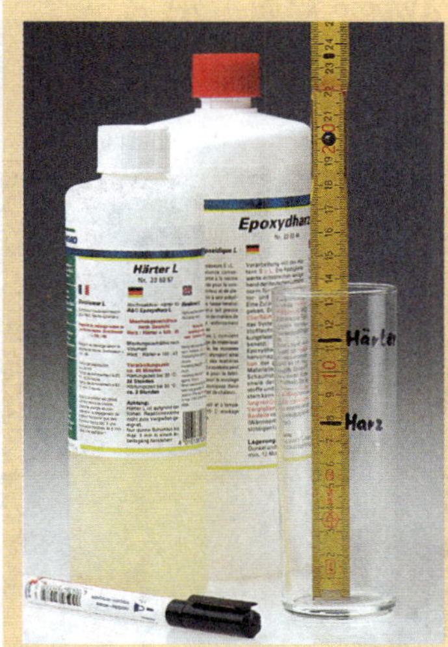

Problematisch beim Verarbeiten ist zudem, dass einmal benutzte Werkzeuge oder Materialien, die mit dem Harz in Kontakt gekommen sind, nicht wieder verwendet werden können. Deshalb benutzt man am besten ganz preiswerte Pinsel. Die Verarbeitungszeit des Harzes beträgt maximal 40 Min. Deshalb immer nur so viel Harz ansetzen, wie man in dieser Zeit verarbeiten kann.

Leuchte bauen

Große Luftballons wie hier mit gut 60 cm Durchmesser erhält man im Dekohandel. Um beide Hände für das Beschichten des Ballons frei zu haben, nutzt man einen Karton als Ballonständer. In diesen ein kreisrundes Loch schneiden.

Leuchtkugeln für den Garten sind nahezu unerschwinglich teuer – aber die Profis von selbst ist der Mann haben so lange getüftelt, bis sie eine sehr preiswerte Nachbaulösung gefunden haben. Zwei Probleme taten sich auf: Wie stellt man die Form her und womit beschichtet man den Ball? Die Idee mit dem Luftballon war schnell gefunden – aber die ersten Versuche mit der sonst üblichen Beschichtung mit Glasfaser scheiterten unter lautem Zerplatzen des Ballons kläglich. Dann aber kam die Idee mit dem Epoxydharz (siehe Kasten) und dem Toilettenpapier – und das auch nur zufällig, weil ein benutzter Pinsel auf Papier abgelegt wurde und sich dieses mit abtropfendem Harz vollsog.

Der Nachbau hat einen kleinen Nachteil gegenüber den Fertigprodukten: Die Umrisse der Toilettenpapierblätter bleiben ganz schwach erkennbar – aber mit dem kleinen Manko kann man vor allem dann gut leben, wenn der Ballon im hinteren Bereich des Gartens installiert wird. Aus einiger Entfer-

Unten am Ballon befestigt man einen Bindfaden. Dann den Ballon an dem Faden in die Kartonöffnung ziehen und unten an einer Leiste fest spannen. Wichtig ist, den Ballon sorgfältig zu verknoten, damit während der Trocknungsphase des Harzes der Ballon nicht schrumpft und die Außenhaut verknittert.

3

Jetzt beginnt man mit dem Aufkleben der Toilettenpapierblätter. Sie werden einzeln aufgebracht. Dazu zunächst nur einen Teil des Ballons mit Harz einstreichen und dann die Blätter sanft aufdrücken.

4

Im nächsten Arbeitsschritt dann mit einem Flachpinsel so viel Harz auf die Blätter aufstreichen, dass sie vollständig durchtränkt sind. Wichtig: In einem Arbeitsgang den gesamten Ballon mit Papier bedecken.

5

Die Toilettenpapierblätter sollten sich gut 2 cm überlappen. Damit die später noch leicht sichtbaren Ränder des Papiers nicht stören, klebt man die Blättchen kreuz und quer übereinander, um eine regelmäßige Struktur zu vermeiden.

6

Nachdem bereits ein Großteil des Ballons beschichtet ist, löst man die Schnur, um auch von unten Papier und Harz auftragen zu können. Die Verarbeitungszeit einer Harzmischung beträgt rund 40 Minuten.

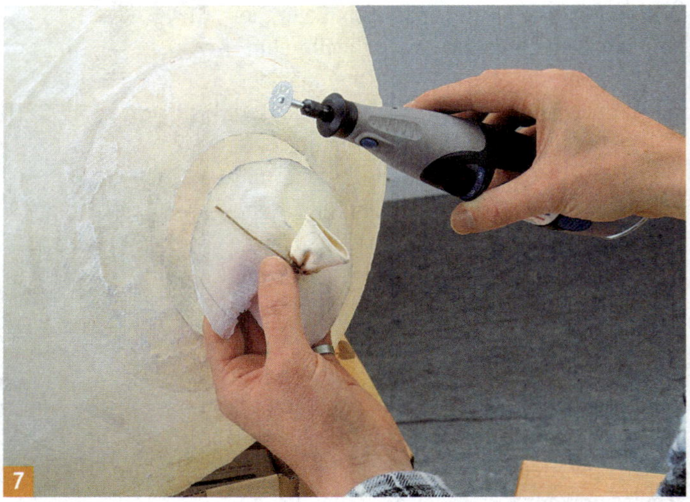

7

Nach dem Aushärten der ersten Schicht trägt man eine zweite Lage Papier auf. Erst wenn auch diese ausreichend getrocknet ist, schneidet man mit einem elektrischen Multischneider den Ballon unten auf.

8 *Die Installation der Lichttechnik beginnt man mit dem Anschluss der Lampenfassung an ein flexibles Kabel. Dabei Aderendhülsen verwenden.*

9 *Für die Verbindung zum Rohrstopfen sorgt ein passendes, kleines Gewinderöhrchen, das in der Lampenfassung verschraubt wird.*

10 *Das Gewinderöhrchen fixiert man nun mit einer Feststellschraube im Inneren der Fassung unterhalb des Lampengewindes.*

11 *Für das Verschrauben des Erdspießes mit dem Rohrstopfen benötigt man ein passend zugesägtes Sperrholzstück. Das sorgt für Stabilität.*

12 *Erdspieß, Rohrstopfen und Sperrholzscheibe verschraubt man mit Schlossschrauben. Die Verbindung sollte stabil und sicher sein.*

13 *Jetzt wird die Lampenfassung mit dem Gewinderöhrchen von oben in der Verankerung befestigt. Dazu Holz und Stopfen durchbohren.*

14 *Abschließend setzt man den Ballon auf den Rohrstopfen und verklebt ihn mit Silikon. Das dichtet den Leuchtball zusätzlich ab.*

nung nimmt man die Papierumrisse nämlich nicht mehr wahr.

Bei den gesamten Arbeiten ist Vorsicht geboten – ansonsten zerplatzt nämlich der Traum vom Leuchtball im wahrsten Sinne des Wortes. Wichtig ist vor allem, die erste Beschichtung in einem Arbeitsgang durchzuführen und den Ballon vollflächig mit Toilettenpapier zu beschichten. Die einzelnen Blättchen klebt man überlappend auf den Ballon.

Der Ballon sollte mit zwei Lagen beschichtet werden – nur so ist er stabil genug. Außerdem kommt bei zwei Lagen die Bernsteinfarbe des Lichts besser zur Geltung. Beim Ausschneiden der Öffnung für die Lichttechnik entsteht feiner Staub – deshalb bei dieser Tätigkeit einen Atemschutz tragen.

Für die Befestigung des Ballons und der Lichttechnik eignet sich besonders gut ein Rohrstopfen, an dem ein Erdspieß befestigt wird. Damit keine Feuchtigkeit in den Ballon ziehen kann, werden am Schluss alle Ritzen mit Silikon abgedichtet.

Faszinierendes Licht: Der Leuchtball gleicht einem hellen Mond.

Laufgehege für Hase & Co

Sommerzeit ist nicht nur Gartenzeit für die Familie, sondern auch für Häschen, Kaninchen oder Meerschweinchen: Ein kleines mobiles Laufgehege bietet ihnen einen sicheren Aufenthaltsort auf der Wiese.

Das Laufgehege ist im Nu auf- und abgebaut: Zunächst ein halbverschattetes Plätzchen im Garten suchen. Dann das Gehege aufklappen und an den Flügelschrauben fixieren. Jetzt muss man nur noch den Bodenrahmen auf ebener Wiese platzieren und das Gehege auf den Rahmen setzen.

Ein bisschen Bewegung unter freiem Himmel – das tut nicht nur Menschen, sondern auch Tieren gut. Dieses mobile Laufgehege bietet Hase & Co einen idealen Sommersitz. Die Konstruktion lässt sich sehr einfach sowie schnell auf- und abbauen. Auf der einen Seite bieten die geschlossen Dachflächen und die beplankte Giebelseite Schutz. Zudem kann man das Gehege an einer Dachseite aufklappen und so die Tiere bequem einsetzen. Auf der gegenüberliegenden Seite verhindert Maschendraht, dass die Kleinen ausbüchsen.

Das Gehege kann man überall im Garten aufstellen; die Tiere freuen sich allerdings über ein leicht verschattetes Plätzchen z. B. unter einem Baum. Auch wenn der Laufstall theoretisch an wechselnden Plätzen im Garten positioniert werden kann, empfiehlt es sich doch, einen dauerhaften Standort zu wählen. Diesen sollte man dann mit einem Durchbuddelschutz in der Erde versehen. So kann das Haustier auch längere Zeit unbeobachtet im Gehege verbleiben.

Als Durchbuddelschutz eignen sich z. B. Eternitplatten, die man auf die Größenverhältnisse des Geheges zuschneidet. Die Platten werden hochkant mindestens 50 cm tief in der Erde versenkt – und zwar so, dass sie noch 1–2 cm aus der Wiese herausragen. Perfekt ist die Konstruktion, wenn die Platten an den Innenseiten des Grundrahmens anliegen. Das verhindert ein Verschieben des Geheges.

Zusammengeklappt nimmt das Gehege nur minimalen Stauraum in Anspruch. Es ist so leicht, dass selbst Kinder es gut tragen können.

Gehege bauen

Die Hölzer auf die benötigten Längen zusägen und abschleifen. Zum Verschrauben der Dachrahmen fixiert man die Leisten mit Zwingen.

Um die Stirnseitendreiecke bauen zu können, müssen zwei Leisten 45° angeschrägt werden. Am besten benutzt man dazu eine Gehrungslade.

Bevor die Abdeckungen auf den Rahmen befestigt werden, sollten die Teile lackiert werden. Dazu wetterfeste Lacke einsetzen.

Die Konstruktion ist einfach und preiswert zu bauen

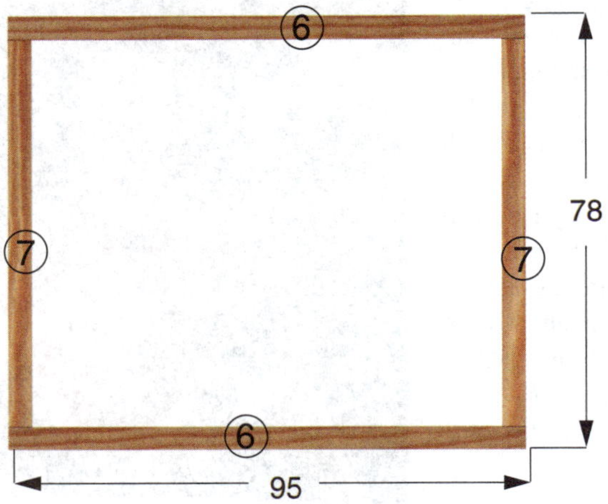

Materialbedarf

Pos.	Anz.	Bezeichnung	Maße in mm	Material
①	4	Rahmenleisten	1000 lang	Kiefer 43 x 21 mm
②	6	Rahmenleisten	514 lang	
③	2	Rahmenleisten	600 lang	
④	2	Rahmenleisten	557 lang	
⑤	2	Rahmenleisten	727 lang	
⑥	2	Rahmenleisten	950 lang	
⑦	2	Rahmenleisten	694 lang	
⑧	2	Trägerleisten	415 lang	
⑨	1	Firstleiste	1000 lang	Kiefer 21 x 21 mm
⑩	14	Deckleisten	413 lang	Kiefer 21 x 8 mm

Beplankung: ca. 12 lfd. m Massivholz 68 x 10 mm; verzinkter Maschendraht 1″ Maschengröße: 1x 910 x 740 mm (Boden), 2x 840 x 420 mm (Stirnseite), 2x 600 x 560 mm (Schrägen); 2 Schlossschrauben M8 x 80 mm mit Scheiben und Flügelmuttern; 3 Scharniere (gerollte breite Tischbänder) geöffnet 140 x 34 x 1,5 mm (First); 6 Scharniere (gerollte schmale Scharniere) geöffnet 60 x 34 x 1,4 mm (Stirnseiten und Klappe); 5 Kunststoff-Fixierungen; Krampen; verzinkte Nägel; Spanplatten-Schrauben.

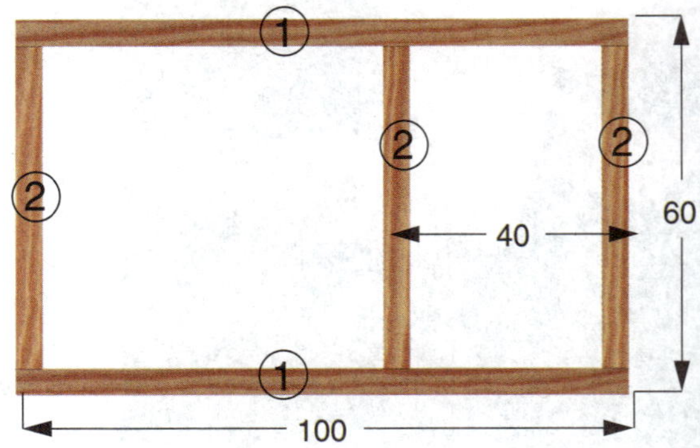

4

Der Maschendraht wird mit einem Seitenschneider zugeschnitten. Die einzelnen Drahtstücke dann mit Krampen an den Leisten befestigen.

5

Im nächsten Arbeitsschritt werden die lackierten Flächen mit Scharnieren, Längs- und Winkelverbindern an den Rahmen befestigt.

6

Abschließend die Löcher für die Flügelschraube bohren. Dazu die betreffenden Rahmen mit einer Schraubzwinge fixieren und dann die Leisten durchbohren.

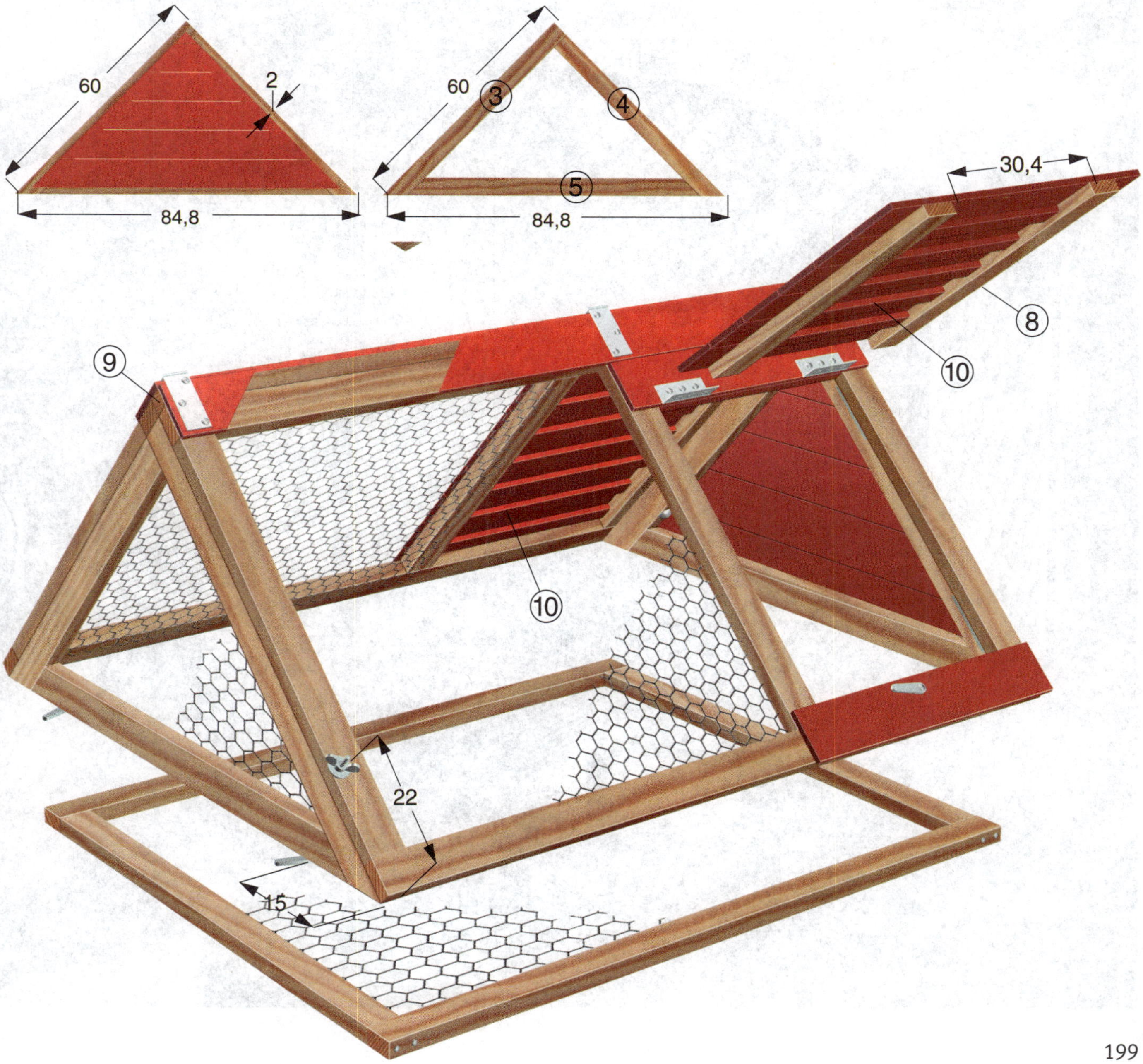

Gartenmöbel

Hochwertige Gartenmöbel zählen zu den teuersten Anschaffungen für den Garten. Doch für einen schönen Tisch, Sitzgelegenheiten oder eine Liege muss man nicht viel Geld ausgeben.

Dieses Kapitel zeigt, wie man ebenso schöne wie individuelle Gartenmöbel selbst bauen und zugleich den Geldbeutel schonen kann.

Gartenbank nach Maß

Einfach, praktisch und schön – so lassen sich die Vorteile dieser Bank auf einen Punkt bringen. Das Gute daran: Die Grundkonstruktion lässt sich leicht abwandeln. Ob als Standardbank, Vis-a-vis-Bank oder Stuhl – verschiedene Varianten sind möglich.

Die Grundkonstruktion der Bank lässt sich verschieden abwandeln. Wenn man die Sitz- und Tritthölzer kürzt, entsteht ein Gartenstuhl.

Dieser Bauvorschlag lässt sich ganz auf die individuellen Bedürfnisse hin abstimmen: Wer gerne zu zweit den Blick in den Garten genießt, baut sie als Standardbank auf. Wenn die Bank hingegen zu einem gemütlichen Plausch zu zweit unter freiem Himmel einladen soll, führt man sie als Vis-a-vis-Bank aus. Dazu muss man lediglich eine Rückenlehne anders herum montieren. Schließlich lässt sich die Grundkonstruktion auch als Stuhl abwandeln – dann werden die Sitz- und Trittbretter einfach gekürzt.

Die Gartenbank lässt sich auch ohne große Vorkenntnisse in der Holzbearbeitung oder spezielle Werkzeuge selbst anfertigen: Allein die Überblattungen sind etwas schwieriger. Darunter versteht man die Holzverbindungen, bei denen zwei Hölzer bündig ineinander greifen. Das Montageprinzip ist einfach: Die Hölzer mehrfach bis zur Hälfte aussägen, die Holzstückchen herausschlagen und die Bruchkanten mit dem Beitel glätten. Aufwändig ist das mehrfache Einsägen der Hölzer von Hand – einfacher geht dies mit einer Tischkreissäge.

Um die Kosten zu minimieren, wurde die Bank aus preiswertem Tannenholz gebaut. Dies benötigt einen Schutzanstrich. Alternativ kann man witterungsbeständige Harthölzer wie Bangkirai, Zeder oder Douglasie einsetzen.

Der Bauvorschlag als Vis-a-vis-Bank: Die langen Hölzer in der Mitte dienen als Sitz- und Auflagefläche, diejenigen unten als Tritt. Alle fünf Bohlen halten die Bank in der Längsrichtung zusammen.

Auf welcher Seite die Rückenlehnen an den vier Fuß-Konstruktionen angebracht werden, ist für die Stabilität der Bank unerheblich. So lässt sich der Bauvorschlag auch in eine Standardbank abwandeln.

Bank bauen

1

Um die Überblattungen für das Gestell herstellen zu können, werden die einzelnen Hölzer in mehreren Schritten bis zur Hälfte eingesägt. Am einfachsten geht dies mit einer Tischkreissäge; man kann aber auch eine Handsäge benutzen.

2

Nachdem man alle Hölzer bis zur Mitte eingesägt hat, werden die eingeschnittenen Hölzer mit leichten Hammerschlägen herausgeschlagen. Die Flächen werden dann mit einem Beitel geglättet und auf die exakt richtige Höhe gebracht.

Materialbedarf

Pos.	Anz.	Bezeichnung	Maße in mm	Material
①	2(4)	Bodenbalken	800 lang	Konstruktions-
②	2(4)	Stützen	400 lang	balken, Fichte
③	2(4)	Sitzträger	560 lang	90 x 70 mm
④	2(4)	Rückenstützen	550 lang	
⑤	2	Bodenverbinder	590 lang*	Fichte 140 x 26 mm
⑥	2(4)	Rückenbretter	590 lang	
⑦	4	Sitzbretter	590 lang*	Fichte 120 x 26 mm

* für die Bankversion 1780 mm lang; die Klammerwerte gelten für die Bankversion; Spanplatten-Schrauben; Holzdübel ∅ 10 x 50 mm; wasserfester Holzleim.

Die Skizze rechts zeigt, wie einfach die Grundkonstruktion aufgebaut ist. Es sind nur sieben verschieden große Hölzer notwendig, um die Bank zu bauen. Sinnvoll sind darüber hinaus kleine Unterleghölzer, die man unter den Fußbalken verschraubt. Sie schützen die Bank gegen Erdfeuchtigkeit.

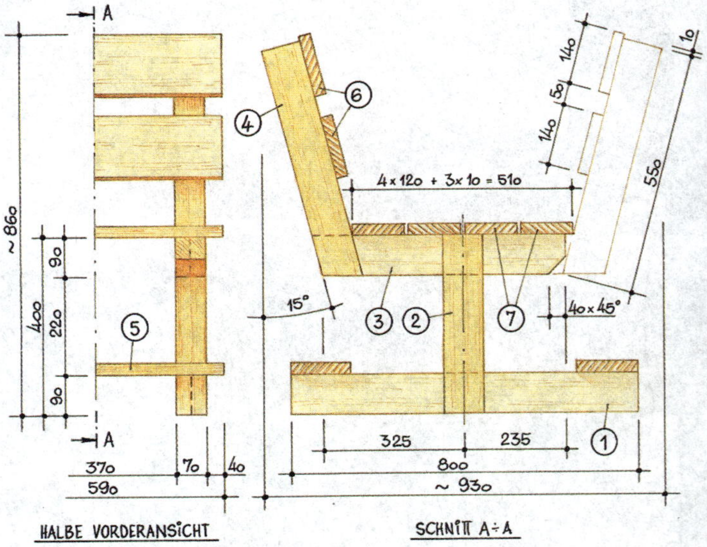

3 Die Hölzer für die Sitzfläche, die Rückenlehne und den Tritt verschraubt man mit nicht rostenden Schrauben. Darauf achten, dass die Köpfe im Holz versinken. Abstandshalter sorgen für gleichmäßigen Abstand bei Sitz- und Rückenhölzern.

4 Der Anstrich sorgt nicht nur für eine schöne Optik: Er schützt das preiswerte Fichten- oder Tannenholz gegen Wind und Wetter. Wer es perfekt mag, spachtelt zuvor die Schraublöcher mit einem Holzspachtel ab.

Bei der Konstruktion als Vis-a-vis-Bank kommt der Mittelteil als Ablagefläche besonders zur Geltung.

Gartenbank für Profis

Darf es etwas aufwändiger sein? Wer über mehr Erfahrung in der Bearbeitung von Holz verfügt, für den ist dieser Bauvorschlag einer Gartenbank genau das Richtige. Auch diese Konstruktion lässt sich leicht umgestalten.

Auch dieses Bankmodell lässt sich abwandeln – als Gartenstuhl oder gar als Schaukelstuhl. Dazu wird lediglich der Fuß anders gefertigt.

Während der Bauvorschlag auf den vorigen Seiten eine ganz einfache Konstruktion zeigt, können erfahrene Holzbearbeiter an diesem Modell ihre Fähigkeiten erproben. Alle Formen sind abgerundet und hochwertig ausgeführt – eine vergleichbare Bank ist im Handel nur für mehrere hundert Euro zu haben.

Der Bau setzt nicht nur viel Erfahrung in der Holzverarbeitung voraus – man benötigt auch einen semiprofessionellen Maschinenpark. So sollte man z. B. über Tischkreis- und Bandsäge verfügen.

Auch hier sind wieder zahlreiche Modellvarianten möglich: Das Spektrum reicht von der im Bild rechts zu sehenden Vis-a-vis-Bank bis hin zum Schaukelstuhl. Weitere Baumöglichkeiten: Durch Verkürzen der Ablagefläche in der Mitte rücken die beiden Sitze der Vis-a-vis-Bank näher aneinander. Wenn beide Lehnen auf einer Seite montiert werden, entsteht ein Doppelsitz. Indem ganz auf die Mittelablage verzichtet wird, entstehen zwei Gartenstühle. Das Konstruktionsprinzip eignet sich also, das gesamte Gartenmobiliar in einer Formensprache zu gestalten.

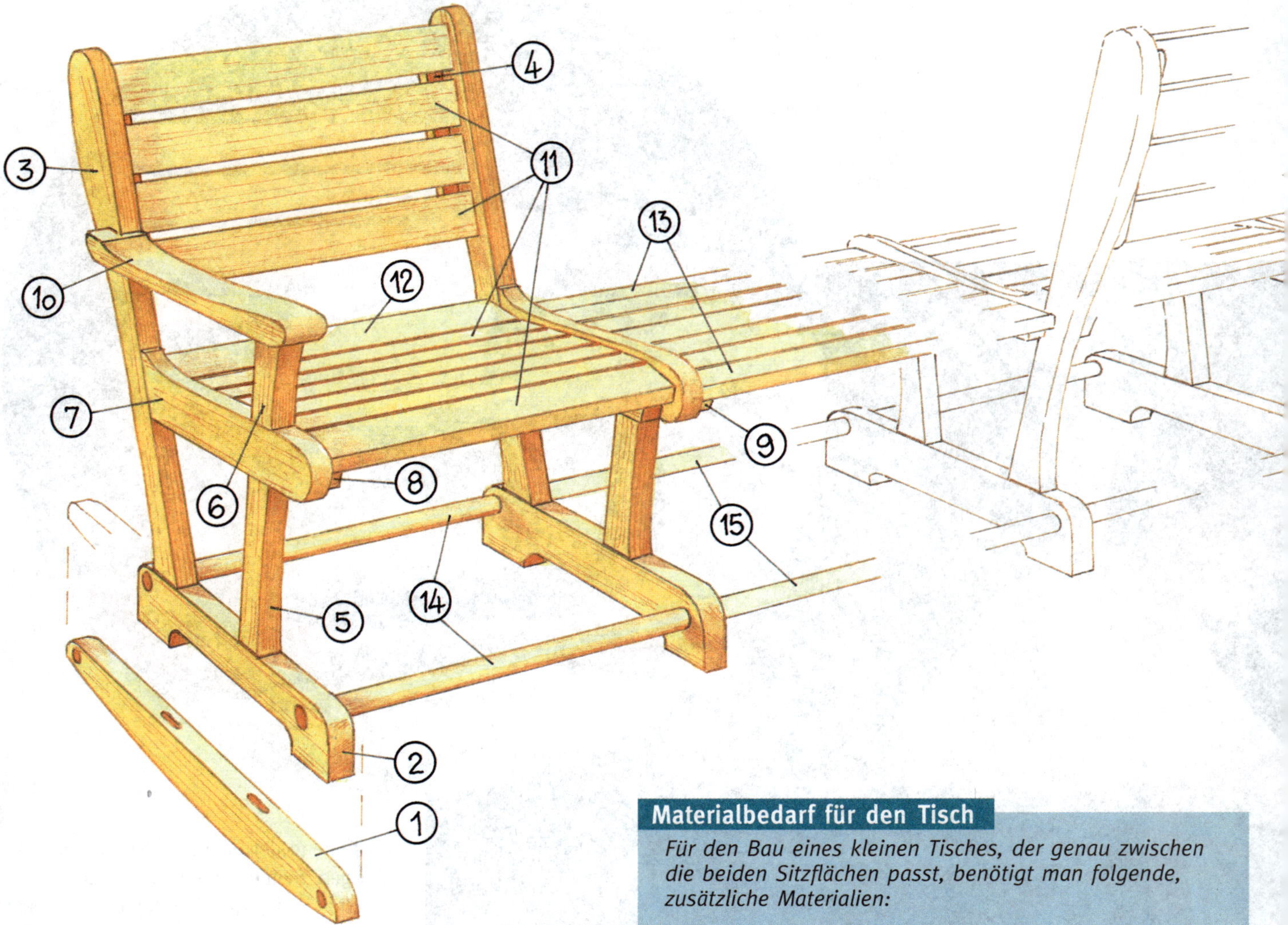

Einkaufszettel

Pos.	Anz.	Bezeichnung	Maße in mm	Material
①	2	Kufen*	820 x 110	Tanne/Fichte
②	2(4)	Fußbretter	620 x 110	50 mm dick
③	2(4)	Rückenlehnen	785 x 100	Tanne/Fichte
④	2(4)	Trägerleisten	300 x 40	40 mm dick
⑤	2(4)	Stützstege	305 x 80	
⑥	2(2)	Stützstege	215 x 80	
⑦	2(4)	Sitzwangen	550 x 90	
⑧	2(4)	Trägerleisten	525 x 55	
⑨	(2)	Trägerleisten	510 x 34	
⑩	2(2)	Armlehnen	630 x 80	
⑪	10(20)	Sitz-/Rückenbretter	520 x 68	Tanne/Fichte
⑫	1(2)	Sitzbrett(er)	520 x 95	26 mm dick
⑬	(7)	Verbindungsbretter	600 x 68	
⑭	2	Rundhölzer	610 lang	Kiefer ∅ 30 mm
⑮	(2)	Rundhölzer	1810 lang	

* = alternativ zu Pos. 2;
() = Werte gelten für Vis-a-vis-Version;
alle Längenmaße einschließlich der entsprechenden Zapfen; Spanplatten-Schrauben; Holzdübel ∅ 10 x 50 mm; wasserfester Holzleim.

Materialbedarf für den Tisch

Für den Bau eines kleinen Tisches, der genau zwischen die beiden Sitzflächen passt, benötigt man folgende, zusätzliche Materialien:

Tanne/Fichte massiv 68 X 26 mm:
7 Tischbretter 620 mm lang;

Tanne/Fichte massiv 53 X 35 mm:
2 Querzangen 398 mm lang,
4 Füße 174 mm lang;

Kleinmaterial:
Spanplatten-Schrauben, wasserfester Holzleim.

Die Nutzung der Vis-a-vis-Bank wird komfortabler, wenn man einen kleinen Tisch baut, der exakt zwischen die Sitzflächen passt. Er ist nicht fest in der Konstruktion verankert, sondern lässt sich abheben und als Tablett nutzen.

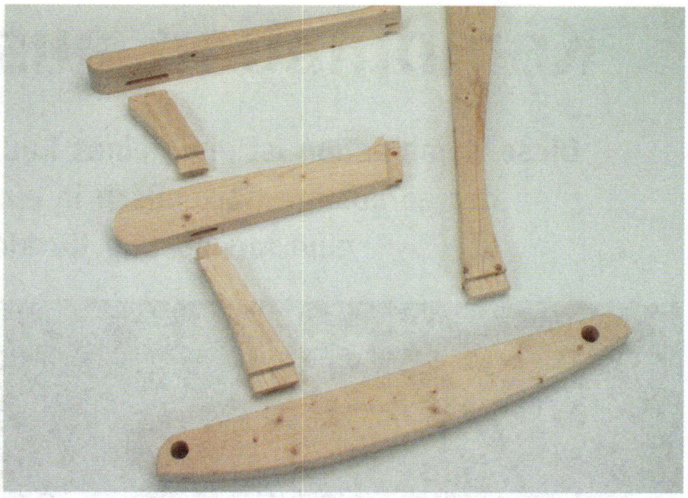

Für den perfekten Nachbau ist es besonders wichtig, die Maße aus dem Bauplan exakt auf die Werkstücke zu übertragen. Beim Zuschnitt kommt es darauf an, dass das Holz nicht aussplittert und unschöne Kanten vermieden werden.

Der Bauvorschlag setzt einen semiprofessionellen Maschinenpark voraus. Für das Aussägen der Rundungen benötigt man eine Bandsäge. Weitere sinnvolle Werkzeuge: Tischkreissäge und Oberfräse.

Die Schlitze zum Zusammensetzen der einzelnen Holzteile werden erstellt, indem man zunächst mit dem Forstnerbohrer vorbohrt. Dann wird mit dem Stecheisen die Form vorsichtig und sauber ausgenommen.

Die Verbindungen der Hölzer stellt man mit Dübelstangen her, die wesentlich mehr Stabilität verleihen als kleine Standard-Holzdübel. Die Überstände der Dübelstangen lassen sich nach dem Verleimen mit einer Zugsäge sehr sauber abschneiden.

Perfektion bis ins Detail: Dort, wo geschraubt werden muss – wie hier beim Befestigen der Rundhölzer – wird nicht einfach eine Schraube ins Holz gedreht, sondern zunächst sorgfältig vorgebohrt und ein Sackloch erstellt.

Kombination aus Tisch und Liege

Diese Kombination ist ein kleines Raumwunder: In Minutenschnelle lässt sich der geräumige Gartentisch in eine komfortable Liege verwandeln – eine Ideallösung für kleine Gärten und Balkone.

Mit wenigen Handgriffen verwandelt sich der Tisch in eine bequeme Liege. Dazu werden nur die Tischbeine entriegelt und zur Hälfte eingeklappt.

Die Idee ist so einfach wie genial: Warum nicht eine Tischplatte auch als Liegefläche nutzen? Ein 1,80 m langer und 60 cm breiter Tisch hat doch schließlich die gleichen Maße wie eine Sonnenliege. Störend dabei erscheint allein, dass der Tisch viel zu hoch ist. Und genau hier setzt die Idee dieses Konstruktionsvorschlags an: Die Tischbeine lassen sich nämlich zur Hälfte einklappen – und die Liege ist dann mit 38 cm Höhe perfekt zu nutzen.

Während ein Tisch einfach nur praktisch zu sein und gut auszusehen hat, wünscht man sich bei einer Liege allerdings etwas mehr Komfort: So sollte man sie an ein sonniges Plätzchen schieben und zudem die Rückenlehne hoch klappen können. Auf beides muss man hier nicht verzichten: In die klappbaren Beine werden arretierbare Rollen geschraubt, und eines der drei Deckbretter lässt sich in der Höhe verstellen. Für Bequemlichkeit ist also bestens gesorgt.

Der Bau dieser Tisch/Liege-Konstruktion ist eine Aufgabe, die sich mit Standardwerkzeugen ohne großen Aufwand selbst realisieren lässt. Zunächst errichtet man das Untergestell, das aus vier Elementen besteht. Je zwei der halbhohen Beine werden mit zwei Scharnieren (gerollte breite Tischbänder) miteinander verbunden. Für Stabilität sorgen je zwei Bolzen aus Rundholz. An die oberen Beinhälften werden außerdem die Rollen geschraubt. Die Querträger aus 91 x 21 mm großen Kiefernhölzern sind 1882 mm lang. Sie werden mit Schlossschrauben am Untergestell befestigt. Zwischen die Querstreben legt man 60 x 60 cm große Abdeckelemente, wobei eines mit gerollten Tischbändern kippbar bleibt. Für mehr Stabilität sorgen Querstreben und eine umlaufende Abdeckung.

Etwas komplizierter ist allein die Fertigung der Rasterleisten für die kippbare Rückenlehne. Damit der Träger der Lehne gut und sicher einrastet, muss man die Kerben der Rasterleisten in bestimmten Winkeln und Abständen aussägen.

So einfach lässt sich die Liege in einen Tisch verwandeln

Mit zwei Handgriffen lässt sich die Kopfstütze einklappen.

Die Fixierungsbolzen kann man ganz einfach herausziehen.

Jetzt die Beine hochklappen und die Fixierungsbolzen wieder einstecken.

Tisch/Liege

1 Zuerst fertigt man die stirnseitigen, klappbaren Rahmen. Die Querriegel werden verdübelt und verleimt, man kann sie aber auch verschrauben.

2 Mit Schlossschrauben befestigt man die Querträger an den Oberteilen der kippbaren Beine. Große Unterlegscheiben sichern die Fixierung ab.

3 Die Abdeckungen baut man aus je sechs Deckbrettern auf, die mit zwei Verbindern verschraubt werden. Dann den Kippmechanismus montieren.

4 Jetzt ist der Verstellmechanismus an der Reihe. Zunächst die Rasterleisten nach Bauplan aussägen und dann mit den Trägern am Gestell befestigen.

5 Nun folgen die umlaufenden Abdeckhölzer. Sie sollten so montiert werden, dass für die Füllungen später genug Luft verbleibt.

6 Abschließend montiert man die Abdeckplatten und fixiert die Rollen. Das Holz abschleifen und gegen Feuchtigkeit schützen. Hier wurde nur geölt.

Der Tisch bietet mit einer Länge von 1,80 m sechs bis acht Personen ausreichend Platz – wenn man eng zusammenrückt, sogar bis zu zehn.

Materialbedarf

Pos.	Anz.	Bezeichnung	Maße in mm	Material
①	4	Beine	355 lang	Kiefer 43 x 43 mm
②	4	Verlängerungen	330 lang	
③	4	Querriegel	534 lang	
④	2	Längsträger	1882 lang	Kiefer 91 x 21 mm
⑤	2	Querträger	620 lang	
⑥	18	Deckbretter	600 lang	Kiefer 91 x 15 mm
⑦	1	Querträger	620 lang	Kiefer 68 x 21 mm
⑧	2	Abdeckbretter	1976 lang	Kiefer 68 x 15 mm
⑨	2	Abdeckbretter	756 lang	
⑩	6	Verbinder	555 lang	
⑪	2	Rasterleisten	350 lang	Kiefer 43 x 21 mm
⑫	1	Trägerleiste	306 lang	
⑬	2	Stützleisten	290 lang	
⑭	2	Querverbinder	284 lang	
⑮	2	Trägerleisten	1750 lang	Kiefer 21 x 21 mm

4 Rundhölzer ∅ 19 x 195 mm; 4 Kreuzdübel ∅ 13 x 50 mm; 9 Scharniere (gerollte breite Tischbänder), geöffnet 100 x 32 x 1,3 mm (Rückenlehne, Stützrahmen und Verlängerungsbeine); 8 Schlossschrauben M8 x 80 mm mit Scheiben und selbstsichernden Sechskantmuttern; 4 Lenkrollen mit Platte, Bauhöhe ca. 50 mm; 2 Winkelverbinder 40 x 40 x 60 mm; Spanplatten-Schrauben; Nägel; Holzleim.

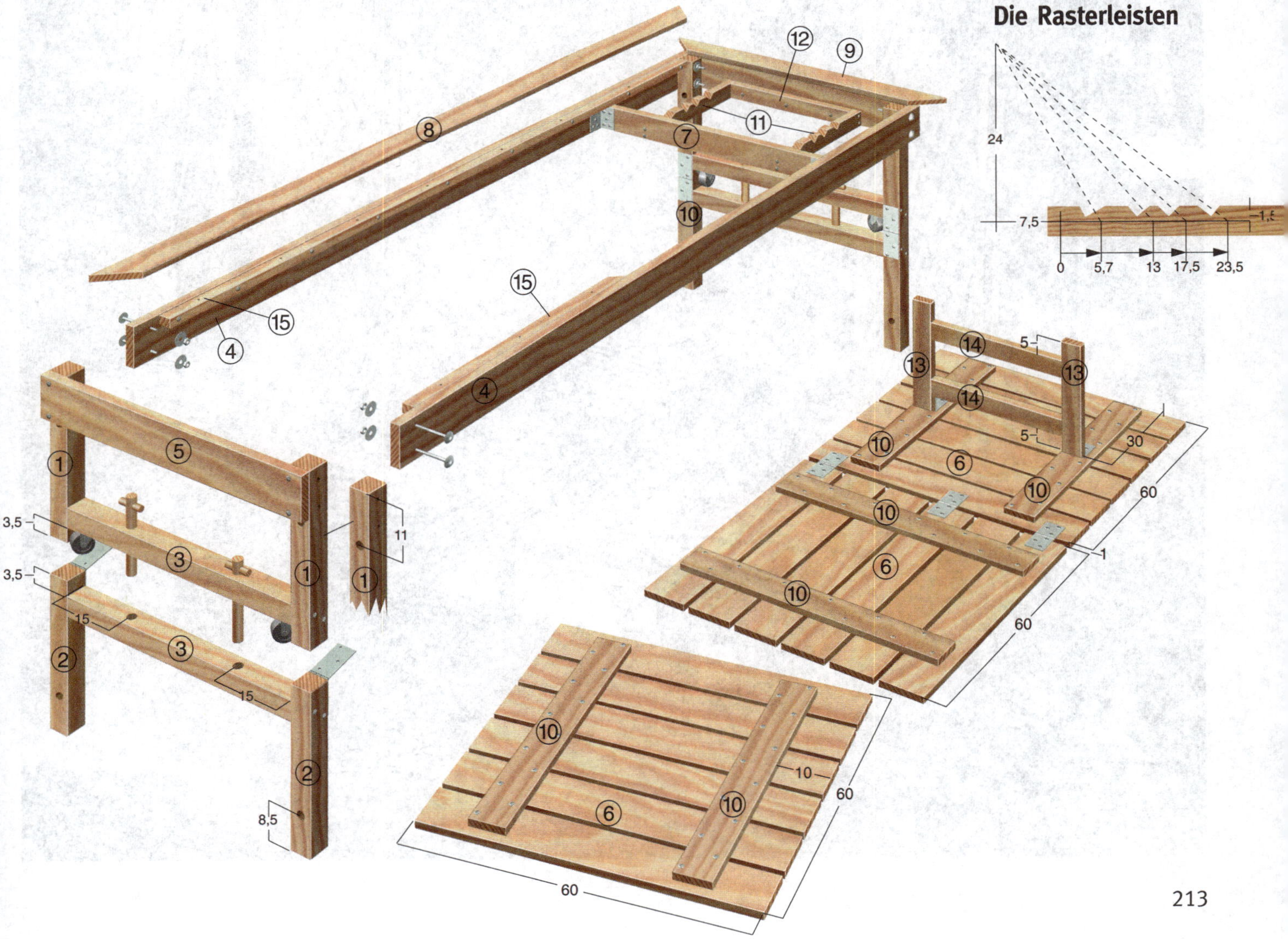

Laubensitz

Geschützt im Freien zu sitzen und das ganz ohne überdachte Terrasse oder aufwändigen Pavillon: Das ermöglicht dieser kleine und preiswerte Laubensitz mit Standard-Rankgittern als Wandelementen.

Der Laubensitz: Ein Refugium für entspannte Stunden.

Die 180 und 70 cm breiten Rankgitter sitzen zwischen vier 2,30 m langen Kiefernpfosten (45 x 65 mm), die wie bei Sichtschutzzäunen ganz unterschiedlich im Boden befestigt werden können (siehe S. 62). Auf diese Pfosten setzt man die vier 1,40 m langen Dachsparren auf, wobei diese am First auf Gehrung zugesägt werden. Außerdem benötigt man zwei Firstverbinder (ca. 30 cm) und vier Giebelbretter (140 cm). Auf die Konstruktion setzt man 20 Dachbretter (79 cm lang) auf. Für einen sauberen Abschluss sorgen 21 cm breite Hölzer, die vorn und hinten vor den Giebel gesetzt werden. Das Dach kann beliebig eingedeckt werden – z. B. preiswert mit Dachpappe. Die Sitzfläche und Blenden der Bank fertigt man aus Terrassenbohlen (21 cm breit). Für die Rahmenhölzer dient Verschnitt der Kiefernpfosten (45 x 65 mm).

Zur Laube gehören Tisch, Bank und Hocker.

Bank bauen

1

Bohlen und Kanthölzer auf die geplante Breite und Höhe der Bank zusägen. Das harte Holz bohrt man vor. Eine Bohrschablone erleichtert die Arbeit.

2

Damit man sich an herausstehenden Schrauben nicht verletzt, werden mit einem Forstnerbohrer so genannte Sacklöcher in die Bohlen gebohrt.

Ein selbst gefertigter Winkelanschlag hilft, die Hölzer beim Verschrauben rechtwinklig zu setzen. Zunächst Querriegel an den Beinen befestigen.

Die 470 mm langen Querzargen müssen bündig mit den 400 mm Beinen abschließen. Zum Befestigen setzt man Spanplatten-Schrauben ein.

Nachdem beide Fußteile gebaut sind, verbindet man sie mit 150 cm breiten Querzargen. Auch diese schließen bündig an den Beinen ab.

Abschließend die vier Sitzhölzer aufschrauben. Hier ist es besonders wichtig, dass die Schraubköpfe ganz im Holz versenkt werden.

Überdachung bauen

Die Pfosten längt man oben schräg ab, damit sich der Giebel gut aufsetzen lässt. Die Gehrungssäge dazu auf 20° einstellen.

Die Rankgitter bohrt man an der Unterseite in unregelmäßigen Abständen durch, damit sich kein Wasser auf den Hölzern sammeln kann.

An den Pfosten verschraubt man die Rankgitter. Das Arbeiten erleichtert es, wenn man das Gitter mit Zwingen am Pfosten fixiert.

Für eine sichere Verbindung der Dachsparren sorgen Firstverbinder, die man selbst zusägt. Diese an den Schrägseiten mit den Sparren verschrauben.

Zu einem sauberen Abschluss im Giebel tragen Dachbretter bei, die längs mit der Handkreissäge um einen 20°-Winkel abgelängt werden.

Dann die Dachbretter auf den Sparren verschrauben. Empfehlenswert sind Nut- und Federhölzer, die sich zu einer geschlossenen Fläche verbinden lassen.

Bevor links und rechts das letzte Brett aufgesetzt wird, verschraubt man die Dachkonstruktion mit 100 mm langen Schrauben in den Pfosten (vorbohren!).

Abschließend setzt man die letzten Dachbretter auf und verschraubt vorn und hinten am Giebel die auf Maß zugeschnittenen Holzblenden.

Materialbedarf

(alle Maße in mm)

Für die Laube:
Rahmenhölzer 45 x 65: 4 Eckstützen 2300 lang (Kopfschräge anpassen), 4 Dachsparren 1400 lang (Maße und Gehrungen anpassen), 2 Firstverbinder ca. 300 lang; Stülpschalung 21 x 142: 20 Dachbretter 790 lang, 4 Giebelbretter 1400 lang (Maße und Gehrungen anpassen); 1 Rankgitter 1780 x 1540 (hochkant), 2 Rankgitter 700 x 1780 (alle System Öland); Spanplatten-Schrauben; verzinkte Nägel.

Für die Sitzbank:
Rahmenhölzer 45 x 65: 4 Beine 400 lang; Konstruktionshölzer Duo Spezial 25 x 140: 2 Längszargen 1500 lang, 3 Querzargen 470 lang, 4 Sitzbretter 1500 lang; Spanplatten-Schrauben.

Für die beiden Hocker:
Rahmenhölzer 45 x 65: 8 Beine 400 lang; Konstruktionshölzer Duo Spezial 25 x 140: 4 Längszargen 650 lang, 4 Querzargen 310 lang, 6 Sitzbretter 690 lang (2 mittlere 120 breit); Spanplatten-Schrauben.

Für den Klapptisch:
aus Konstruktionshölzern Duo Spezial 25 x 140: 4 Ablagebretter 650 lang, 2 Brettverbinder 45 breit und 500 lang, 2 Halterungen 80 breit und 500 lang; dazu: 1 Klavierband 420 lang (40 geöffnet); 1 Hängekordel; Spanplatten-Schrauben.

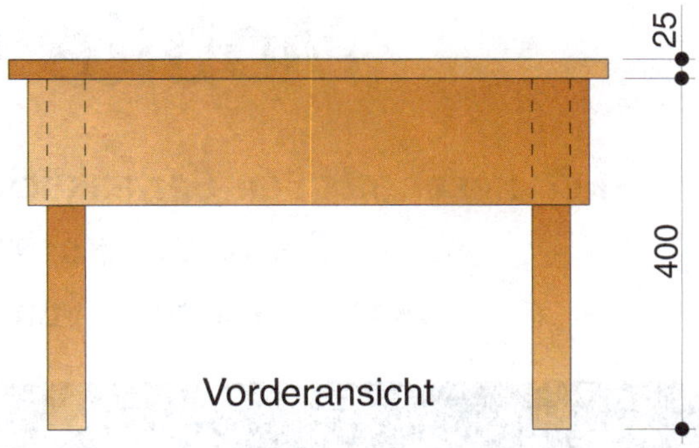

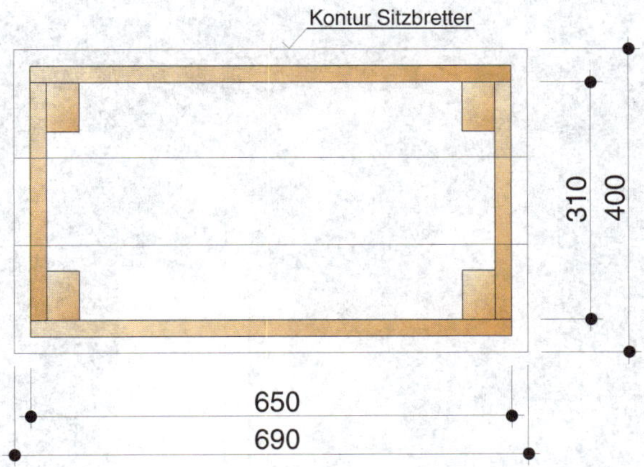

Draufsicht

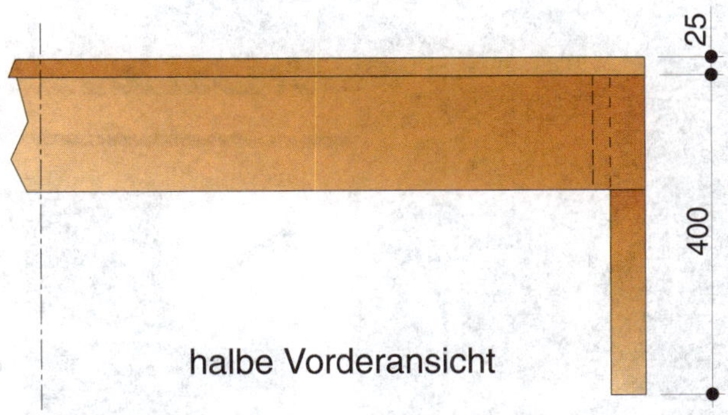

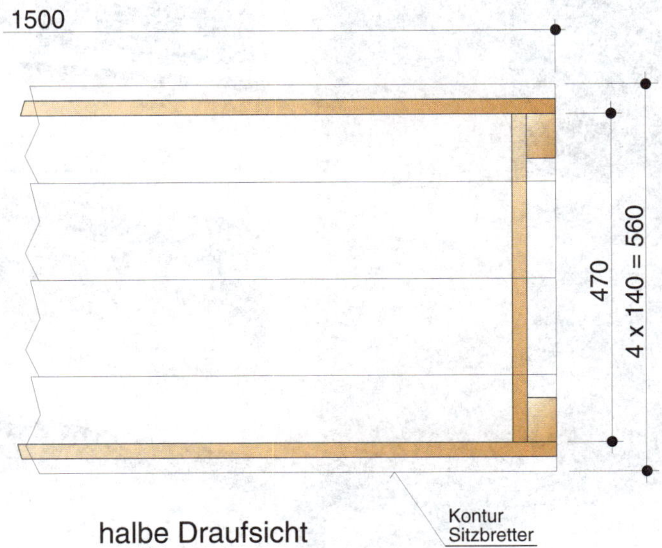

Das Dach im Detail

Mobile Gartenküche

Mit dieser mobilen Gartenküche macht Kochen und Genießen im Garten neuen Spaß: Das Kochzentrum bietet alles, was man sich wünschen kann – von der Herdplatte bis zum Backofen.

Dieses Küchenmobil ist auf jeder Gartenparty der kulinarische Mittelpunkt.

Der Garten ist nicht allein zum Grillen da: Mit diesem Küchenwagen stößt das Kochvergnügen unter freiem Himmel in eine neue Dimension vor. Das kleine mobile Möbelstück wartet mit allen erdenklichen Extras auf, wie einem eingelassenen Ceranfeld, einer Schneideplatte aus Granit, einer runden Aussparung für ein Glastablett und Platz für einen kleinen Backofen. So viel Komfort hat natürlich seinen Preis. Aber auf jedes dieser Extras kann man bei Nachbau auch verzichten. Bei einer Sparvariante setzt man statt des Cerankochfelds zwei wesentlich preiswertere Standard-Kochplatten ein und statt der Granitplatte benutzt man ein einfaches Schneidebrett aus Holz oder Kunststoff.

Als Arbeitsplatte wurde eine Buchen-Leimholzplatte verwendet – ebenfalls ein teures Material. Auch hier kann man sparen: Ein 120 cm breites Stück kunststoffbeschichtete Küchenarbeitsplatte aus dem Baumarkt erfüllt den gleichen Zweck. Für diese Arbeitsplatten bietet der Handel spezielle Umleimer an, mit denen die Kanten der Platte leicht und dekorativ abgedeckt werden können.

Das Fahrgestell besteht aus Rahmenhölzern und ist sehr stabil ausgelegt. Für den Nachbau reichen Standardwerkzeuge aus. Die Realisierung ist nicht allzu schwierig – je sorgfältiger gearbeitet wird, desto professioneller ist auch das Ergebnis.

Bau des Küchenwagens

1 *Die Rahmenkonstruktion besteht aus zwei „Leitern“, die mit Längszargen verbunden sind. Die Hölzer werden zunächst miteinander verleimt.*

2 *Große Zwingen fixieren die Hölzer während der Abbindezeit des Leims. Die Verbindungen verdübelt man zusätzlich. Dazu 8-mm-Bohrungen ausführen.*

3 *Zum Verdübeln benutzt man Dübelstangen mit 8 mm Durchmesser. Ca. 10 cm lange Stangenstücke unter Leimzugabe in die Bohrungen schlagen.*

4 *Nach dem Aushärten des Leims sägt man die Überstände der Dübelstangen mit der Stichsäge ab. Anschließend die Verbindung sauber abschleifen.*

5 *Auf die gleiche Art und Weise baut man das gesamte Gestell zusammen. Statt der Dübel lassen sich aber auch lange Schrauben verwenden.*

6 *Die Querhölzer für die Beplankung der beiden Zwischenböden verleimt und vertackert man. Auf gleichmäßigen Abstand der Hölzer achten.*

7 *Um das Ceranfeld versenken zu können, erst den Ausschnitt auf der Arbeitsplatte anzeichnen. In die Ecken große Löcher bohren und dann aussägen.*

8 *Das Kochfeld ist so weit an der Seite platziert, dass man auch den linken Querträger etwas ausnehmen muss, um das Feld versenken zu können.*

9 *Jetzt an allen vier Ecken des Gestells große Möbelrollen anbringen. Man fixiert sie mit ausreichend langen Schrauben, die sicheren Halt bieten.*

10 *Um das Kochfeld herum sowie an den Seiten der Böden erhält der Wagen längliche Möbelgriffe. Mit ihrer Hilfe lässt sich der Wagen bequem bewegen.*

11 *Im nächsten Arbeitsschritt das Kochfeld befestigen. Wenn ein Schneidebrett eingelassen werden soll, verklebt man die Schneideplatte mit Silikon.*

12 *Eine Steckdosenleiste sorgt für vielfältige Anschlussmöglichkeiten. Der Handel bietet spezielle Steckdosenleisten zur festen Montage an.*

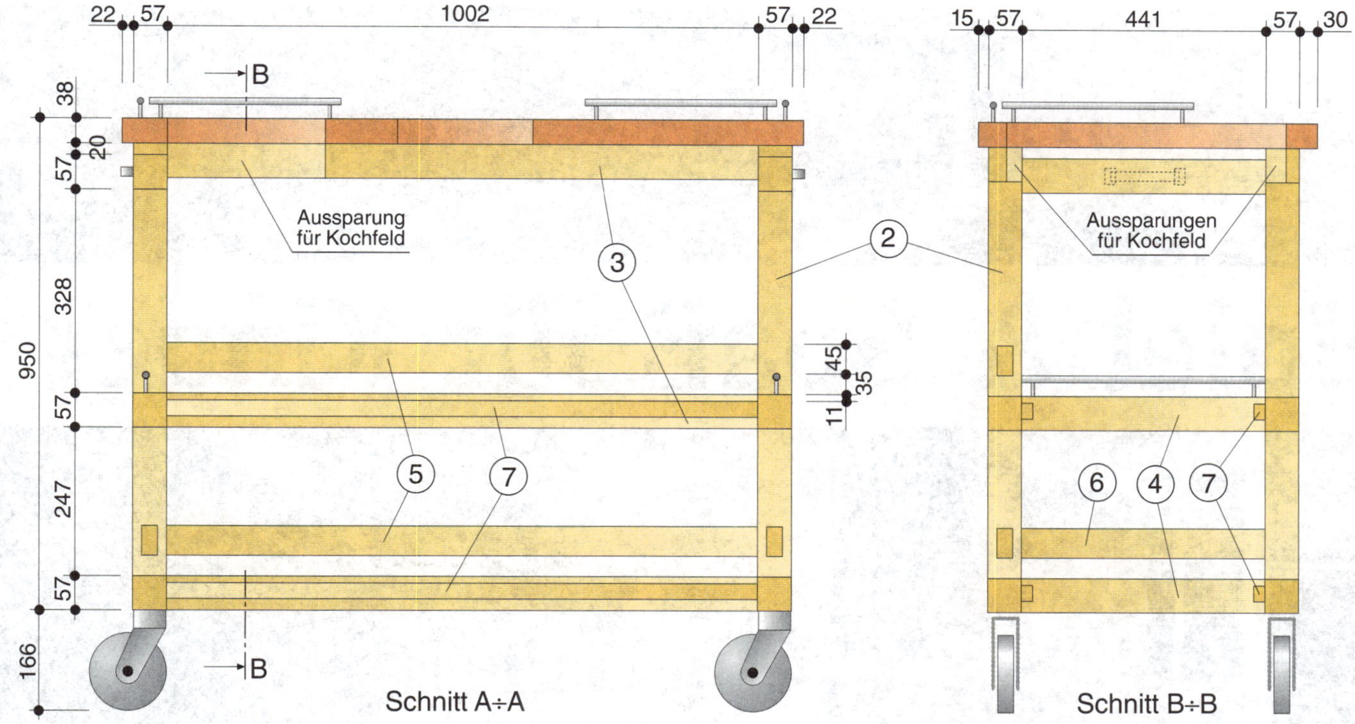

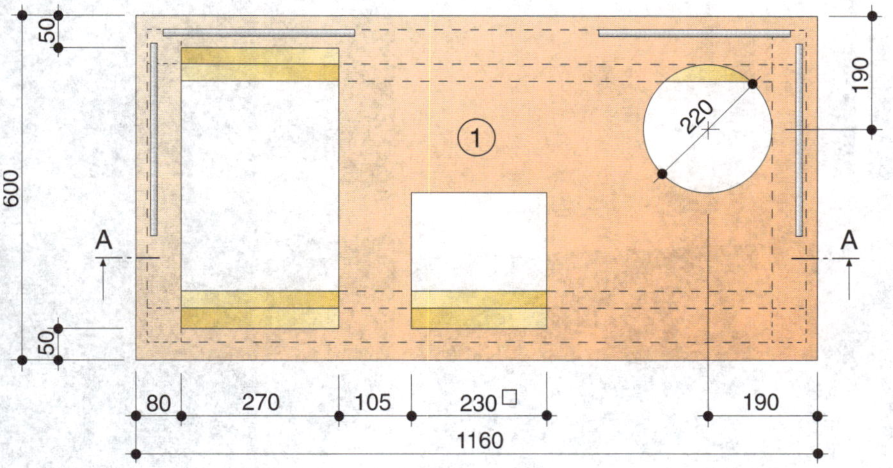

Das Kochzentrum für den Garten lässt sich in der Ausstattung beliebig erweitern – z. B. mit einem speziellen Halter für Gewürzflaschen.

Einkaufszettel

Pos.	Anz.	Bezeichnung	Maße in mm	Material (in mm)
①	1	Arbeitsplatte	1160 x 600	Buche-Leimh. 38 dick
②	4	Eckstützen	746 lang	Rahmenholz 57 x 57
③	6	Längszargen	1002 lang	
④	6	Querzargen	441 lang	
⑤	2	Längsleisten	1002 lang	Rahmenholz 45 x 26
⑥	2	Querleisten	441 lang	
⑦	4	Auflagerleisten	1000 lang	Rahmenholz 25 x 20

Sonstiges: 4 Transportrollen ∅ 125 mm (zwei feststellbar), Bauhöhe 166 mm, einschl. Befestigungsmaterial; 2 Möbelgriffe 437 mm lang mit Haken (Stirnseite); 4 Möbelgriffe 337 mm lang (Relings Arbeitsplatte); 1 Hakenleiste; 2 Möbelgriffe (Lochabstand 128 mm); Dübelstangen ∅ 8 mm; Spanplatten-Schrauben; wasserfester Holzleim.

Spiel & Spaß für Kinder

Der Garten zieht Kinder magisch an – vor allem dann, wenn er ihnen faszinierende Spielmöglichkeiten bietet. Das eigene Haus im Garten oder zumindest der eigene Spieltisch steht auf der Wunschliste der Kleinen ganz oben.

Dieses Kapitel zeigt aber nicht nur auf, wie man diese Wünsche erfüllt: Mit einer Wurfbude oder einer Bowlingbahn wird der Garten auch zum Spielparadies für größere Kinder und Erwachsene.

Stelzenhaus

Der Traum von Baumhaus setzt einen alten Baumbestand voraus, der sich in keinem neu angelegten Garten findet. Eine schöne Alternative ist da dieses Stelzenhaus, das allerdings mit hohen Materialkosten und viel Arbeitsaufwand verbunden ist.

Dieses Spielzimmer in luftiger Höhe setzt einen engagierten Heimwerker voraus: Es ist nicht nur aufgrund seiner Größe mit viel Arbeitsaufwand verbunden – die Materialkosten sind ebenfalls nicht unerheblich. Aber dafür belohnen strahlende Kinder die Mühe – und mit Sicherheit steht anschließend ein Stelzenhaus im Garten, das keinen Vergleich zu scheuen braucht.

Das Häuschen bietet allen denkbaren Luxus: Innen befinden sich klappbare Bänkchen und Tische. Die Fensteröffnungen sind regenfest mit Plexiglasscheiben ausgekleidet. Eine kleine Veranda bietet weite Blicke und ermöglicht problemloses und sicheres Ein- und Aussteigen von der Leiter. Am überstehenden First lädt ein Seil zum Klettern ein – man kann daran aber genau so gut auch eine Schaukel anbringen. Dazu muss der Firstbalken allerdings mindestens 40 cm weiter über die Konstruktion herausragen. Von dem Häuschen profitiert auch der Sandkasten, liegt er doch jetzt weitaus geschützter als zuvor.

Wenn die Kinder größer sind und nicht mehr in dem Stelzenhaus spielen, muss

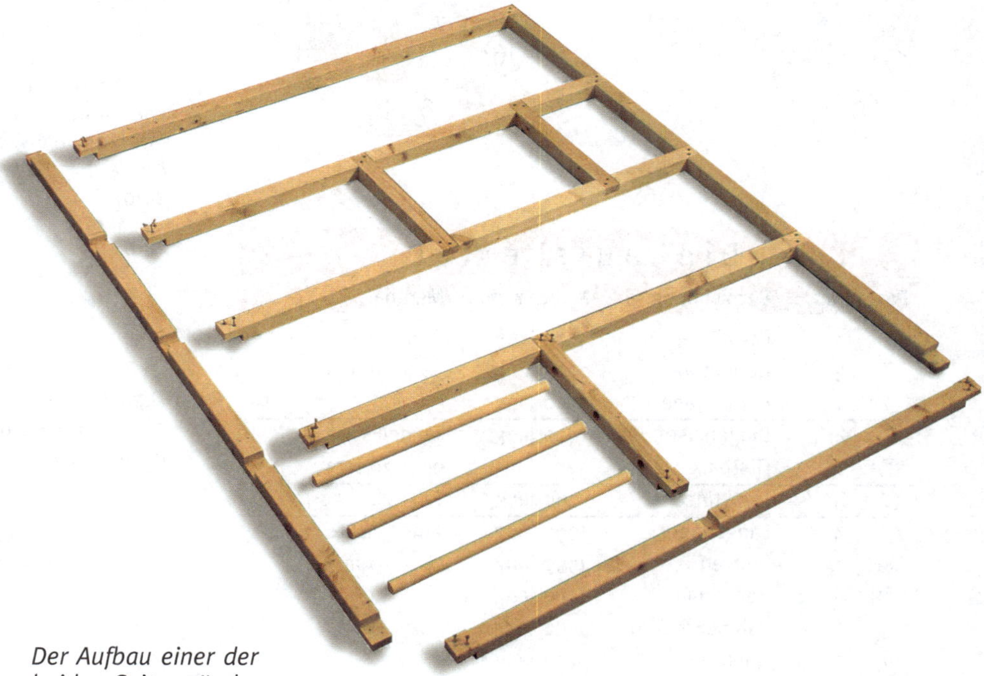

Der Aufbau einer der beiden Seitenwände, die identisch sind, im Überblick.

Stelzenmontage

Die Pfosten des Untergestells werden mit den Querträgern durch Überblattungen verbunden. Dazu die Hölzer mehrfach senkrecht bis zur Mitte einsägen.

Mit leichten Hammerschlägen lassen sich die eingesägten Holzstücke herausschlagen. Nötigenfalls kann man mit einem Beitel nachhelfen.

Abschließend säubert man die Überblattungen mit der Raspel. Durch provisorisches Aufeinander legen wird geprüft, ob die Schnittflächen passen.

Die Überblattung wird so ausgeführt, dass die beiden äußeren Längsbodenträger auf den unteren Querbodenträgern aufliegen.

Auch die Querstreben für den vorderen Zaun arbeitet man mit Überblattungen in die Pfosten ein. Die Verbindung dann verschrauben.

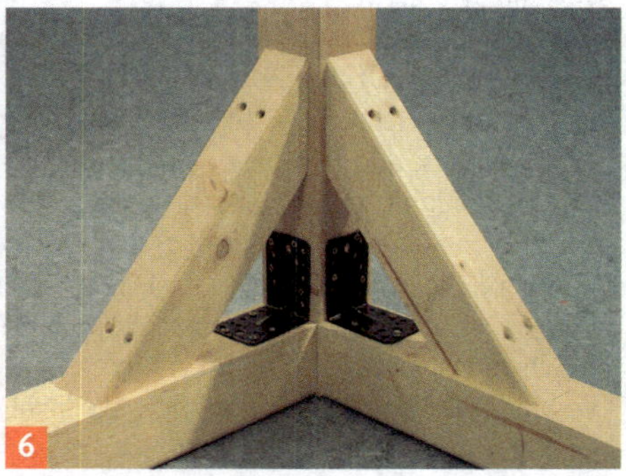

Querträger stabilisieren die Unterkonstruktion. Verzinkte Winkel tragen zusätzlich dazu bei, dass das Haus absolut sicher auf den Stelzen ruht.

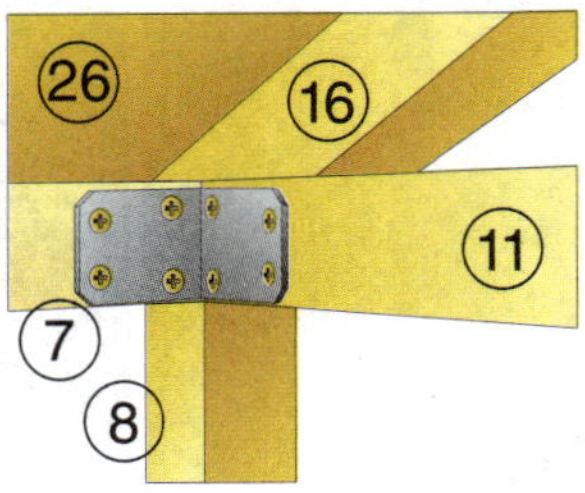

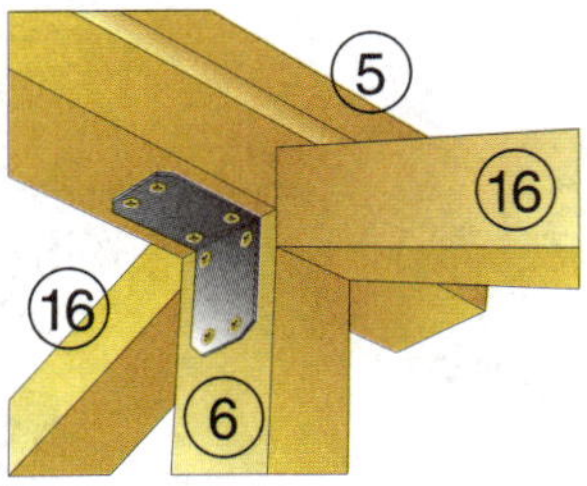

Die Skizze ganz links zeigt, wie die Wände beim Aufbau auf dem Gestell an den Winkeln montiert werden. Die Zeichnung direkt daneben verdeutlicht, wie Firstbalken und -stützen mit Winkelverbindern verschraubt sind.

So werden der Tisch und die Bänke aufgebau

Einkaufszettel

Pos.	Anz.	Bezeichnung	Maße in mm	Material
①	4	Eckstützen	1500 lang	Tanne/Fichte
②	3	Bodenträger	1990 lang	90 x 90 mm
③	2	Bodenträger	1510 lang	
④	8	Diagonalstreben	400 lang	Tanne/Fichte
⑤	1	Firstbalken	3000 lang	90 x 70 mm
⑥	3	Firststützen	260 lang	Ta/Fi 70 x 50 mm
⑦	4	Längsträger	1990 lang	Tanne/Fichte
⑧	14	Stützen	1550 lang	90 x 70 mm
⑨	2	Handläufe	580 lang	
⑩	6	Rahmenbalken	500 lang	
⑪	7	Querträger	1410 lang	
⑫	2	Stützen	760 lang	
⑬	2	Diagonalstreben	400 lang	
⑭	2	Sitzträger	455 lang	
⑮	2	Sitzträger	430 lang	
⑯	6	Dachsparren	776 lang	
⑰	2	Rahmenhölzer	1414 lang	Tanne/Fichte
⑱	4	Rahmenhölzer	444 lang	40 x 30 mm
⑲	2	Rahmenhölzer	340 lang	
⑳	6	Rahmenhölzer	494 lang	
㉑	6	Rahmenhölzer	394 lang	
㉒	2	Tischplatten	550 x 440	Buche-Tischlerplatte
㉓	2	Stützplatten	610 x 390	16 mm dick
㉔	4	Sitzplatten	390 x 345	
㉕	4	Stützplatten	400 x 360	
㉖	2	Dachplatten	2290 x 1030	Sperrholz 8 mm dick
㉗	12	Geländersprossen	700 lang	Kiefer ∅ 30 mm

Sperrholz 8 mm dick: 3x 490 x 20 mm (Fensteranschläge), 4x 55 x 30 mm (Tür- und Fenster-Verschlüsse innen), 1x 100 x 30 mm und 1x Kiefer 19 mm dick, 100 x 30 mm (Türverschluss außen); Geländer unten: Tanne/Fichte 50 x 50 mm, 2 x 1330 mm lang; 40 x 30 mm, 6x 750 mm lang; Leiter: Tanne/Fichte 60 x 40 mm, 2 x 1700 mm lang; Kiefer ∅ 30 mm, 7x 460 mm lang; 3 m^2 Bodendielen 20 mm dick; 17 m^2 Profilholz 12,5 x 96 mm (Wand-, Tür- und Dach-Beplankung); Fensterglas (Bastelglas) 2 mm dick; 1x 356 x 266 mm (Tür); 3x 450 x 350 mm (Fenster); 4 U-Stützenschuhe (aufschraubbar) 91 x 60 x 125 x 5 mm einschließlich Befestigungsmaterial; 8 Schwerlastwinkelverbinder 90 x 90 x 65 x 2,5 mm; 14 Winkelverbinder 60 x 60 x 45 x 2,5 mm; 4 Winkelverbinder 52 x 52 x 40 x 2,5 mm; 30 gerollte breite Scharniere 50 x 75 x 1,2 mm (geöffnet); 2 Kulissenscharniere 70 x 55 x 3 mm (Tür); 1 Seil ∅ 15 bis 20 mm, 5 m lang; verzinkte Nägel; Spanplatten-Schrauben; wasserfester Holzleim.

Das Haus steht auf einem Gestell aus Bodendielen.

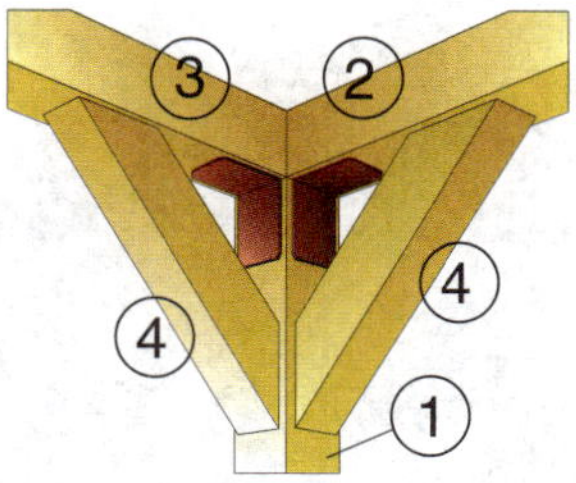

Die Eckverbindung des Untergestells im Detail

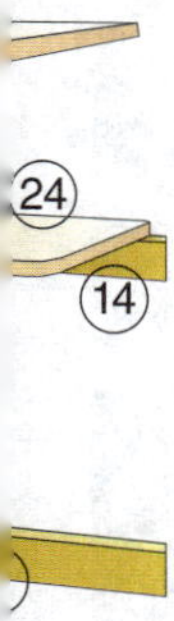

Unten: Konstruktion von Fenster und Tür.

deshalb der einstige Kindertraum nicht auf der Mülldeponie zerplatzen: Das Häuschen lässt sich nämlich auch bestens als kleiner Geräteschuppen nutzen. Dazu muss man nur die Stelzen demontieren und kann dann das Haus komplett ebenerdig auch an einem anderen Platz im Garten positionieren. Allerdings sollte man dann den Untergrund befestigen, z. B. mit Gehwegplatten.

Sicherheit ist bei einem Stelzenhaus oberstes Gebot. Das beginnt bei den Punktfundamenten, die sicheren Stand bieten, geht über die Pfostenstärken, die viel Gewicht aushalten müssen, und endet bei der Verarbeitung, die Verletzungsgefahren minimiert. Besonderes Augenmerk sollte darauf gelegt werden, dass kein Schraubkopf aus dem Holz herausragt. Das Abrunden von potenziellen Stoßecken und das Abschleifen aller Holzteile tut ein übriges. Auch bei dieser Konstruktion kann man viele Teile im Vorfeld fertigen, was den Aufbau draußen vereinfacht. Allerdings sollte man bedenken, dass recht große Teile entstehen – die Wandelemente z. B. sind mindestens 2 x 2 m groß. Dadurch wird der Transport – z. B. von der Werkstatt in den Garten – recht schwierig. Gut geeignet für die Vormontage sind Garage oder Carport.

Für die Konstruktion sind einige Punkte von besonderer Bedeutung: Alle Überblattungen sollten sauber ausgeführt sein und abgeschrägte Hölzer genau passen. Beim Zusammenbau ist unbedingt auf Rechtwinkligkeit zu achten. Als Schrauben und Nägel sollten nur nicht rostende Materialien eingesetzt werden, um Langlebigkeit zu garantieren. Alle Holzelemente sollte man gut gegen eindringende Feuchtigkeit schützen und mit entsprechenden Holzschutzmitteln behandeln.

Haus vorfertigen

Vor Beginn der Montage alle Hölzer auf die richtigen Längen bringen. Man startet mit dem Aufbau der Wände, wobei Rechtwinkligkeit Trumpf ist.

Das Loch für die Seildurchführung im Firstbalken bohrt man mit einem Forstnerbohrer. Wenn dieser nicht lang genug ist, von beiden Seiten bohren.

Den Firstbalken fixieren Winkel an den Firststützen. Die Dachsparren müssen angeschrägt werden, damit sie bündig am Firstbalken anliegen.

Die Giebel und Seitenwände des Häuschens laufen stumpf voreinander. Auch sie werden mit Montagewinkeln miteinander verbunden.

Die Dachsparren verschraubt man von oben in den Seiten- und Giebelwänden. Damit man das Haus transportieren kann, diese nur provisorisch befestigen.

Für die klappbaren Sitz- und Tischflächen setzt man Tischlerplatten ein. Sie werden mit Bändern an den Querträgern angeschlagen.

Die fertige Grundkonstruktion im Überblick. Die Rahmen der Seitenwände und der Dachkonstruktion sind durch Überblattungen miteinander verbunden. Alle anderen hingegen setzt man stumpf voreinander. Dabei werden sie nicht nur verschraubt, sondern auch von wasserfestem Leim gehalten.

Die Sitz- und Tischplatten liegen auf schwenkbaren Stützen. Auch diese fertigt man aus Tischlerplatten und befestigt sie senkrecht mit Bändern.

Es folgt die Verkleidung der Wände. Dazu nutzt man Nut- und Federbretter, die sich leicht zu geschlossenen Flächen zusammenfügen lassen.

Um sicher zu gehen, dass die Köpfe der Nägel nicht herausragen, versenkt man sie mit Hammer und Körner komplett in den Nut- und Federbrettern.

Unterhalb der Tisch- und Sitzplatten sorgen Stopper dafür, dass die schwenkbaren Halterungen nicht zu weit ausschlagen können.

Die Bretter vernagelt man in den Rahmenteilen. Wenn in der Nut genagelt wird, minimiert dies später Verletzungsgefahren.

Für die Fenster erhalten die Rahmenhölzer eine Nut. Drei Seiten des Rahmens montieren, Scheibe einsetzen und dann viertes Rahmenteil befestigen.

Außenmontage

Vor dem Aufbau gießt man die Punktfundamente. Die Fundamentrahmen sollten jeweils 25 x 25 cm groß sein. Man benötigt vier dieser Rahmen.

Alle vier Punktfundamente sollten sich auf der gleichen Höhe befinden. Die Rahmen richtet man mit Waage und Richtscheit aus.

Nach dem Gießen der Fundamente sollte der Beton mindestens drei Tage aushärten. Dann Dübellöcher für die Stützenschuhe bohren.

Den Schuh verdübelt und verschraubt man jeweils im Fundament. Dann die Pfosten einsetzen und mit Schlossschrauben befestigen.

Steht der Rahmen und ist er komplett fixiert, verschraubt man die Bodenbretter an den Querträgern. Die Schrauben sollten so gesetzt werden, dass sie von den Seitenwänden verdeckt werden. Beim Verschrauben in der Mitte ist sicher zu stellen, dass die Schraubköpfe komplett im Boden versenkt sind.

Danach folgt die Montage der Wände. Diese verbindet man zunächst untereinander mit den Winkeln und verschraubt sie dann im Gestell.

Stehen die Wände und das Geländer der Veranda, folgt die Montage der Giebeldreiecke. Anschließend den Firstbalken aufsetzen.

Die Perfektion der Konstruktion zeigt sich auch beim Dach: Die Dachplatten in die Nut des Firstbalkens schieben und von oben verschrauben.

Zum Schluss setzt man Fenster und Tür ein. Diese schlägt an den Rahmen an. Das Fenster wird mit einem Überwurfriegel verschlossen.

Mini-Hafen

Mit Bötchen spielen, auf große Fahrt gehen und Schiffe in der Werft reparieren – all diese Kinderwünsche werden mit diesem wunderschönen Mini-Hafen wahr.

Dieser Bauvorschlag schafft ein Spielparadies der besonderen Art mitten auf der Terrasse: Anders als rund um den Gartenteich oder den Bachlauf bietet das flache Wasserbecken ideale Bedingungen, Bötchen fahren zu lassen. Die Kinder können ihre kleinen Wasserspielzeuge bequem und sicher erreichen – und die Eltern müssen sich keine Sorgen machen, dass beim Spiel mühsam angezogene Pflanzen von Kinderschuhen zertreten werden.

Der Bauvorschlag ist recht einfach: Im Prinzip wird nur ein länglicher Holzkasten gebaut, den man mit Folie ausschlägt. Breitere Hölzer dienen als Auflage und Schutz rund um den Mini-Hafen. Die hier gewählte Form ist nur als Anregung zu verstehen – man kann die Beckenform den Bedingungen im eigenen Garten beliebig anpassen.

Dabei muss nicht in jedem Fall ein neuer Kasten gebaut werden: Auch ein Sandkasten, der für die Kinder an Attraktivität verloren hat, lässt sich zum Wasserbecken umgestalten. Dazu schlägt man ihn innen einfach mit Folie aus, die unter die Sandkasten-Randabdeckung getackert wird. Das spart Kosten und Arbeitseinsatz.

Hafen bauen

1 Zunächst sägt man alle benötigten Hölzer passend zu. Im ersten Arbeitsschritt wird der Rahmen aus Konstruktionshölzern gebaut.

2 Für einen stabilen Untergrund sorgt eine große, wasserfest verleimte Sperrholzplatte. Sie wird von unten in den Rahmen geschraubt.

3 Der Kasten wird nun mit Folie ausgeschlagen. Damit die Kunststoffbahn sicher im Rahmen sitzt, befestigt man sie mit dünnen Leisten.

4 Die überstehende Folie wird nun mit einem Tackermesser abgeschnitten. Man kann die Folie aber auch zusätzlich auf den Rahmen tackern.

5 An den beiden kurzen Seiten wird die Abdeckung des Rahmens verbreitert, um den Kindern eine größere Spielfäche zu bieten. Dazu weitere Leisten verdübeln oder verschrauben. Da der Hafen den Sommer über unter freiem Himmel stehen bleibt, sollte man alle Holzteile mit Lacken oder Lasuren schützen.

6 Ringsum erhält der Mini-Hafen eine Abdeckleiste. Sie dient als Auflage und Schutz. Die Leiste in dem Kastenrahmen verschrauben.

Wer Spaß und Freude am Basteln hat, kann den Minihafen mit passenden Gebäuden und Schiffen ausstatten. Ansonsten nutzen die Kinder vorhandenes Spielzeug, z. B. Duplo, Lego oder Playmobil.

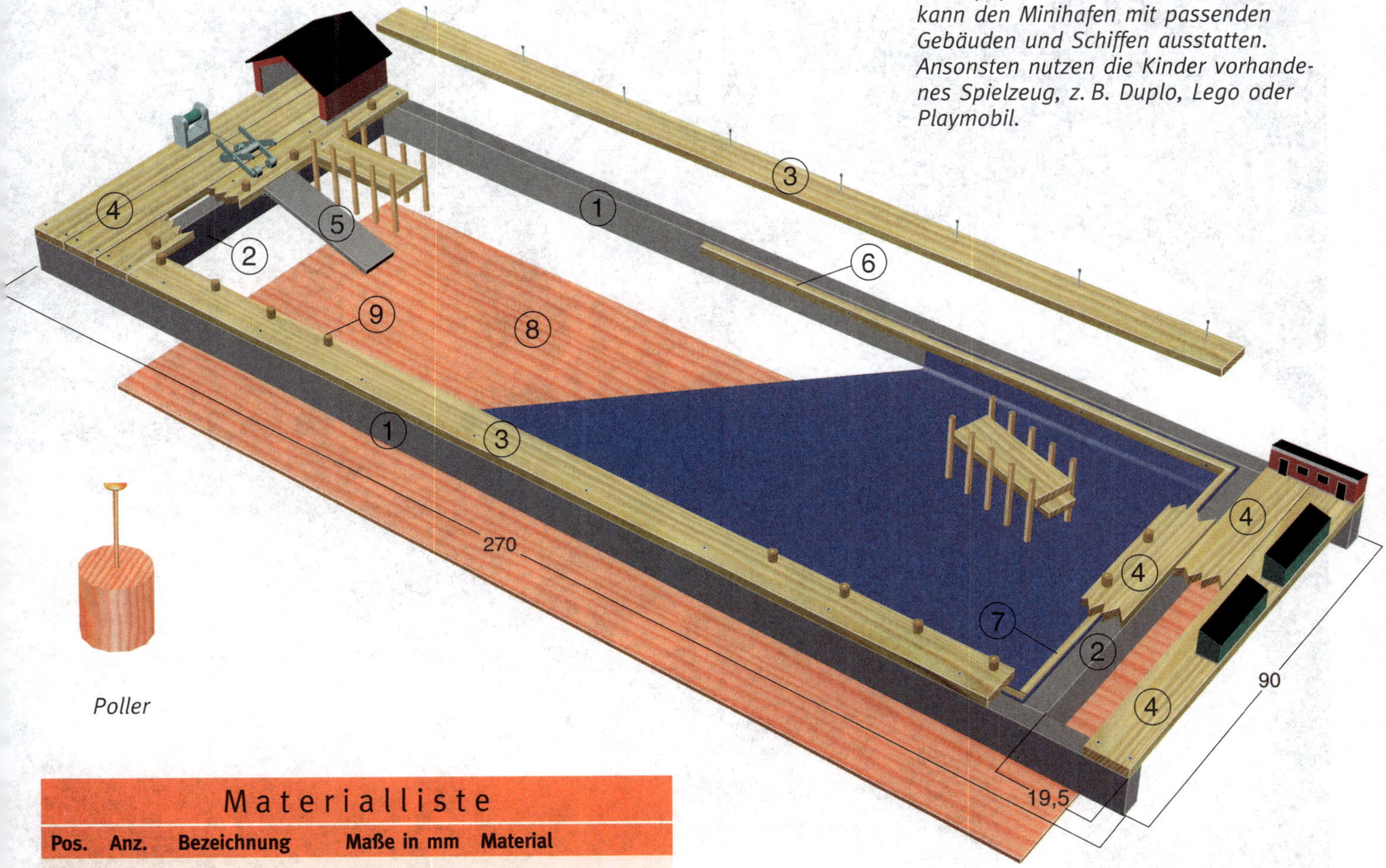

Poller

Materialliste

Pos.	Anz.	Bezeichnung	Maße in mm	Material
①	2	Längsrahmen	2700 lang	Kiefer 91 x 43 mm
②	2	Querrahmen	814 lang	
③	2	Abdeckungen	2128 lang	Kiefer 91 x 21 mm
④	6	Abdeckungen	900 lang	
⑤	1	Rampe	270 lang	Kiefer 91 x 15 mm
⑥	2	Auffütterungen	2224 lang	Kiefer 21 x 21 mm
⑦	2	Auffütterungen	772 lang	
⑧	1	Bodenplatte	2130 x 900	Sperrholz 12 mm*
⑨	22	Poller	20 lang	Rundholz ∅ 22 mm

1 Teichfolie, ca. 2500 x 1100 mm; Spanplatten-Schrauben; 22 Ziernägel (für Poller); wasserfester Holzleim.
* wasserfest verleimt

Bowlingbahn

Ein paar leere Plastikflaschen als Kegel, Crocket-Kugeln zum Werfen und eine Bowlingbahn, die dank Aufstellautomatik und Kugelrücklauf keinen Komfort vermissen lässt – so macht Kegeln im Garten richtig Spaß.

Der Clou der Konstruktion ist die Aufstellautomatik. Nach dem Wurf stellen sich die Kegel durch Ziehen am Zuggriff wie von Geisterhand wieder auf.

Diese Kegelbahn ist die Attraktion in jedem Garten. Allerdings benötigt man Platz, denn mit 4 m Länge und 1 m Breite kommt sie den professionellen Originalen schon recht nah. Wenn man lange Spaß an ihr haben möchte, muss sie im Winter eingelagert werden. Platz dazu findet sich unter der Carport- oder Garagendecke.

Zu den Finessen der Konstruktion zählen die beiden 9 cm breiten Rücklaufböden links und rechts der Bahn. Sie werden so montiert, dass sie ca. zwei Prozent Gefälle haben. Es reicht aus, wenn die Hölzer hinten um 6 cm höher über dem Boden montiert werden als vorn. Der Rücklauf – wie das gesamte Kegelvergnügen – steht und fällt mit der waagerechten Ausrichtung der gesamten Bahn. Sie wird erreicht, indem man mindestens sechs fest im Boden verankerte Punkte schafft. Optimal geeignet sind Punktfundamente. Es reicht aber auch, einzelne Pflastersteine auf den Boden zu setzen und mit etwas Beton zu fixieren.

Besonders durchdacht ist die Aufstellautomatik. An den Kegeln sind Schnüre befestigt, die unterhalb des Bahnbodens zu einer Spreizstange geführt werden. Diese wiederum ist mit einer Zugstange verbunden, die sich vorn an der Bahn bedienen lässt. Die Seilzüge müssen ausreichend Spiel haben – 14 cm sollten es sein. So kann die Kugel die Kegel problemlos umstoßen, ohne dass sich die Schnüre verheddern. Eine Ausnahme bilden die beiden äußeren hinteren Kegel: Sie benötigen nur 5 cm Spiel. Optimales Fallen der Kegel erreicht man durch Knoten in den Schnüren: Das Seil durch das Loch in der Bahn stecken und so straff ziehen, dass der Kegel steht. Nun 14 bzw. 5 cm abmessen und an dieser Stelle jeweils einen Knoten in jede Schnur knüpfen.

Bowlingbahn bauen

1 *Die auf die entsprechenden Maße abgelängten Holzteile für die Bahn auf dem Boden auslegen und mit Spanplatten-Schrauben fixieren.*

2 *Die beiden Rücklaufböden links und rechts der Bahn werden mit Gefälle an den Seitenteilen befestigt. Hinten liegen sie 6 cm höher als vorn.*

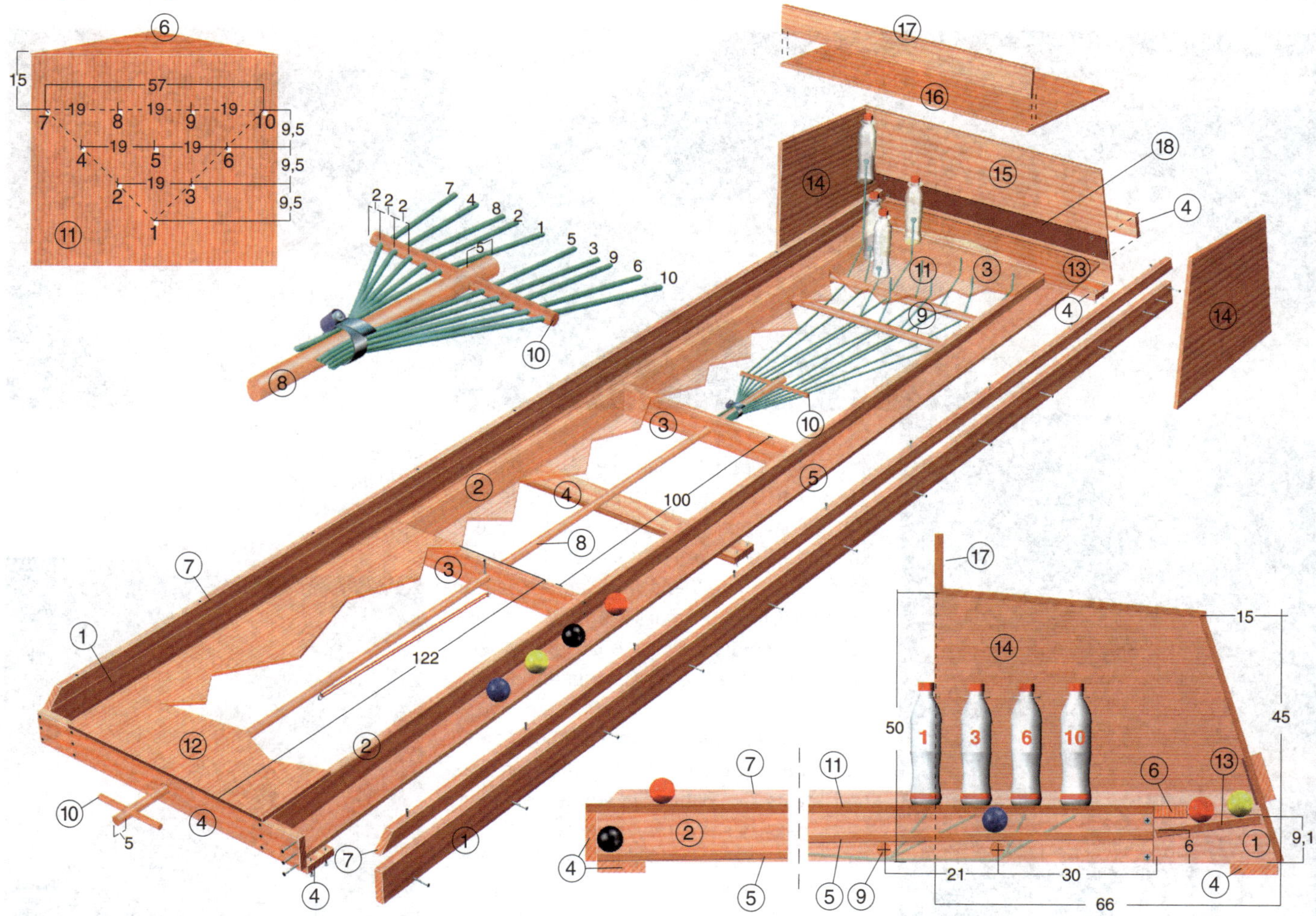

Spielspaß ist mit dieser Kegelbahn garantiert.

Materialliste

Pos.	Anz.	Bezeichnung	Maße in mm	Material
①	2	Längsrahmen	3900 lang	Kiefer 91 x 21 mm
②	2	Längsrahmen	3660 lang	
③	3	Querstreben	608 lang	
④	5	Querrahmen	874 lang	
⑤	2	Rücklaufböden	3661 lang	Kiefer 91 x 15 mm
⑥	1	Führungsbrett	650 lang	Kiefer 68 x 21 mm
⑦	2	Führungsaufsätze	3870 lang	Kiefer 43 x 21 mm
⑧	1	Zugstange	2700 lang	Rundholz ∅ 28 mm
⑨	2	Führungsstreben	608 lang	
⑩	2	Seilspreizer/Griff	270 lang	Rundholz ∅ 16 mm
⑪	1	Spielplatte	2440 x 650	Sperrholz 12 mm
⑫	1	Spielplatte	1220 x 650	wasserfest verleimt
⑬	1	Rücklauframpe	832 x 200	
⑭	2	Seitenwände	660 x 500	
⑮	1	Rückwand	874 x 476	
⑯	1	Abdeckplatte	898 x 514	
⑰	1	Zieraufsatz	898 x 100	
⑱	1	Aufprallschutz	874 x 100	Hartfaser 3,2 mm

10 0,5-l-Kunststoff-(Cola)Flaschen; 10 Stücke Nylon-Wäscheleine, ca. 1500 mm lang; 1 Schlauchschelle; 1 starkes Gummiband; Spielkugeln ∅ 60 mm (Anzahl nach Bedarf); 2 Schraubösen (für Gummiband); Spanplatten-Schrauben; wasserfester Holzleim.

3 Die Längsrahmen werden im Winkel der Seitenwände abgeschrägt, um die Rücklaufbahnen perfekt anschrauben zu können.

4 Im hinteren Bereich sorgt die schräg montierte Rücklauframpe dafür, dass die Kugeln zu den Rücklaufbahnen und von dort nach vorn rollen.

5 Die Löcher für die Kegel werden in vier Reihen mit je 9,5 cm Abstand aufgezeichnet und gebohrt. Seitlich haben die Bohrungen 19 cm Abstand zueinander.

6 Danach die Bahn fertig stellen: Dazu die Spielplatten aus wasserfestem Sperrholz, die Seitenwände und die Rückwand am Gestell fixieren.

7 Nun die Kegel bauen. In die Mitte des Plastikflaschenbodens mit einem heißen Metallstab ein Loch schmelzen. Dieses mit einem Bohrer nacharbeiten.

8 Das 1,5 m lange Seil durch das Loch und den Flaschenhals ziehen und oben breit verknoten. Seil zurück in die Flasche ziehen und diese verschließen.

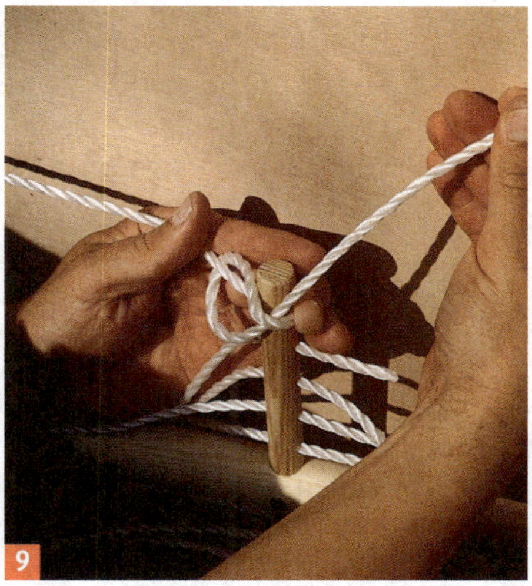

9 Das Seil durch die Löcher der Bahn führen, in 14 cm Abstand Knoten setzen und dann bis zum Seilspreizer weiterführen. Auch hier wieder verknoten.

10 Die losen Enden des Seils hält eine Schlauchschelle, die man an der Zugstange montiert. Ein Gummizug an der Stange hält diese auf Zug.

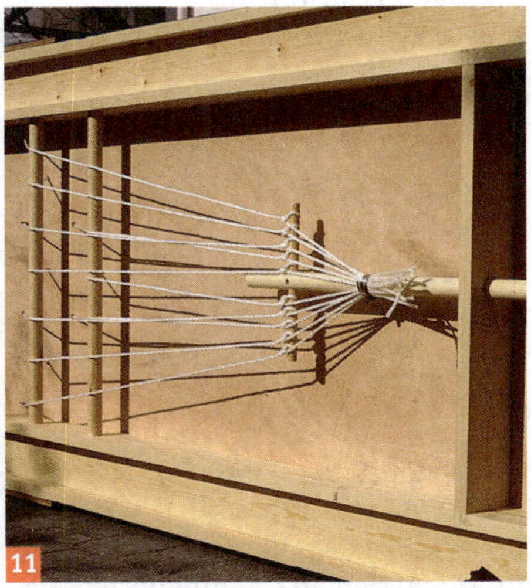

11 Die fertig gespannte Spannautomatik im Überblick. Unterhalb der Kegellöcher sorgen zwei Rundstangen dafür, dass die Seile sauber geführt werden.

Register

selbst ist der Mann
Das große Buch
vom Heimwerken

240 Seiten, Hardcover
ISBN 3-8118-1786-8

selbst ist der Mann
Das große Buch
vom Renovieren

240 Seiten, Hardcover
ISBN 3-8118-1778-7

selbst ist der Mann
Das große Buch
vom Innenausbau

240 Seiten, Hardcover
ISBN 3-8118-1994-1

selbst ist der Mann
Das große Buch
vom Holzbau

240 Seiten, Hardcover
ISBN 3-8118-1559-8

selbst ist der Mann
Das große Buch
vom Hausbau

240 Seiten, Hardcover
ISBN 3-8118-1560-1

selbst ist der Mann
Das große Buch
der Ideen für den Garten

240 Seiten, Hardcover
ISBN 3-8118-1561-X